Thadeu Martins

CONVERSAS COM UM YOGUE URBANO

2ª edição
Revista e Aumentada

Brasília | José Luiz Thadeu Pereira Martins | 2019

Capa: Fernando Lopes
Ilustrações: Ricardo Borges
Revisão: José Luiz Thadeu Pereira Martins
Arte Final e Projeto Gráfico: 100 Comparação, Lda.
100comparacao.lda@gmail.com

Ficha Catalográfica

Martins, Thadeu.
Conversas com um yogue urbano / Thadeu Martins. – 2.ed. rev. e
ampl. – Brasília : Ed. José Luiz Thadeu Pereira Martins.
470 p. : il.

ISBN: 978-85-916932-1-4
1. Ioga. 2. Meditação. I. Título.

CDD 181.45

Dedicatória

Para Cristiane, minha esposa,
nossas famílias, meus amigos e minhas
amigas e tantas pessoas que me sorriem e
fazem a minha vida possível
pela sua boa vontade.

Sumário

Yoga é meditação?

Yoga é meditação? Não propriamente, mas compreendi que têm tudo a ver entre si. Yoga é cessação dos turbilhões mentais, dos pensamentos incessantes, do perder-se na imaginação, do abandonar-se no sono, do conhecer ou do reconhecer. Yoga constitui princípio e prática de vida atenta ao ser (consigo) e ao existir (com os outros no mundo). Meditar é um dos métodos, das práticas ou dos artifícios para habituar-se a viver desse modo atento.

Um ambiente tranquilo ajuda, mas se não houver um arruma-se o que for possível. No exercício de meditar primeiro apazígua-se a mente. Por exemplo, por meio de uma forma de respirar mais atenta, demorada e fluida, com movimentos contínuos e suavemente ritmados, de modo a se perceber o ar entrando pelas narinas, trocando-se no interior do peito e saindo outra vez.

A atitude atenta e associada à respiração permite perceber a si mesmo e também perceber o que está à volta. É como ser testemunha de si mesmo e do que ocorre no ambiente em que se está ao mesmo tempo. Isso possibilita afastar-me do ambiente para percebê-lo com algum distanciamento num sentido voltado para o interior de mim mesmo (que é o único distanciamento relativo a tudo que me circunda). Até onde eu posso afastar-me para dentro de mim? Talvez até o princípio divino da vida que se manifesta tanto em mim como em você.

Há algumas pessoas capazes de rezar com bastante facilidade e extraordinário fervor que se colocam nesse estado de percepção não dualista: sem separação entre si e o princípio divino da vida (Deus ou a denominação que você preferir). Elas não necessitam de qualquer outro artifício meditativo. Há ainda vários outros estilos de se atingir esse especial estado de espírito. Para os que dominam esses estilos é mais fácil meditar ou viver em Yoga se quiserem.

Porém, para a maioria das pessoas (como eu) os turbilhões mentais de pensamentos sucedem quase continuamente e, por isso, a gente precisa utilizar alguns artifícios para acalmá-los como, por exemplo, focalizar o mais atuante dos sentidos – a visão – em um único objeto (que nos agrade de preferência), enquanto se permanece com a atenção no fluir da própria respiração.

Essa prática leva a um estado contemplativo, pacífico e tranquilo. Se alguém estiver me observando nesses momentos, poderá dizer que pareço distante de tudo. Embora, na realidade eu esteja atento e perceptivo conscientemente. Quanto mais frequentemente praticar-se como quase tudo na vida, mais fácil vai ficando estar nesse estágio tranquilo de contemplação.

A permanência em contemplação leva a um estado de indiferenciação quanto ao que se estaria observando. Não se constatam mais discriminações, análises ou julgamentos diferenciadores e distanciadores. Passa-se a estar em "contato" essencial, holístico (ou outra denominação, que se prefira) com o próprio eu e com o objeto da nossa atenção focalizada. Como esta pode ser uma descrição à beira da incompreensão, talvez seja melhor você praticar do que eu tentar te explicar.

O tempo de duração dessa prática para tornar-se habitual, pela minha experiência, deveria ser de pelo menos alguns minutos diários. Uns dez, por exemplo. Há quem pratique por mais de uma hora contínua. Mas isso depende do propósito de cada pessoa ao meditar. Depende também do grau de domínio da técnica de meditação adotada. Para quem está iniciando eu sugiro começar à noite, perto da hora de dormir e numa posição confortável, de modo que se você dormir isso já tenha sido bom para o seu descanso.

02 Repetição e desapego

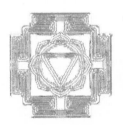A prática de Yoga é uma estratégia de vida. Os Yoga Sutras vão fundo na maneira de compreender a vida, a psicologia do indivíduo e a alma. Esse texto doutrinário e milenar poderia chamar-se: "Alma: manual do usuário" (como disse o professor Pedro Kupfer em homenagem ao sistematizador do Yoga, o legendário Patânjali).

De forma bem resumida, pode-se dizer que toda a ênfase em Yoga é de prestar atenção no que estou fazendo, de tal modo que eu possa ter um distanciamento daquilo que é produto das minhas ações, até da ação em si, para evitar a minha identificação com o resultado da ação. Diminui-se assim o envolvimento emocional e aumenta-se a atenção ao que se faz.

Na medida em que se atua produzem-se resultados. Porém,

quanto mais eu me apegar à percepção ou expectativa dos resultados das minhas ações específicas (ações que em sânscrito
têm o nome de karma), mais eu me predisponho às emoções da
realização positiva ou negativa daquelas expectativas, o que se
torna uma forma garantida de sofrer. Por isso se diz, popular-
mente, que as ações que visam a resultados específicos (todos os
rituais ou processos, por exemplo) são "kármicas".
Todo mundo sabe que um hábito reforça um hábito, uma percepção reforça uma percepção e de certo modo o hábito pode
virar vício. Dito de uma maneira técnica: em meu cérebro, a
cada emoção o hipotálamo gera neuropeptídios que alimentam
as células com aquela mesma emoção que o ativou, mas isso
leva o hipotálamo a um permanente gerar de neuropeptídios daquela emoção. De um modo análogo os hinduístas falam isso
de uma maneira mais poética e ampliada em relação aos rituais
sociais: o que se faz hoje vai se refletir nas vidas futuras e assim
as vidas passadas condicionaram a vida atual.
Então o futuro está sendo condicionado neste momento, por todas as minhas atitudes, que vão gerar impressões muito fortes
em mim mesmo nesta e em próximas oportunidades. Ou seja, o
quanto envolver-me emocionalmente, o quanto identificar-me
com o que estou fazendo agora, tudo isso cria condicionamentos efetivos para o futuro. Como promessas que se fazem e depois se têm que cumprir ou compromissos que se assumem e
depois se têm que honrar. O que se faz de bom ou de ruim gera
consequências. Pela vivência dos sábios, quanto piores as coisas
que se façam, conscientemente, tanto mais se ficará envolvido
com maus sentimentos. Quando os propósitos então não são le-

gítimos nem validados socialmente, é exigido muito mais esforço para realizá-los. E quanto mais esforço for empregado, mais condicionamentos se criam.

O conselho dos sábios hinduístas é, portanto, ter cuidado com aquilo que se faz, com o esforço e com o apego àquilo que se faz, porque isso vai condicionar os próximos envolvimentos. O meu futuro, no que depende de mim, está sendo construído pelas minhas ações agora. Claro que há inúmeras outras coisas que não dependem de mim (sou bem menos onipotente do que gostaria); o que os outros fazem também condicionam o meu futuro e estamos todos no mesmo barco.

A compreensão disso é vital para agir no mundo. Preciso ter atenção para diminuir a identificação com as emoções, para não criar apegos e para lidar desapegadamente com os "karmas" (as ações ou rituais que visam a resultados específicos). "Sem dramatizar os processos", como diz um bom amigo e sábio Advogado. Meu desafio permanente é o desenvolver da atenção para não criar drama nem identificação em demasia – porque alguma sempre surge ou fica um pouco de drama nas ações importantes. Como o futuro pode ser de liberdade e não amarrado em função de compromissos estabelecidos que me impeçam de viver o presente plenamente. Preciso, portanto, prestar atenção nas emoções que tenho diante daquilo que estou fazendo, de modo a diminuir a identificação ou o apego com seus resultados ou a expectativa deles.

Um dos artifícios nesse sentido é prestar atenção na respiração, algo essencial que se faz inúmeras vezes ao dia. Percebo que estou respirando, sinto o movimento do ar e como a respiração vai ficando tranquila, contínua, profunda e silenciosa. O coração se acalma, os dramas se relativizam e eu passo a ver as coisas com mais clareza. Você também pode caprichar na sua respiração e fazer o bem "sem olhar a quem". Viver sem "karmatizar" é muito melhor. Dramatizar ou "karmatizar" dá uma trabalheira desgraçada e cansa.

Repetição e desapego no cotidiano

Chega de sofrer! Tanto os hábitos quanto os vícios formam-se por repetição; ambos têm essa mesma natureza: a repetição. Se o ser humano (eu e você) tem muita tendência ao sofrimento. Então, se alguma coisa valer a pena repetir: que seja para trazer o bem, para reforçar o sentido de alegria, de felicidade, de estar bem com o mundo e com as pessoas. A fixação no hábito de sofrer é imobilizadora, não permite a transformação pessoal e, principalmente, atrapalha a percepção da essência da vida em mim, em você e em todo o mundo.

Segundo o sábio Patânjali (o codificador da doutrina de Yoga), são cinco as origens habituais do sofrimento. A primeira é a falta de sabedoria num sentido bem profundo: a confusão entre verdadeiro e falso em relação à minha existência. A segunda causa de aflições é decorrente dessa primeira e é a minha falsa identificação com aquilo que eu não sou.

As duas causas seguintes são a aversão ao que me incomoda e o fascínio pelo que me agrada. Ou seja, se eu cultivar os meus medos ou as minhas aversões e passar a vivenciar intensamente esse sentimento sofrerei com certeza. Do mesmo modo funciona o cultivar exagerado do prazer. Hoje em dia, há um clima de ansiedade em ambos os sentidos: seja do medo que me é incutido pela enxurrada de filmes e séries de televisão dedicada à crueldade e aos criminosos; seja do prazer que também é estimulado pelos meios de comunicação e por todos aqueles que querem vender-me os seus produtos. Parece haver um objetivo maligno de me deixar sempre insatisfeito e ansioso.

O quinto motivo de aflição é o de inclusão social e que inclui o apego exagerado à vida na forma de medo ou não aceitação da morte. Desse, diz o Patânjali (ele vai ficando cada vez mais íntimo) nem os mais sábios estão isentos. Desse apego quase ninguém escapa. Tanto é assim que ninguém fala da sua própria morte, mas sim da dos outros. Ninguém quer estar excluído de um corpo social nem do próprio corpo.

Para os hinduístas e para a tradição do Yoga vive-se simultaneamente na realidade e em um mundo de ilusões e interpretações da realidade. Não é só na Índia tradicional que se compreende a realidade desse modo. Na tradição da pesquisa inglesa, por exemplo, Sir Thomas Browne ressaltava de um modo rebuscado que "o mundo visível é apenas uma imagem do invisível, formas equívocas e contra feições das substâncias reais num tecido invisível" (tiro por mim, que em geral miro no que vejo e acerto no que não vejo).

Por um lado, a vida é um contínuo, do qual faço parte temporariamente, seja como indivíduo ou como todo – mais até como "todo" do que como indivíduo, se eu considerar a quantidade de interações necessárias ao viver socialmente. Por outro lado, tenho a possibilidade de recuperar a capacidade de vivenciar o espírito, a essência e o quanto todo o mundo é constituído de energia. Se eu perceber essa grandeza; se conseguir ponderar tudo que vivo, faço ou tenho em relação a essa realidade maior, então tudo fica mais fácil de compreender. As coisas perdem muito de seu valor absoluto, quando as coloco em relação a essa compreensão de unidade maior e primordial que me constitui e a você também.

Claro que no cotidiano eu não vivo sempre nesse estado iluminado. Um célebre comentário ao texto de Patânjali, os Yoga Sutras, lembra que: "o Yoga vem e vai, vem e vai". Ou seja, ninguém vive num estado permanente de sabedoria e de iluminação capaz de estar o tempo todo percebendo isso tudo. Vive-se neste mundo de compromissos e responsabilidades, matéria e muita ação. Mas isso não tira em nada a beleza poética das concepções mais espiritualizadas do mundo, ao contrário, estimula a viver nesse mundo prático com um desafio adicional: lidar com tudo isso com a tranquilidade de quem é um "ser anfíbio", que vive o mundo material e também o mundo mais sutil. Como lembra Arnold J. Toynbee, historiador inglês (no livro "A humanidade e a mãe Terra", em citação de Sir Browne) que o ser humano é anfíbio, com os pés na Terra e a cabeça num oceano espiritual.

A boa notícia é que quanto mais cultivo a atenção, o sentido de presença e a capacidade de estar antenado com isso tudo, mais eu percebo a unidade, a grandeza e quanto é melhor deixar-me levar mais pela intuição, fazer o que o coração me diz e praticar a vida como um exercício de Yoga. Tudo flui melhor quando eu deixo a minha capacidade de compreensão ir além da mera identificação com o meu nome. É assim quando permito que uma sintonia maior com a vida tome conta de mim.

Porém, há os momentos em que sou tomado por circunstâncias desafiadoras demais. Nesses momentos não há como enfeitar a realidade. Tenho que me empenhar para resolver as dificuldades que surgem; porém, quanto mais tranquilo eu estiver (de tanto praticar a tranquilidade), mais posso ser efetivo no momento de extrema necessidade. Muitas vezes surgem problemas que não têm solução e eu tenho de aceitar essa realidade sem drama ou culpa. Além do mais, o convívio social é definitivo como condição do viver e, portanto, a minha habilidade de lidar com o mundo social é fundamental. Preciso cultivar essa habilidade repetidamente pela vida toda e aplica-la com as pessoas mais importantes em cada relacionamento ou situação: eu e quem estiver diante de mim.

Nossos cinco corpos

Ao longo dos anos, a compreensão do corpo também vem sendo objeto de muito estudo e reflexão. Em distintas tradições afirma-se a coexistência de outros corpos além do físico e visível. Percebi que também é assim na tradição hinduísta, em que todo o mundo tem cinco corpos. Eles seriam modos de se fazer referência a processos e componentes que podem ser destacados para melhor se compreender a complexidade da vida desde o que é mais denso até o mais sutil.

Gostei de como o físico Amit Goswami explora esse tema de forma sintética no livro "A Física da Alma". Ele destaca o papel da consciência como determinante da realidade. Chama a atenção, no entanto, que não se tem muita consciência do que é mesmo a consciência. Posso comparar a situação com a de um "ET" (extraterrestre) que vai a um estádio de futebol assistir a um jogo pela primeira vez. Ele não vai conseguir compreender a totalidade do evento. Não é a estrutura – o campo, o estádio, a torcida – que vai permitir entender o que está acontecendo. É preciso saber os códigos de comportamento; ir além da estrutura para compreender a organização e o processo. Mas isso ainda não seria suficiente para entender o jogo de futebol. Faltaria saber o que determina a intencionalidade e a coesão das pessoas em torno do propósito daquela partida de futebol. Isso vai muito além da estrutura e do início, meio e fim do processo em si. Há muitas categorias que devem ser apreendidas para se entender o que está acontecendo.

Afinal, o que está acontecendo? O que dá intencionalidade? O que determina as minhas decisões? O que me leva a fazer algo além de cumprir algum ritual que nem sei como começou? Quando eu paro para perceber e tomar decisões que não são apenas de simples escolhas? A partir de que eu decido? Por que decido? Mais, ainda, o que me leva a desejar? Decido apenas por contraposição de prazer e dor ou por algo que brota dentro de mim e cria uma aspiração e me leva a desejar algo?

A verdade é que isso ninguém sabe direito. Nem sei se há ciência que estude essas questões ou se elas caberiam em alguma ciência. Para alguns físicos quânticos é a consciência que determina a realidade. Eles afirmam que a matéria se comporta com referência à consciência ou por causa dela. Na compreensão oriental isso não é nem discutido, é um dado básico. Na tradição dos hinduístas tudo parte da consciência suprema e se manifesta para ela. Ou seja, a consciência suprema é o princípio. A vida já começa por instâncias dessa consciência. E mais: as naturezas substancial e espiritual surgem simultaneamente fundidas em uma unidade fundamental.

Para essa tradição, cada um de nós tem cinco corpos e o primeiro (esta ordem será do mais perceptível para o imperceptível) é chamado de Annamaya, o corpo feito da comida (anna, em sânscrito) que preenche a estrutura e organização da matéria e do código genético. O segundo corpo é chamado de Pranamaya, de energia vital, prana, feito de emoções e da expressão da energia, que se pode perceber pelo ritmo da respiração, por exemplo, e que não se confunde com a matéria. O terceiro corpo é o mental, Manosmaya, da apreensão da realidade e da expressão dos pensamentos, da razão e dos significados que se formulam. Este talvez seja o predominante, porque as percepções e reações são quase totalmente emocionais e, por isso, mais determinantes das nossas ações (tiro por mim).

Esse conjunto de matéria, energia, emoção, pensamento e ação ganha contexto num quarto corpo, Vijñanamaya, de vijñana – inteligência –, que é o temático, o arquetípico, o supramental, no qual o que conta são as categorias primordiais com que a mente atua ou intelige. Todo o pensar depende do contexto cultural apreendido ou herdado. Embora o que faz sentido em algumas culturas nem sempre o faz em outras, os contextos primordiais que antecedem todas as culturas e civilizações constituem esse corpo dos símbolos primitivos.

Quando estou no cotidiano a lidar com o mundo, eu atuo também, mesmo sem saber, com o corpo supramental para incluir os temas das condições de existência que me antecederam. O

mundo social é predeterminado pelo supramental para seus valores e costumes. A compreensão dele é desafiadora. Enquanto
se age, de modo mais ou menos perceptível, com os corpos de
comida, vital, mental e supramental, além desses atua também
um corpo divino que está além do social.

O quinto corpo é o Anandamaya, de ananda, a graça da criação
de Brahma. Vai-se além das categorias mentais em direção à
unidade sublime dentro da qual cada um de nós surgiu (mesmo
sem ter a menor ideia dessa confusão toda). A unidade sublime
está assim relacionada com a criatividade de Brahma, do qual
tudo surge (na visão dos hinduístas, é claro).

Com essa compreensão, quando se fala, por exemplo, em Ha-
tha-Yoga (literalmente ajustamento do sol e da lua em cada um
de nós para propiciar a totalidade do ser) trata-se mesmo do
ajustar na prática da vida os dois princípios divinos que antecedem as categorias arquetípicas, os pensamentos e as emoções,
que se expressam na energia do corpo físico feito de comida.

Quando eu presto atenção à respiração e faço com que o "corpo de comida" flua no ritmo da respiração em harmonia com a
minha energia fico muito melhor. E cada um tem acesso ao seu
corpo mental para compreender suas emoções, cultivar sentimentos positivos e ser coerente com os seus valores. Talvez você
também já perceba como eu percebo que o corpo físico é um
território sagrado envolvido por corpos ou campos sutis e como
é necessário e bom trabalhar esse corpo de forma a vivenciar a
conexão com os mais sutis e assim poder viver habitualmente
em estado de graça.

Yoga, libertação e realização de consciência

 Compreendi que Yoga é um modo de viver, um estilo de vida, ou seja: uma estratégia de vida. Essa estratégia tem por princípio e propósito a autenticidade que leva à liberdade. Claro que os limites da minha liberdade são dados pelos meus valores, pelos meus princípios e também pelos outros com quem vivo interagindo. Ao prestar atenção em mim e nessas pessoas estou tratando as condições da minha liberdade: a minha liberdade no mundo e com os outros. Liberdade para viver de modo autêntico e plenamente a minha própria vida.

Essa percepção de liberdade para a filosofia hinduísta não se prende somente a esta vida. Para os hinduístas a vida é um contínuo representado por uma roda em que se nasce e renasce por inúmeras vezes até que se consiga compreender e realizar na totalidade a própria consciência. Vendo desse modo, o foco é a liberdade para o cultivo da consciência.

Na concepção dos hinduístas e de outras tradições essa liberdade tem um sentido amplo, que compreende a realização da vida aqui e de modo completo por meio do cultivo da consciência até não se precisar voltar – a não ser por uma atitude altruísta de voltar para ajudar as outras pessoas a também conseguir isso.

Esse objetivo de realizar a consciência plenamente pode assim exigir várias "vindas" à vida para que se consiga sucesso. O físico indiano Amit Goswami, no livro "A Física da Alma", sintetiza essa compreensão na sua visão da Física Quântica. Ele comenta, com visão de cientista, o que se diz na tradição hinduísta dos cinco corpos: o corpo feito de comida, o corpo energético (e emocional), o corpo mental (e de significados), o corpo supramental (e dos contextos) e o corpo divino (e espiritual da "criação").

Aqui vale destacar que para os hinduístas a consciência espiritual brota junto com o universo a partir do princípio divino da criação (Brahma). Há, portanto, de início uma dualidade básica que constitui todo o universo existente: a unidade espiritual (Purusha) e a variedade substantiva (Prakrti). Portanto, é com esse modelo explicativo da realidade que faz sentido dizer que a conexão dos cinco corpos se dá por meio da consciência. Segundo Amit Goswami, a consciência não se limita a um local e um tempo determinado e a manifestação da matéria se dá em ondas de possibilidades, conforme teoria famosa precursora da Física Quântica de Werner Heisenberg. Conforme esses modelos e conceitos a consciência determinaria a realidade percebida.

E o que acontece depois da morte seguindo-se esses conceitos?

Quando a consciência se despede do corpo de matéria (de comida), ela deixa de identificar-se com ele, ela perde a capacidade de realização material. Mas os corpos sutis (das disposições de emoções, de significados e de contextos) que não são nem locais nem temporais, permanecem além desses limites. Os condicionamentos emocionais, de compreensão e dos arquétipos temáticos (que dão os contextos pelos quais se compreende a realidade) ficam, permanecem e continuam disponíveis para serem "captados" pelas consciências.

O conjunto de condicionamentos que todos criam ao longo das respectivas vidas forma tendências, acentua o caráter de cada um e também as pré-disposições que se têm. O viver, a apreensão de significados, a transformação de conceitos e a realização de consciência ao longo da vida criam condicionamentos no caráter e até no sistema orgânico do corpo substantivo. Quando se morre, apenas o corpo substantivo torna-se irrecuperável. Enquanto os outros corpos que são sutis e que constituem o conjunto de caracteres realizados pela consciência permanecem além do espaço-tempo. Porque eles seriam de natureza não local e não temporal. Em momentos de criatividade, aqueles instantes em que se transcende o contexto trivial, poder-se-ia captar tudo o que é não local e não temporal. O livro "A Física da Alma" relata várias pesquisas atuais que demonstram essa afirmação do estudioso Amit Goswami.

Ainda segundo Amit, ninguém tenha a ilusão que no corpo sutil – das emoções, mental e supramental – se evolui ou se involui. A realização só acontece aqui no corpo substantivo, neste ambiente em que há antagonismos e cooperação no mundo social para vivenciar-se a realização de significados das emoções e a superação de contextos. Mas o que é evoluir afinal? Aqui prefiro voltar para o princípio de Yoga que é o da libertação de consciência para viver a própria autenticidade, ou seja, o que a gente verdadeiramente é e que se revela quando o nosso coração (de onde o espírito da vida pulsa) está tranquilo, mesmo quando tudo à volta está disperso.

Em resumo: sou corpo físico e tenho à minha volta e disposição os corpos sutis. Quando a minha matéria – espaço-tempo – deixa de existir, os condicionamentos acrescentados ao meu carácter permanecem e podem ser novamente captados (talvez não por mim, mas pouco importa quando, como ou por quem). O fato é que acontece a captação do que foi acrescentado por mim ou por alguém mais talentoso. E nessa possibilidade de acontecer, em que todo mundo participa, surgem indefinidamente novos e novos condicionamentos ou alterações daqueles condicionamentos captados. E o que acontece mesmo quando se morre? Isso seria assunto para uma próxima conversa.

06 Eu, mim, eu mesmo...

 Gosto muito do livro "A Física da Alma" do físico teórico indiano Amit Goswami. Por meio dele posso observar uma aproximação da Física com o que a tradição hinduísta compreende da natureza da vida, particularmente da natureza da alma ou do espírito. Vejo nele a ciência destacando a consciência como referência principal na observação dos fenômenos. Um destaque fundamental seria: "é a consciência que cria a realidade percebida". A realidade acontece com a interferência da consciência. A vida é formada por movimentos incessantes que revelam possibilidades o tempo todo e essas inúmeras possibilidades se realizam no momento em que a consciência interfere para isso com a simples observação.

O Amit Goswami amplia um conceito do Hinduísmo, pelo qual

todos são constituídos com várias possibilidades de identificação. Eu me identifico com o meu nome, com a minha pessoa e com os personagens que eu desempenho no cotidiano. Minha identificação mais importante é, portanto, o meu ego (o sujeito das minhas ações), o eu que me dá estabilidade. Por isso eu cultivo uma autoimagem, um autoconceito e me relaciono da melhor maneira possível com o mundo e com os outros, cultivo o bom humor, cuido da saúde, enfim, cuido do "meu" eu.

Essa identificação com o ego é tão poderosa e tão necessária, que muitas vezes ela se torna absoluta e, portanto, pode virar um problema, por eu estar me identificando apenas com um aspecto da minha totalidade, a qual vai além do corpo físico e abrange também os corpos sutis. Pois, em alguma proporção, eu também me identifico com as emoções, com os significados que atribuo às emoções e aos resultados das interações cotidianas com as outras pessoas e com o mundo, com os arquétipos do inconsciente coletivo (que antecedem e dão contexto a todos os significados humanos) e, acima de tudo, com a natureza divina da criação que me constitui originalmente. Enfim, sou isso tudo de uma vez e não apenas o personagem mais habitual que mostro aos outros (e ao espelho).

Nessa visão posso compreender que, nos momentos da minha morte, cada uma dessas identificações vai deixando de existir à medida que eu morro. Mas como apenas o corpo de comida está fixado no tempo e no espaço, enquanto os demais não têm temporalidade nem espaço definidos, porque eles são sutis, o que de fato se deixa disponível é essa sutileza, produto da minha vida interativa, da realização da consciência durante a passagem pela vida neste espaço-tempo. "Vai-se o ego, fica a fama", parodiando o ditado popular.

Se a fama é que fica, então, é esse produto sutil que eu protagonizei e a vida social ajudou a produzir que poderia voltar a ser reelaborado em outras vidas terrenas (ou sei lá onde mais no universo). Portanto, é melhor eu cuidar direitinho (enquanto vivo) do meu ego, que tem um período limitado de vida com nome entre o nascimento e a morte. "Fazer o bem, não importa a quem", parece uma dica simples e efetiva para pautar esta minha existência. Mas a prática de Yoga pode oferecer um caminho eficaz para os meus "eus" aperfeiçoarem isso.

A resposta essencial

Percebo que a prática de Yoga inclui cultivar a paz, a tranquilidade e a libertação (moksha, em sânscrito). Conforme a tradição hinduísta, moksha é a libertação da "roda do sofrimento dos muitos nascimentos e vidas", ou seja, não precisar passar outras vezes pelas mesmas experiências de sofrimento. Uma das dicas do sábio Patânjali (e dos que, a partir dele, transmitiram a tradição de Yoga) é potencializar a autenticidade, o bom humor, o bom astral e as oportunidades de felicidade. Cultivar desde já a felicidade e a alegria de viver.

Há uma historinha que ilustra isso bem. Um discípulo dedicado pergunta ao guru que sempre transmitia uma aura de felicidade: "Qual é o seu segredo?" O guru responde de imediato: "O meu segredo eu não sei, mas o seu eu sei. Você vai morrer em uma semana!". O discípulo fica em estado de choque. E agora? Tudo passa a ser diferente para ele. Começa a ver a vida com outros olhos. É a última semana e ele a aproveita da melhor forma. Quando chega o fim da semana, ele vai para cama morrer depois de despedir-se da família. Então aparece o guru e lhe pergunta como foi a última semana. O discípulo diz que foi ótima, que enfim descobriu que não se deve levar a vida tão a sério e que já pode até morrer em paz. O guru responde: "Agora você sabe o meu segredo. Estou preparado para morrer em todos os dias. Vou morrer hoje, amanhã e em todos os dias em eu que eu acordar. Então, como vou morrer, aproveito para que o dia seja maravilhoso". No dito popular, "não deixe para amanhã o que pode fazer hoje": ser feliz. A hora da morte, na verdade, é hora de realização: uma espécie de formatura escolar. Depois, somente no próximo período letivo.

Então, caberia uma pergunta básica: "na minha vida, o que eu quero mesmo?" A resposta a essa pergunta é a essencial. Tudo o mais pode ser até necessário, até importante, mas não é o fundamento. Com esse tudo mais eu posso lidar, ser uma pessoa generosa, ajudar os outros, a família e também dar muito de mim. Isso pode ser louvável, mas o fundamental não seria isso. Ajudar os outros é apenas importante e fazer minhas obrigações é apenas necessário. Mas fundamental mesmo é que eu realize o meu propósito, a minha vocação ou o sentido da minha vida.

O que eu quero mesmo? Tento responder a essa pergunta. Medito, escrevo, aperfeiçoo e compreendo isso. Entrego-me ao que eu quero como fazem as crianças quando estão brincando. Observo que a diferença da criança para o chato é sutil, mas importante. O chato nunca chega lá e não consegue realizar nunca. Está sempre tomado pelo querer realizar e perguntando se já conseguiu. Por outro lado, o eu-criança, aquele que se entrega ao que está fazendo, faz disso a própria existência, aproveita e é feliz.

Então, entrego-me ao meu desejo de vida e coloco todo o meu empenho nisso. O restante das obrigações eu vou fazendo para não me atrapalhar. Compreendo tudo o mais que tenho de fazer como pré-condição para realizar o meu propósito. Desse modo, até essas obrigações vão ficando boas de serem feitas. Elas passam a me ajudar no meu propósito.

Eu achava difícil descobrir o que era mesmo que eu queria. Deixei brotar a descoberta da minha resposta, conforme a orientação de um comportamento introspectivo de Yoga, o Ishvara pranidhana ("entregar-me ao comandante do meu coração tranquilo"). Deixo-me levar, por meio da meditação e da constante observação de mim mesmo, com a intenção de criar um ambiente propício para captar o que eu quero mesmo na vida. Descubro e redescubro a resposta a cada dia e nela me empenho. Você também pode concentrar a existência na realização do seu propósito. E ser feliz agora e em cada minuto com mais atenção na vida e a seriedade de uma criança brincando.

08 O social, o sutil e a síntese divina

Embora em Yoga haja a premissa essencial de eu estar presente, eu não fico meditando por todo o tempo, pois no mais das vezes estou "no piloto automático". Então, posso perguntar: qual dos meus "eus" está presente habitualmente? Quando estou acordado, o sujeito das minhas ações, o "eu" social, habitualmente está presente (quando estou no automático, não tenho muita certeza de quem está mesmo presente). Quando estou dormindo, então, quem será que atua nos meus sonhos? Seria outro "eu", mais sutil? No sonho eu não estou em estado de vigília, mas sim num estado onírico, que não tem focalização dirigida. Talvez por isso, eu, você e todo o mundo tenha dificuldade para lidar com a convivência do mundo social com o mundo sutil. Há falta de prática, não de sonhar, mas de tentar esclarecer e compreender os sonhos em relação à própria vida. Refiro-me aos sonhos de quando o sono é tranquilo e sem interferências dos incômodos do dia ou da noite (estômago cheio, dívida vencida, vizinho barulhento, ar condicionado defeituoso, etc.).

Há muitos anos, traduzi um texto do psicólogo Laing para o jornal Espaço Psi (de psicologia, claro) no Rio de Janeiro. Tratava-se de uma descoberta antropológica na Malásia. Lá, o povo Senoi compartilhava os sonhos desde muito cedo, da infância à vida adulta. O grupo familiar e o de trabalho ajudavam as pessoas a interpretar os sonhos e os utilizavam para resolver problemas e superar os medos e as neuroses potenciais. Entre eles havia uma integração do eu social com o eu onírico. Os antropólogos, surpresos, observavam que, talvez por isso, nunca houve registro de doenças sérias ou casos de crimes naquele povo Senoi. Talvez porque além dessa prática de cultivar a confiança também a estrutura de poder social deles ajudasse por ser bastante distribuída e harmoniosa.

Porém, o fato que eu quero ressaltar é que além de existirem pessoas, como os Senoi, que tratam habitualmente do seu próprio mundo onírico, é algo comum a todas as pessoas na dinâmica do sono em que há um estágio em que se passa do sonhar para o não sonhar mais e no qual se entra em sono profundo. A partir daí, então, vai-se além do corpo mental e entra-se no corpo causal, o corpo da criação, o espírito ou "a essência divina da vida" (segundo a tradição hinduísta). No mundo onírico e causal, tem-se acesso a situações não temporais e não espaciais, vai-se à essência da criatividade, da captação dos insights, como diz o Amit Goswami (o meu Físico quântico predileto). Isso tudo me interessa muito, há muito tempo.

Minha intenção é perceber a possibilidade de integrar essas três dimensões: a do corpo físico (deste mundo material e social), a do mental (do mundo onírico) e a do espiritual (do mundo divino e causal). Como não tive a sorte de nascer entre os Senoi, pratico Yoga e meditação para desenvolver essa melhor compreensão da vida em que os três campos de vivência sejam integrados. Tento evitar assim a sobrecarga do mundo social; evitar que o eu, sujeito das minhas ações, fique soterrado sob tantas solicitações cotidianas e consiga acertar um pouco mais holisticamente.

Compreendi que é fundamental praticar a consciência de que não sou apenas social. Como orienta o sábio Patânjali, cultivo o meu mundo social, valorizo-o até, mas com o propósito de libertar-me dele. Compreender o mundo social para poder lidar com ele sem ficar com a alma presa ou dependente dele. O propósito vai além: liberar-se para incluir também o mundo onírico e o divino de um modo integrado e harmonioso.

Essa compreensão, que é explícita em Yoga, parte do pressuposto que todo mundo tem essa vivência tríplice e que é possível integrar, perceptivelmente, essa vivência. Os sábios e os gurus demonstram como isso está perfeitamente disponível. Segundo a tradição hinduísta, vive-se para realizar essa consciência holística. A realidade é um fenômeno que se compreende a partir da consciência. Os teóricos da Física Quântica ratificam esse ponto de vista de que a consciência determina a realidade percebida.

Mesmo com muitos tropeços, tenho percebido que vale viver deste modo: fazer "o bem sem olhar a quem"; ficar mais desapegado do produto das minhas ações e das de outras pessoas; lidar com a realidade objetivamente e evitar acumular ressentimentos. Tudo isso me ajuda a libertar-me do peso social e obter nos relacionamentos a essência que me aproxima do divino, do onírico e de mim mesmo.

O caminho do Yoga

Para minha sorte fui apresentado aos Yoga Sutras nas aulas do Yoga Institute nos idos 1983. Os quatro volumes dos comentários ao texto pareciam desproporcionais à brevidade do original. Nas aulas, às seis da manhã, o professor e PhD, Jayadeva Yogendra, filho do fundador do instituto, nem se abalava com a entrada do leiteiro, do verdureiro e de outros que diariamente vinham nos abastecer bem cedinho nos arredores de Mumbai. Ele também não perdia a paciência com a dificuldade que os alunos ocidentais (todos bem graduados) demonstravam para aceitação dos conceitos do sábio Patânjali (o redator dos Sutras) e de seus comentaristas.

Os Yoga Sutras formam o texto que sistematizou o Yoga como doutrina ali por volta do quinto século antes da era cristã. A expressão significa o cordel do Yoga. Cada verso desse cordel é uma mensagem telegráfica a ser decifrada, talvez por isso seja tão volumosa a coletânea dos comentários consagrados pela tradição. Os textos originais eram curtos, de modo a serem transmitidos oralmente na época em que surgiram. Lembro-me de uma tradução literal feita pelo velho Yogendra (pioneiro do Yoga postural no século XX) do sânscrito para o inglês. Ela era tão sintética que parecia mesmo um livrinho de cordel.

Ao todo são 196 versos em quatro capítulos, sendo que o primeiro destes é intitulado Samadhi Pada (pé do samadhi). Toda ênfase do que é Yoga está nesse primeiro capítulo. Fica claro logo de início que Yoga nada tinha a ver com ginástica ou com o folclore que se observa atualmente por aí. Rigorosamente, Yoga está relacionado com um estado mental de integração e recolhimento das atividades da mente ao coração tranquilo.

Ao sair da corrente dispersiva dos pensamentos incessantes, a mente atinge um estado tranquilo e de observação atenta. Passa-se a agir nesse estado como um observador simultâneo da própria ação que se estiver fazendo. O que se cultiva na prática de Yoga é essa atitude de testemunhar tanto o que se faz na vida como a própria pessoa no momento da ação. O caminho do Yoga é no sentido de desenvolver essa atitude de testemunhar a si próprio e de prestar atenção no que nos interessa de fato dentro do todo e estar em si ("na sua") o tempo todo.

Nesse estado de samadhi há a oportunidade de uma integração extraordinária do próprio eu. Como diz José Saramago, no livro "Todos os nomes": "Tu conheces os nomes que te deram, mas não conheces o nome que tens". O nome que eu tenho é uma descoberta que eu tenho de fazer, na medida em que eu seja capaz de ficar no estado de testemunha ou no estado de não ação, em que não preciso agir para atender a nenhuma solicitação e apenas observo e compreendo minhas emoções. O desafio é o de sentir as emoções e não ser arrebatado por elas; em vez disso, esclarecer meus sentimentos e compreendê-los, aceitar-me e prosseguir vivendo sem ressentimentos e culpas.

Claro que eu não vivo num estado permanente de samadhi, embora admire aqueles que se dediquem integralmente ao estado meditativo, como alguns sábios yogues da Índia ou monges de ordens budistas. Eles são exemplos de vocação cultivada. Eu no meu cotidiano me emociono quando vivencio algo: fico triste ou contente, animado ou desanimado, conforme a situação em que me envolver. Quando estou sentindo a emoção, eu a vivencio plenamente. Tento vivenciar o que estiver acontecendo no "aqui e agora" da situação e somente o aqui e agora; apenas o momento presente. Nem sempre consigo e tenho bastante trabalho para recuperar-me dessas situações, mas essa é a minha disposição para continuar íntegro e dar conta de tudo o que me meto a fazer no cotidiano sem deixar pendências.

Conforme os Yoga Sutras, o mais importante a fazer é a realização da consciência com autenticidade; é perceber o nome que se tem e não os muitos nomes dados e os que ainda vão ser dados a mim. Quanto mais cultivo a capacidade de testemunhar a minha vida, de viver o momento presente e sentir apenas as emoções do momento presente, mais estarei praticando um modo de viver que traz enorme liberdade. Não é por acaso que esse estado de samadhi às vezes é associado à moksha, que significa literalmente libertação. Libertação das circunstâncias com as quais eu me identifico, com os vários nomes que me atribuem ou com os personagens que eu assumo temporariamente, mas principalmente o gastar energia com o que não tem a ver com a minha vocação e com o sentido da minha vida.

Mas eu sou um ser cultural como todo mundo é. Interajo com o meio em que estou e no qual fui criado e acabo incorporando muitos dos valores da época em que estou vivendo. Compreender que valores são esses e que ética lhes corresponde no mundo em que estou é básico para perceber o quanto me identifico verdadeiramente com esses valores e tentar descartar aqueles que me são nocivos ou saber como os neutralizar.

No caminho do Yoga percebo o objetivo de ser íntegro, perceber os valores, ser testemunha de mim mesmo e aceitar as diferenças, enfim: cultivar um modo de ser que seja bom para mim, para conviver com você e com os outros. Sim; também bom para os outros, pois caso contrário, serei excluído e nada mais ficará confortável para mim. É básico ter essa percepção de como viver num mundo que já estava aqui para saber como me adaptar a ele e adaptá-lo a mim.

Se eu fosse professor, poderia resumir o caminho assim: a grande luz que o Yoga oferece é no sentido de desenvolver-se um método próprio com o qual se consegue cultivar um viver autêntico, íntegro, confortável e saudável; em que dá para sentir-se bem; em que se lida com o mundo e se cultiva a capacidade de compreensão da vida e de si mesmo com autenticidade.

O propósito desse caminho é o de a pessoa transformar-se habitualmente em testemunha de tudo o que faz e da própria vida;

cada vez mais libertada das circunstâncias negativas em que já viveu para poder viver integralmente o aqui e agora; cultivar o estado de plena consciência e perceber que a vida é muito mais do que o social.

Pode-se Ir bem além do viver social e incluir a compreensão dos sonhos (o estado onírico) e a prática consciente da não ação (equivalente ao estado de sono profundo) que propicia os insights espirituais. Desse modo, as dimensões da própria vivência são multiplicadas por três. Passa-se a uma vivência plena: social, onírica e divina (num estado de graça que só você mesmo percebe, discretamente).

Recondicionar é preciso

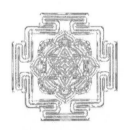

Há cinco atividades mentais, conforme o modelo que Patânjali indica nos Yoga Sutras, e elas podem às vezes estar perturbadas e afastar a pessoa da realidade, do presente ou de si mesma. Elas seriam: o conhecimento evidente, a inventividade, a imaginação, o sonho e a memória. Patânjali sugere que essas atividades mentais sejam controladas para não se ficar carregado de pensamentos ou de possibilidades de identificação com o que não é a própria realidade. Quando me identifico mentalmente com qualquer dos resultados dessas cinco situações, eu me perco da realidade, deixo de estar presente, de estar aqui e agora e de ser quem eu sou.

O conhecimento do evidente ocorre quando eu percebo algo que corresponde à realidade: uma evidência por si só. Quanto à inventividade, ela se dá quando eu apreender um significado ou utilidade que está além da evidência como, por exemplo, ver uma pedra e a perceber como um martelo ou um machado ou uma roda em potencial. Nem a evidência nem a inventividade são problemáticas. A atenção que Patânjali destaca é no sentido de eu não me identificar nem me apegar a elas, porque ao me identificar com o que é exterior a mim eu me afasto de mim mesmo.

Quanto à imaginação, ela não depende de um objeto percebido; ela pode ser uma elaboração a partir de palavras ou sensações como a arte poética, por exemplo. Já o sonho e a memória são mais interiores que as três primeiras. Vou-me ater agora ao sonho e explorar a compreensão do estado contemplativo que se cultiva na meditação e que tem a ver com o estado de sono tranquilo e altamente recuperador da saúde.

Quando se contempla, se está num estado de não ação, de beatitude ou de graça divina. Contemplar nesta situação seria uma palavra mais adequada que meditar, uma vez que meditar, em qualquer dicionário, significa refletir sobre determinado tema para entendê-lo melhor, enquanto que contemplar implica não ação, implica a intenção e o estado de não agir, não atuar, deixar a vida prosseguir sem interferir nela e permitir a manifestação da intuição. Já comentei cada um dos três estados habituais: a vigília, o sono com sonhos, o estado de sono profundo – no qual nem os sonhos estão presentes e há apenas a nossa essência divina. Em Yoga, ainda se acrescenta o estado consciente em que se vivencia a contemplação e no qual nem há pensamentos. Em sânscrito, este é chamado Turiyá (o quarto).

No sono profundo estou em completa não ação e também não estou consciente. Já no estado contemplativo, meditando, eu estou consciente e, ao mesmo tempo, cultivando um estado de não ação. Quanto mais cultivar esse estado de não ação, mais terei criado as condições para o quarto estado, semelhante ao sono profundo, porém, com a diferença do fato de eu estar consciente.

Posso então dizer que praticar Yoga e fazer do Yoga uma estratégia de vida inclui também a disciplina de cultivar esse quarto estado consciente de não ação. Nesse estado, eu me aproximo da essência divina por não agir ou reagir e também não corresponder a nenhuma expectativa do mundo social. No estado contemplativo se dá lugar ao ser divino em vez do ser social que habitualmente está evidente.

Só de brincadeira, eu poderia cultivar a essência divina de um modo esquemático nas 24 horas diárias: oito horas para dividir entre o "ser onírico" e o "ser divino" da não ação inconsciente (do sonho profundo e sem sonhos); outras oito horas para o ser Homo Faber (da ação) e oito horas restantes para a contemplação. Mas ainda não descobri como fazer isso. Na realidade gosto tanto de conversar que deixo bem menos tempo do que deveria para a contemplação. No entanto, eu uso grande parte das oito horas noturnas em que fico deitado na cama para praticar um profundo relaxamento que me aproxima do chamado sonho do Yoga, o Yoga Nidrá e assim ir cultivando a condição de estar consciente e além do sono profundo.

Foi um sábio indiano dos tempos atuais, Satyananda, quem tornou didático como chegar ao "sono do Yoga", por meio de condicionamentos e relaxamento. Mas como eu acho muito complicado o método original, contento-me com uma aproximação que me ajuda muito. Como o nosso modo de ser e de agir pode ser condicionado pelo funcionamento do próprio cérebro, também se pode redirecionar a atenção cerebral no sentido em que se quer o condicionamento. O aliado para isso é o hipotálamo (uma parte do cérebro), que funciona como um reforçador emocional de comportamentos. Ele fica o tempo todo a emitir para as células do corpo certas substâncias eletroquímicas (neuropeptídios), correspondentes às emoções que eu tenho e esse processo é recursivo, repetitivo, criador de hábitos ou de vícios (conforme o valor moral que lhes atribuírem).

Ora, se eu quero mudar algo na minha vida (por exemplo, o modo de dormir), devo fazer com que o meu hipotálamo gere neuropeptídios diferentes daqueles gerados pelo meu comportamento habitual (por exemplo, de cair no sono). Então, ao ir para a cama, eu fico mentalizando a intenção de relaxar e continuar consciente. Às vezes consigo, em outras durmo que é uma beleza, mas assim vou progredindo.

A disciplina da prática de Yoga, com a ajuda natural do hipotálamo, é um meio bastante eficiente de recondicionar todos os hábitos: tanto para criar novos condicionamentos favoráveis à integração do ser físico com o ser mental e o ser espiritual quanto para outros condicionamentos úteis à vida social.

Por exemplo, há momentos na minha vida em que surgem prioridades de um importante objetivo pessoal ou coletivo. Então, imagino atitudes e frases positivas de realização do objetivo para criar o condicionamento. Se, por exemplo, tratar-se da preparação para uma prova de conhecimentos, eu posso dizer para mim mesmo, diariamente, uma frase curta e objetiva: "eu compreendo tudo o que estudo" ou "sou capaz de aplicar tudo o que eu estudar". Um exercício preparatório seria o de escrever de várias formas diferentes as frases que sintetizam o condicionamento mental para focalizar um objetivo legítimo. Depois escolher a frase mais sintética (que me soa melhor) e repeti-la várias vezes mentalmente ou "em voz alta" (como se eu estivesse rezando) para habituar-me positivamente com a intenção dessa frase. Essa frase expressa a imaginação (Sankalpa, em sânscrito) da decisão que eu quero e posso "incorporar", por exemplo, em posição meditativa ou de relaxamento para estimular o meu hipotálamo a emitir neuropeptídios favoráveis.

Já compreendi que o melhor caminho da mudança é a facilidade. Mudança difícil ou desagradável ninguém faz por si só. Então, se eu quero de fato mudar, crio condições que me sejam agradáveis e por meio delas vou mudando aos poucos. Isso sempre funciona comigo. Se você também quiser, sugiro experimentar. Portanto, depois de imaginar a sua frase, deitar-se e relaxar profundamente para em seguida repetir mentalmente a sua frase e visualizar a realização do seu objetivo, representando-o como você puder senti-lo ("já realizado!"). Em seguida, perceber todas as partes do seu corpo de modo a conduzir um profundo relaxamento (para deixar o condicionamento "assentar"). Você pode conduzir esse relaxamento conforme o ritmo da sua respiração. Depois de relaxar todo o seu corpo, volte a imaginar a sua frase e a respectiva visualização. Leve essa imagem para um lugar situado num ponto central do seu cérebro, deixando-o tornar-se um pontinho luminoso. Deixe-se estar por mais algum tempo em estado de profundo relaxamento e depois volte vagarosamente a sentir seu corpo desde os dedos até o rosto. Pronto! Esse já será um bom começo.

Yoga e atitudes na vida

Na tradição da escola que me orientou (The Yoga Institute, Mumbai, Índia), indicam-se quatro atitudes fundamentais (Bhava) que devem ser interiorizadas por quem pratica Yoga tanto no exercício de uma postura (ása-na) como na vida diária, de modo a serem incorporadas à personalidade.

A primeira tem o nome Dharma e está relacionada ao sentido do dever e da observação da ordem na qual eu estou. A sugestão é de observar uma hierarquia básica de deveres e obrigações na própria vida. No ponto máximo dessa hierarquia está o ser de cada um, o self, o si mesmo, o próprio eu. Depois de mim vêm a minha família, os meus amigos, o meu trabalho, a minha vizinhança, a sociedade, a humanidade até chegar ao plane-ta e ao universo. Então a primeira obrigação é comigo mesmo, depois vêm os deveres sociais que começam com a família e assim vão-se distanciando à medida que vão ficando mais longe do meu coração, da minha visão e da minha capacidade de alcance. Com essa compreensão o dever sem o ser é algo vazio e torna-se apenas uma repetição de padrões ou um cumprimento de ordens sem envolvimento e afeto.

O Dr. Jayadeva Yogendra, meu orientador no Yoga Institute, enfatizava que o não prestar atenção em mim e pular esse primeiro ponto da hierarquia das atenções faz-me deixar levar de qualquer jeito e em breve não ser capaz de suprir nenhuma das minhas próprias obrigações em relação aos outros níveis dessa hierarquia. Se eu mesmo, que sou o realizador, não me estou cuidando como vou cuidar da família, da casa, dos amigos, do trabalho, da sociedade e assim por diante? Infelizmente há vezes em que só percebo isso quando fico doente, exausto ou momentaneamente incapaz de fazer o que depende de mim.

Os exercícios de Yoga nas posturas meditativas seriam os mais adequados para que esse sentido de dever ficasse mais perceptível. Quando estou assim num exercício de meditação, eu cultivo um estado contemplativo e vou para dentro de mim, para a essência. Quando estou com a atitude adequada em um exercício de contemplação a percepção de significados e de pensamentos flui sem criar emoção ou perturbação. Na medida em que isso se realiza, transcendem-se os nomes que me deram ou os meus personagens e passo a compreender com mais clareza as prioridades das relações sociais. A situação física e postural de equilíbrio propicia um sentimento de paz, a partir do qual posso ver o valor e o significado das coisas com uma perspectiva diferente daquela que veria ao estar assoberbado pelos personagens que me assumem no dia a dia das atribulações.

A segunda atitude diz respeito à compreensão, à consciência e ao conhecimento (Jñana, em sânscrito). Conforme a tradição hinduísta, todo o saber e compreensão que dão significado à vida já estão presentes em meu interior. De origem, portanto, sou potencialmente apto a compreender a realidade com a qual estou lidando e posso verificar se os meus valores são consistentes com o que faço. No entanto, é melhor que eu me coloque numa posição de tomada de consciência para que eu ative essa atitude de melhor compreender o meu relacionamento com as pessoas.

Os exercícios em que essa tomada de consciência surge mais facilmente colocam a coluna vertebral e a cabeça alinhadas para cima. Eles são, por exemplo, os de alongamentos vertical e lateral. Quando eu me elevo para perceber o todo, presto essa atenção e pratico a atenção com todo o corpo. As posturas verticais acentuam a concentração e a coordenação dos movimentos do corpo com a respiração; elas exigem o equilíbrio pessoal. Os sábios destacam que em contraposição ao equilíbrio consciente está a ilusão (Maya) que faz buscar na vida social algum propósito ou significado para a própria vida, o que em geral leva à frustração. Portanto, eu primeiramente me equilibro e assim torno-me capaz de agir socialmente e de modo mais adequado com a minha natureza ou modo de ser.

A terceira atitude, Vairagya, tem a ver com a entrega, a humildade, a aceitação, o desapego ou a renúncia. Abandono uma eventual "atitude superior" para uma atitude de humildade e de aceitação da vida sem afetações. Os exercícios em que cultivo a humildade e a entrega (ao princípio divino da vida que me constitui como ser) são aqueles em que expiro, solto o ar, ao me inclinar para frente ou me dobrar como na postura do símbolo do Yoga, o Yoga Mudrá (sentado, pernas cruzadas, tronco e cabeça pendentes para um dos joelhos ou para frente e com as mãos unidas por trás das costas como estivessem atadas). Entre todas as posturas, as em que me inclino para frente são aquelas em que posso aproveitar para cultivar a aceitação e a reverência à minha própria vida. Também as posturas de torção suave da coluna como, por exemplo, a Hastapadangustásana (que só o título já provoca uma torção); as de relaxamento, as de "cabeça-para-baixo", todas essas favorecem a atitude de desapego e entrega. Com essa atitude de renúncia e desapego prossigo realizando minhas obrigações para comigo, para os meus e para os demais, consciente de que "estou no mundo, mas não sou do mundo nem ele é meu".

Quando essas três atitudes são cultivadas e plenamente satisfeitas, chega-se à quarta atitude: a autoconfiança (Aishwarya, em sânscrito). A autoconfiança surge depois que se satisfaz o dever, a compreensão e o desapego. Sem as três pré-condições ainda há superficialidade nas sensações de sucesso eventual e, portanto, certa insegurança ainda está presente. Os exercícios em que cultivo a atitude de autoconfiança são aqueles nos quais me inclino para trás, inspiro e alongo a musculatura anterior, como por exemplo, o Bhujangásana (posição da cobra), além dos kriyas (as práticas) de higiene e purificação.

No mundo tão solicitante e exigente, eu poderia perder-me facilmente sem essas quatro atitudes de orientação. Portanto, apesar das dificuldades corriqueiras, posso cultivar o ser e cuidar da harmonização do corpo com a mente e o espírito; para ter uma referência única e exclusivamente interior à minha natureza e à essência que não depende dos fatos externos e circunstanciais. Senão, ficarei à mercê dos acontecimentos, das vontades alheias ou da ilusão social e ficarei fora de mim como alguém cujo foco é externo e fora de si.

Em Yoga, as quatro atitudes estão associadas propositalmente a cada tipo de ásana. Por um lado essa junção de atitudes e posturas permite aumentar a capacidade de percepção da minha própria vida, pelo fato de se estar consciente delas; por outro lado o exercício das posturas torna-se de valor reduzido apenas ao corpo material, se forem feitas sem as correspondentes atitudes.

Muito além do jardim

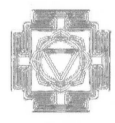

Nesta conversa quero trazer um pouco mais de reflexão sobre as vivências além da evidente no espelho do dia a dia. Já comentei a interpretação hinduísta de que na realidade sou muito mais do que um corpo feito de comida e tenho a composição da minha existência em vários "corpos" simultâneos. Falei de cinco corpos. Agora para simplificar, vou sintetizar em apenas três (como se isso fosse pouco): o da ação física (feito da comida que assimilo); o mental (de emoções e significados) e o corpo espiritual (da sutil não ação). Enquanto vivo eu me identifico com esses meus corpos, de modo consciente ou não. Quando eu morrer, passarei por um processo de "desidentificação" em relação a eles.

À medida que deixar de me identificar com o corpo físico, irei restando no corpo mental e no espiritual. Na descrição do "Livro tibetano dos mortos", quando alguém desidentificar-se com este mundo de ações (ao morrer), os significados que apreendeu das experiências passarão diante da mente (como um filme). No entanto, passaria apenas aquilo que foi significativo para cada um. Há alguns milhares de relatos de pessoas que tiveram experiência de quase morte e que bem atestam isso como os coletados pela estudiosa Elizabeth Kübler-Ross.

A segunda desidentificação durante a minha morte será com o corpo mental. Enquanto vivo, sempre que tenho uma experiência, a percepção do resultado dessa experiência é simultaneamente emocional e significativa. Então, quando morrer, ficarei nesse contexto de emoção e significado ainda durante algum tempo até compreender e aceitar que já me despedi do corpo de matéria. Mas essas emoções e esses significados ficam "congelados", porque só me emociono se tiver matéria para experimentar, pois a experiência é material. Quando abandono o corpo físico, não tenho mais a oportunidade de ter experiências e simultaneamente de emocionar-me e de compreender o que aquela experiência possibilitou.

Há quem diga que o viver tem como propósito genérico realizar isto, que é fantástico: a compreensão das emoções e significados das vivências. Tudo mais seria pretexto para aperfeiçoar essa realização de significados que somente a "vida material" permite. Quando eu me desidentificar com o corpo físico, não tenho mais como vivenciar essas experiências; passo a ser apenas o que realizei do meu caráter – aquele conjunto inicial de predisposições de comportamento. Não mais existo materialmente, passei a existir apenas no corpo mental e como simples observador. Ainda me identifico com o caráter, que aos poucos se vai abandonando e fluindo para o caráter coletivo das gerações que me são contemporâneas. Então, quando me vou desidentificando do corpo material, aquilo que me é absolutamente individual não tem mais necessidade prática (porque também não há mais prática ou experiência). Vou-me libertando do conceito de identidade relativa. Se eu prossigo a "morrer", então, o conjunto de emoções e significados também se iria diluindo e se agregando ao significado geracional até chegar ao princípio divino da minha origem, o espírito provido pelo espírito de tudo. Fica a dúvida: continuaria eu a ser um indivíduo?

Então, ao longo da vida, tenho a oportunidade de realizar emoções e significados que serão acrescentados, numa primeira instância, ao caráter mental individual e, numa segunda instância, ao caráter mental coletivo. Não faria muito sentido uma terceira instância, pois o espírito divino que é o eu e que abrange meus corpos operacionais (material e mental) não teria nenhuma necessidade de acréscimos derivados de percepções mundanas (por ser divino). Portanto, a vivência espiritual parece prosseguir com sentido misterioso e fora de avaliação por critérios mundanos.

Então aqui vale destacar das concepções mais antigas, entre elas o Hinduísmo, que tudo que existe é "em si mesmo" expressão individualizada de Deus. Quando, em qualquer época, se faz uma separação do tipo "criador e criatura", abre-se mão da existência completa e assim faz-se um distanciamento da essência divina comum a todos e que existe em cada um. Cada um existente seria apenas um ser mundanamente operacional.

Ao se aceitar aquela separação cria-se também a oportunidade para surgirem os "intermediários" para fazerem a intermediação entre o criador e a criatura. Na concepção da cultura sânscrita do Yoga, no entanto, essa intermediação já é feita por Buddhi, o intelecto de cada um. O intermediário, nessa visão, já está em mim (o que acho muito bom).

Assim, eu, você e todo mundo é primordialmente ser divino atuante na existência e que traz o próprio intermediador mental em si mesmo. Neste ser completo é Buddhi, a inteligência intelectual, quem faz a identificação com o corpo físico e que também conduz a "passagem" para o "reino de Hades" (dos mortos). Buddhi, em sânscrito, designa Hermes. Lembra-se do deus grego da comunicação? Pois ele está em todas as tradições com diferentes nomes e mesma função (Mercúrio para os romanos, etc.). A minha capacidade individual de me comunicar com os outros seres e com o eu divino já vem no "pacote" original com o qual todo mundo nasce. Então, o que se tem a fazer é aperfeiçoá-la e desenvolvê-la, seja para entender-se com os outros, seja para compreender-se a si mesmo num nível mais espiritual e "além do jardim".

"Samadhi" está à disposição

 Uma das primeiras afirmações dos Yoga Sutras de Patânjali diz: "Yoga é o recolhimento das atividades da sua mente para que se revele a sua natureza autêntica". Claro, portanto, que devo compreender Yoga como um processo que se realiza com uma direção, uma diretriz e uma opção de caminhar na autenticidade. Porém, as modificações, das percepções da consciência, a identificação com os pensamentos, as emoções e os significados não cessam nunca. O desafio é o da disciplina de estar atento para o propósito de identificar-me cada vez menos com qualquer coisa que capture a minha atenção ao ponto de identificar-me apenas com a minha autêntica essência espiritual. Com essa disciplina vou adquirindo, progressivamente, uma condição de tranquilidade, paz e harmonia, além da capacidade de conviver com os outros nas adversidades ou nas ocasiões de

felicidade. Proponho-me, assim, a ser uma pessoa melhor para mim e para conviver no mundo.

Também poderia dizer que a condição principal de Yoga é a de samadhi: o processo de deixar de identificar-me com as manifestações mentais e recolher-me a mim mesmo, o eu espiritual. Estou novamente falando de um processo ao qual me proponho e que acontece progressivamente. Nele vou lidando com o que está ao meu alcance, vou progredindo e me sentindo bem. Essa é a ideia básica quando falo de Yoga. Todos os exercícios, as conversas e reflexões têm esse foco. Claro que me apoio na compreensão dos ensinamentos e das técnicas que me ofereceram e à qual vou acrescentando o que vivo e experimento. Todos nós temos a oportunidade da vivência essencial e também da eventual sorte de compartilhar as próprias compreensões.

Embora seja importante saber como realizar ou praticar o método de Yoga para lidar com a realidade, há momentos em que a prática do método não é suficiente, em que a realidade supera a compreensão do método. Então, cada um tem de lidar com a realidade por si mesmo. É como seguir um mapa e estar andando em um território, mas de repente há um furo no mapa e me deparo com a realidade que não está no mapa. "Vou para a direita ou para a esquerda? No mapa não está claro". E agora? Agora tenho que seguir a minha intuição, a minha história e a minha experiência. Embora haja muitos métodos, muitas igrejas, muitos partidos, muitas linhas metodológicas e de fato se realizem muitas coisas boas ou ruins, quem realiza mesmo não é o método, sou eu e é cada indivíduo de modo pessoal ou em nome de um coletivo.

Aqui me refiro ao método dos Yoga Sutras codificado pelo sábio

Patânjali. A essência desse método é superar a identificação com as manifestações da minha consciência ou dos objetos da minha eventual atenção. Ou seja, deixar de identificar-me com o material, com o emocional e com os significados que impregnam as minhas emoções ao ponto de desapegar-me totalmente das identificações, exceto de mim comigo mesmo. Conseguirei efetivar isso? Talvez. Mas o propósito é o de progredir até o limiar (o samadhi), no qual eu perceba que sou mais que os vários nomes que me deram ou que eu talvez nem nome tenha ou precise ter como já foi aludido por José Saramago em "Todos os nomes".

Em termos práticos, samadhi é o principal estágio ou condição do método de Yoga. O texto dos Yoga Sutras descreve dois processos de propiciar o samadhi: "com semente" ou "sem semente". Como água mineral "com gás ou sem gás", para brincar um pouquinho porque esta conversa está séria demais. De fato a analogia original é com a agricultura: um processo que se desenvolve a partir de semear uma semente ou outro que é instantâneo.

O processo "com semente" é reflexivo, intelectual e pode ser dividido em quatro estágios ou modos de realização. De início, usa-se o principal recurso de compreensão, que é intelectual, para concentrar-se e focalizar-se em um objeto (algo material ou conceitual de muito interesse) para refletir, meditar e compreender a sua importância de interesse para o meditador. Em seguida, apura-se o esclarecimento do significado desse objeto. Passa-se da coisa em si para o que a coisa significa (do significante para o significado). Depois, segue-se a identificação com a essência desse significado que seria tão importante para mim. E por último e mais importante: ver-se com a clareza do discernimento e da intuição o que se é e o que se focaliza em essência. Porém, sem mais nenhuma identificação ou apreciação intelectual.

Esses foram os quatro estágios do meditar com a compreensão, com a inteligência intelectual e com auxílio de um objeto focalizado (a semente). É um processo mental bem exigente e que está todo explicado no primeiro capítulo dos Yoga Sutras.

Há o outro tipo de meditação sobre a significação do objeto de tanto interesse para o meditador, mas que não depende da intervenção da inteligência intelectual e do processo reflexivo e cognitivo sobre objetos densos ou sutis. Nesta outra forma de meditação, não se precisa refletir sobre objeto algum, denso ou sutil que seja. Estou falando do "samadhi sem semente". É o estado em que se apreende a realidade pela intuição: com a força da percepção da evidência imediata. É "deixar-se a mente como a água cristalina que mostra o fundo do rio". Como se eu fosse a cristalinidade da água, como se eu fosse transparente a tudo, porque me tornei vazio de expectativas e julgamentos. Pode parecer raro, mas é um estado de espírito frequente para todos nós em que o intelecto não interfere. Cada pessoa já esteve inúmeras vezes nesse estado em que a mente se torna imperceptível de tão entrosada com a realidade, quando se está envolvido com as coisas de nosso verdadeiro interesse e sintonizadas com o sentido das nossas vidas (das nossas vocações, por exemplo). Portanto, não é nada de extraordinário e ainda se dispõe do método de Patânjali para cultivar essa possibilidade (como está descrito no segundo capítulo dos Yoga Sutras).

Com isso, eu prossigo nos exercícios de Yoga, vou aperfeiçoando a minha forma de meditar e arrisco a sugestão de você praticar um desses dois tipos de meditação no cotidiano. O que eu faço é colocar a prática de Yoga e de meditação na minha própria realidade. A partir daí tudo o que faço passa a ser Yoga: ou percebo o meu comportamento, a realidade densa e também a sutil, a partir de um processo cognitivo ("com semente") de análise dos objetos da minha atenção; ou tento entrosar-me com a realidade para aceitá-la e apreendê-la diretamente ("sem semente") com a intuição.

Essa prática tem seus pressupostos na filosofia hinduísta de nome Samkhya, que aponta para três princípios permanentes, na manifestação da vida: sattva, rajas e tamas. Que seriam as três qualidades da matéria ou da natureza primordial: o sutil, o movimento transformador e a densidade. Todas dominadas pela consciência e compreendidas pelo intelecto (Buddhi). Ou seja, a minha essência não é percebida diretamente, mas pela consciência e por meio do intelecto. A divindade espiritual é percebida de modo reflexivo, eu "vejo" o reflexo divino na compreensão intelectual. Embora eu seja constituído pela divindade, não a percebo diretamente e apenas posso vivenciá-la. A vida social também afasta do que realmente se é. No entanto, tem-se condição de viver além do social à medida que se expandir a percepção da realidade, seja pela análise, seja pela intuição.

Dentre as manifestações dos três princípios essenciais – sattva, rajas e tamas –, sattva, o mais sutil, permite uma percepção harmoniosa. Ao meditar, dá-se prioridade às qualidades sattva e não às qualidades da movimentação ou da inércia massiva. A identificação que permite o consequente desidentificar-se acontece a partir do sutil. O cultivar da harmonia, da felicidade, do bom astral, das boas atitudes, da ética, da moralidade, da compreensão e da amorosidade é de natureza sattva. Quanto mais evitar-se rajas (paixão) e tamas (inércia), melhor, mas esses sempre estarão presentes a nos desafiar. Ao perceber que me estou identificando com a dor, com a raiva, com a inércia, com o medo, lembro-me que o meu hipotálamo reage às minhas emoções e transforma a identificação em hábito, vício ou dependência. Portanto, a dica é cultivar sattva e trilhar o caminho do sutil cada vez mais frequentemente, de modo que o meu cotidiano torne-se um hábito de tranquilidade e plenitude. Vale todo o meu empenho e dedicação. Esse é um caminho da meditação ativa que leva ao samadhi.

Criatividade, OM e o sentido da vida

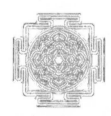

O tema da criatividade e inovação passou a me interessar bastante, desde 1995, a partir de quando tive oportunidade de estudá-las para aplicar em ambientes empresariais. Tive muita sorte na época de conhecer pessoalmente excelentes especialistas e estudar com a orientação deles como: Eunice Soriano de Alencar, Edward de Bono e (em Buffalo, NY, USA) a equipe da Creative Education Foundation. Conforme me ensinaram, há quatro etapas fundamentais da criatividade, que são: (1) o estudo e pesquisa da situação a resolver ou compreender; (2) a saturação, quando o estudo completou a capacidade de abarcar os processos necessários à compreensão, mas parou aí; (3) o insight, quando se está saturado da intenção e do conhecimento necessário para descobrir algo novo e, de repente, do nada, a ideia genial surge ou a solução do problema aparece; e por último (4) a implementação, quando a ideia é colocada em prática.

A etapa do insight é a que agora quero destacar. Ela se dá quando se tem a oportunidade ou o desafio de criar algo novo. Até aqui, no entanto, repeti o que a maioria dos especialistas diz. No entanto, posso arriscar-me (em boa companhia também) na hipótese de o insight ser captado como um significado já existente (na dimensão não espaço-temporal) e que está pairando no campo mais abrangente de significados e emoções. Conforme já comentei das leituras do Amit Goswami (A física da alma e outros títulos), que tratam também desse assunto com o conceito de simultaneidade (no tempo) e de ubiquidade (no espaço). Ou seja, a possibilidade de se estar simultaneamente em vários "lugares".

Já comentei o fato de a experiência real acrescentar algo à dimensão coletiva. É também para isso que se vive, para acrescentar algo com a própria experiência ao caráter coletivo. O que se cria hoje de conhecimento pode ser captado por alguém que ainda nem nasceu; assim como se pode captar algo que um gênio descobriu (no passado ou no futuro).

Quando falei do corpo de emoções e significados, em que se têm insights ou em que se acrescentam conhecimentos e significados, referia-me ao campo não espaço-temporal da vivência humana. Essa possibilidade pode ser percebida facilmente de um modo aproximado. Basta imaginar agora, por exemplo, que se está numa praia: imediatamente, passa-se a estar aqui e na praia. Eu sou capaz de sentir emoções como se estivesse na praia, embora fisicamente não tenha saído do lugar. O que se informar pela imaginação ao cérebro é por ele tratado como realidade.

Essa capacidade imaginativa de estar além do espaço-tempo é real e pode-se cultivá-la. Mas eu correrei o risco de perder-me se ficar apenas nessa dimensão não espaço-temporal. Posso tanto deixar-me ficar naquela praia maravilhosa como em uma situação desagradável. Todo mundo tem essa capacidade de fixar-se numa situação imaginária. Quando me identifico com essas situações, deixo de ser eu mesmo e fico apenas na situação boa ou na ruim, o que eventualmente pode não haver como evitar. O problema é ficar o tempo todo, ou grande parte do tempo, identificado com a sensação negativa ou positiva, pois assim eu poderia perder-me de mim mesmo. Daí, a atenção de lidar com isso de forma adequada. Mas é claro que cada um é que sabe o que lhe é adequado, o quanto precisa de determinada circunstância e o quanto precisa identificar-se com o sentimento bom ou o ruim.

Se eu desenvolvo a habilidade de fazer apenas uma "visita" e voltar, eu pratico a capacidade de não me identificar com aquilo que não é da minha natureza autêntica. Passo então a perceber o que está à disposição e a optar por quanto tempo dar atenção àquilo. Sou eu que estou decidindo o quanto de atenção vou dar àquela situação ou àquela identificação que eventualmente eu adotar. Cultivar essa habilidade faz parte da minha prática de Yoga, meditação e liberdade.

A tradição hinduísta acrescenta ainda beleza poética a esta conversa tão séria, pois, indica além do corpo de emoções e significados, por meio do qual a experiência física acrescenta algo ao caráter universal, o que chamam de Ananda, o campo espiritual da graça divina que está além do caráter individual dos significados e que antecede e sucede a existência. Observo por curiosidade a frequência com que se inclui essa palavra, Ananda, aos nomes de gurus

(Vivekananda, Shivananda, Yogananda...).

Aproveito, então, para falar do mantra (expressão que induz um ritual, um bom conselho) mais simples e primordial de todos na tradição hinduísta. Nela, os três princípios que constituem a vida são representados pelo "OM", formado pelos sons dos fonemas "A", "U" e "MA", em que "A" é o som que sai das bocas abertas dos animais e corresponde ao princípio divino que faz brotar a vida na matéria; representa o "eu" do corpo. Enquanto o princípio que faz essa vida constituir-se espiritualmente é expresso pela nasalização "MA", para o qual todos os sons convergem e se tornam unidade. Esse "MA" é o espírito individualizado que atua no mundo da existência. O som intermediário ("U") dá conformação, modula o som das emoções, dos significados, do caráter. Ele representa o "eu" da mente, o intermediário que interpreta os sinais recebidos pelo "eu" do corpo e que deveria revelar o "eu" espiritual em suas orientações. Esses três formam um quarto som, quando estão em uníssono ("OM"), o qual literalmente funciona como uma invocação divina e é emitido demoradamente.

Então, toda esta conversa poderia ser sintetizada pela emissão desta única sílaba: "OM...".

Repito esse mantra várias vezes e com a intenção de distanciamento do mundo material, do mundo dos significados e até da minha individuação no mundo divino. Tenho a intenção de ser eu mesmo e tudo simultaneamente. Crio assim uma condição de distanciamento das circunstâncias como se eu pudesse integrar-me com o todo. Cultivo a capacidade de estar presente e distante ao mesmo tempo. Cultivo a tranquilidade, a presença e o não identificar-me com aspectos corriqueiros para prosseguir na vida com a capacidade de gerar experiências e significados autênticos; até que um dia, por alguma razão ou falta dela, eu abandone naturalmente minha identificação com o corpo físico e com o corpo de significados e me entregue novamente à origem divina e espiritual.

Perguntas que surgiram na palestra:
"Como conciliar a não identificação com o viver o presente (aqui e agora); sendo que para viver o presente tem-se que interagir, a todo o momento, com as emoções? Como fazer para desapegar-se e ao mesmo tempo ser você mesmo? Parece um paradoxo."
Ótima pergunta e síntese dessas duas oposições. No dia a dia, eu vivo a realidade com toda a intensidade que ela exige. Tenho que estar presente naquilo que estou fazendo, seja lá o que for. No entanto, tenho a capacidade de perceber algo que não está ali, aquilo que não é exatamente o que estou fazendo. Posso, por exemplo, escutar alguém chamar minha atenção para alguma coisa. Ou seja, sou capaz, numa situação de "total" envolvimento, de processar algum outro tipo de estímulo ou informação para lidar melhor com a realidade. No momento em que alguém dedica essa atenção a mais, ela consegue ficar parcialmente distante da situação em si.
Pode-se assim ser testemunha daquilo que se está fazendo, até para fazer melhor. É perfeitamente possível haver essa dualidade: de fazer o que se está fazendo e estar também observando o que se está fazendo. Todo o mundo consegue ser protagonista e coadjuvante (ou espectador) numa mesma situação, simultaneamente.
O grande desafio é praticar essa capacidade, de modo que ela possa valer sempre que precisar dela. Isso é o mais importante. Por quê? Porque as circunstâncias são muito exigentes. Posso deixar-

-me levar por algum papel social que exerço, a tal ponto de deixar de ser eu mesmo, para passar a ser aquele personagem social ao qual aderi. Nesse ponto certamente estará havendo algo muito importante que me leva a exercer intensamente aquele personagem, mas não sou exclusivamente o personagem que adotei. Socialmente posso ser e certamente sou muitos outros personagens. O que acontece é que circunstancialmente aquele personagem está exigindo "toda" a minha atenção. Mas independentemente de todos os personagens, o que eu sou mesmo é o ator que exerce aquele personagem.

Eu sou o ator além dos personagens que desempenho. É esse contato com o meu ator, com esse meu ser de inteligência essencial, ao qual a prática de Yoga se dirige. Sou eu que tenho de desenvolver a habitualidade do contato com o meu ser autêntico: o espiritual. Praticar essa capacidade é o mais importante no caminho de Yoga e meditação. Para isso a ênfase está em não identificar-se com personagens circunstanciais. Por mais que eu me dedique a um personagem, eu também me "vejo" a mim mesmo; eu sempre sei que eu sou eu mesmo e não um personagem eventual.

Porém, é na vida diária que acontecem os desafios, pois eu me identifico com muitas situações e vou aprendendo a dar o valor relativo que essas muitas identificações de fato têm e com isso vou superando a identificação em si, de modo a ter a capacidade de estar pleno em todas as situações. Ou seja, conduzir o que tem de ser feito, ou perceber que não há o que fazer e observar-me, simultaneamente, do fundo dos meus valores e da minha serenidade. Não parece fácil e não é mesmo. Haja humildade, disciplina e empenho para viver com autenticidade no sentido da própria vida.

Receptividade e entrega

 Agora eu quero comentar um pouco "Os se-gredos da vida" da pesquisadora Elizabeth Kübler-Ross. Os "segredos" são: paciência, percepção do tempo, entrega, amor e espe-rança, entre outros temas para orientar a vida humana. E isso tem tudo a ver com estas con-versas. Lembro-me de quando estava em Mumbai, no Instituto de Yoga, e o Dr. Jayadeva Yogendra dizia que a principal atitude a desenvolver nesta época atual seria a receptividade. Observo que as atitudes de receptividade e entrega são bem próximas.

A partir da entrega, eu refreio o impulso de realizar, de agir ou de produzir e passo a ouvir, a deixar as coisas acontecerem por si; sigo o curso da vida e vou-me percebendo menos onipotente e mais participante da vida do jeito que ela segue. Tenho que refrear um pouco o excesso da energia dita masculina, essa que vai executando sem deixar a intuição brotar.

Seguro um pouco o agir, relaxo e percebo que o não agir realiza também e muito. Aliás, a maioria das coisas que eu acho que realizo, apenas acontece com a minha participação. Várias pesquisas demonstram que os empresários mais bem sucedidos devem muito do sucesso ao fator sorte (quem comenta fartamente esse tema é o Dr. Clemente Nóbrega em seus livros). E que sorte é essa? É o deixar-se fluir no ritmo da vida em harmonia com o universo e assim as coisas vão acontecendo do melhor modo: com sorte. É claro que a sua sintonia pode ajudar bastante. Muitos chamam isso de "timing", mas de fato é sorte mesmo.

Elizabeth Kübler-Ross sugere cultivar a afetividade por meio das várias lições que a vida oferece – do amor, da paciência, da entrega, entre outras –, e vivenciar isso com uma atitude de entrega, de deixar-se levar pela vida.

Na compreensão do Yoga, além de cultivar a receptividade e afetividade, devo ser testemunha do que estou fazendo, ser o ator que está lá no meu íntimo e antes dos meus personagens. A minha pessoa que de fato tem a sensação amorosa é esse ator interno. É a partir da relação sincera que tenho com esse ator que consigo criar a harmonia essencial que dá condição de criar harmonia externamente.

Eu com você e com todo mundo nos complementamos de algum modo. Nos relacionamentos pode-se estabelecer uma troca amorosa: de cuidado, de entrega e de vontade de acrescentar algo que aumente a compreensão. É isso o que se pode estar fazendo agora e em todos os dias com todo mundo. Quem colocar nessa história alguma equação ou algum medidor de troca, certamente vai anular e jogar fora uma enorme possibilidade amorosa. O dedicar-se é "fazer porque tem que ser feito" (Karma Yoga, a ação ajustada); é algo que brota. Não tem que haver nenhuma intenção de medir trocas. No momento em que eu colocar uma expectativa no outro, eu saio de mim, coloco-me no outro e começo então a me excluir de algum modo.

Daí a ênfase em Yoga de estar e ser ao mesmo tempo; estar fazendo algo, interagindo e ser eu mesmo o tempo todo; estar em mim o tempo todo. Assim eu estarei vivendo a plenitude do amor, da entrega e da paciência. Quanto mais eu viver isso plenamente, mais eu beneficiarei todo o mundo (o que me inclui). Eu serei uma pessoa completa e terei o que dar aos outros. Por onde passa uma pessoa iluminada todo mundo é iluminado por ela. No entanto, uma pessoa sempre carente só faz é pedir ajuda. Certamente ela vai encontrar ajuda, porque a vida pode ser solidária. A tragédia, no entanto, pode surgir quando encontrar ajuda demais, que pode resultar em algo como o processo cancerígeno, um processo de solidariedade das células que estão por perto com aquela célula que só sabe pedir, e todas acabam adoecendo junto com ela.

A dica para mim mesmo, portanto, é relaxar um pouco a minha onipotência para deixar-me ser uma pessoa disponível para a vida brotar e prosseguir como ela é por força da sua natureza.

O futuro pelo retrovisor

Outro dia ouvi alguém dizer numa celebração: "o passado é história, do futuro ninguém sabe e o hoje é um presente". Quando olho pra frente estou mirando o futuro, mas o que vejo mais à frente na imaginação está de fato no espelho retrovisor da memória, por onde vejo muitas coisas que me podem dar segurança, porque já passei por elas. Tenho informações e memória, portanto, planejo e pauto a minha vida por essas projeções. Porém, é importante eu ter a clareza de que essas projeções estão (mais ou menos) nítidas apenas no meu retrovisor, que é o que tenho disponível de fato. Por isso, agora quero recordar o que comentei sobre receptividade e afetividade; sobre como é importante ser capaz de perceber a sorte e o que está à minha disposição para assim eu entregar-me a um futuro que vá se deslumbrando, pois ele vai se realizar independentemente daquilo que passa pelo meu retrovisor. Afinal, o que de fato vai acontecer ninguém sabe.

Eu vou decidindo o meu futuro com o que está no retrovisor (da experiência) e com as projeções das minhas intenções. Mas de acordo com que parâmetros? Como lidar mesmo com a informação do passado, da atualidade e com as projeções? Há muitas respostas, pois cada um tem a sua história. Sim, pois eu não tenho uma trajetória, rigorosamente. Trajetória só se dá no espaço. O que tenho da vivência no espaço é a história no tempo. Tudo o que passou, literalmente, passou. O que resta são as reminiscências, as memórias que foram dando para mim e para cada um o jeito de encarar a realidade e o estímulo à projeção, pois sou estimulado o tempo todo a viver. Então, o que há é uma projeção esperançosa de viver. Ora, se me proponho a viver já está ótimo, já estou resolvendo a primeira harmonia essencial.

Porém, o medo está sempre presente na minha história esperançosa. Desenvolvo receios e incertezas há tempos. Mas algo me faz ir para frente: os meus desejos. Esses são os principais motivadores de futuro. Sem eles até posso prosseguir, mas apenas no embalo ou na inércia da sobrevivência. Então, observar o medo é preciso, porque se eu tiver medo de prosseguir não vou viver bem nem vou construir futuro, vou é me atrapalhar. Tenho medo do que não conheço, por isso olho no retrovisor e busco segurança no passado para seguir em frente. Mas deve haver algo maior ou pelo menos independente da minha história e dos meus caprichos que pode viabilizar o futuro e o seguir sem medo. Esse algo maior é a aspiração, o desejo autêntico que dá sentido à minha vida e estimula a minha vontade.

Quando olho pelo retrovisor, o que vejo é o passado, as reminiscências e, principalmente, as limitações, aquilo que acho serem limites e que podem me impedir de prosseguir. Nesse momento, tenho a oportunidade de encarar positivamente esses limites, percebê-los como grandes aliados para compensar os medos do que pode estar lá na frente. Posso contar com o que percebo de limite. Um bom caminho para a construção do futuro é curtir os limites, aproximar-me deles e perceber quanto os limites permitem avançar, de modo que não haja frustrações, nem riscos exagerados, de modo que eu possa controlar os meus medos. Essa é a questão. Se, em vez de agir assim, eu estabelecer metas extraordinárias e muito além dos meus limites, posso causar-me uma enorme frustração, que vai reforçar ainda mais os meus medos e a minha percepção medrosa de vãs esperanças apenas. Portanto, vale também lembrar-me de exercer a receptividade, de entregar-me à sorte e de também não agir precipitadamente. Não preciso abrir mão do sonho por percebê-lo além dos meus limites. Se o futuro ainda não existe, por que não ter esse sonho com a projeção de futuro auxiliada pela imaginação criativa? Posso colocar esse sonho lá na frente da minha paisagem. Posso fechar os olhos, relaxar e visualizar o sonho. Assim, já começo a curti-lo muito antes de a realização concreta acontecer. Dessa forma, vou criando senso de realização desse futuro idealizado. Crio uma situação interior em que todas as minhas células se mobilizam no sentido de vivenciar esse sonho que já está acontecendo pelo menos em mim. Crio a sensação, aperfeiçoo os sonhos e posso trabalhar gradualmente na percepção dos meus limites para criar a condição de esse futuro vir a ser possível. Assim, mobilizo "as forças do universo a meu favor". Vai que tenho sorte e descubro possibilidades escondidas?

O meu futuro é algo que eu desejo realizar. É preciso, no entanto, ter cuidado para não deixar que a turma da retórica da intransigência, dentro e fora de mim, tente sabotar esse sonho ou essa vocação por reforçar os medos e as frustrações. Escolho muito bem, portanto, para quem vou divulgar o meu projeto. Divulgo principalmente para mim mesmo, para que eu, impregnado pelo desejo, possa aumentar a minha autoconfiança. A vivência do meu sonho é fundamental. Ao perceber o meu sonho e os meus limites não há ainda nada de agir nisso. A atitude inicial é de não agir, é de receptividade e de deixar acontecer. É fazer com que o meu plano seja adequadamente dimensionado, de modo que o prosseguir seja mais fácil. Curto, portanto, o meu sonho. Estabeleço direções e pequenos objetivos que levem ao sonho e com os quais os meus limites e a minha capacitação atual consiga lidar. Quanto mais eu vivencio mentalmente esse sonho, mais eu reforço as minhas convicções de prosseguir e mais me fortaleço contra a retórica da intransigência.

Por que ficar adiando a vivência plena do meu futuro apenas por achar que tenho de me concentrar nos recursos? Os recursos são apenas um dado importante dessa história. Não adianta nada ter uma montanha de recursos se eu não tenho o como realizar com eles. Recurso em si não gera nada, informação não gera sabedoria e dinheiro não constrói nada: é preciso alguém capaz e com vontade de construir. Como todo mundo é de natureza interativa e vivencia a emoção e razão na interação, eu vou interagir com o meu sonho, vou colocá-lo na tela, de modo que comece a mobilizar a minha atividade atual para a compreensão dos limites e para transformar esses limites em algo que faça esse sonho que desejo surgir no futuro para que o futuro não seja apenas a reprodução do que me mostrou o retrovisor.

Quer experimentar? Que tal agora você fechar os olhos e criar as imagens de um desejo autêntico e verdadeiro sonho de futuro na sua imaginação? Eu faço isso muitas vezes, até que o meu sonho comece a ficar bem nítido para mim, e curto as emoções de sentir-me no meu sonho. Quase sempre dá certo, mas às vezes miro no que vejo e acerto no que não vi, porque a minha sorte é mais sábia do que eu.

Respirar e viver bem

 Como dizia Picasso, a gente demora muito a se tornar jovem. Mas uma das principais características humanas talvez seja a demora em vir a ser o que se é. Desde o surgimento dos primeiros humanos a gente nasce de um modo prematuro e com o corpo ainda muito frágil e extremamente dependente de todos e de tudo o que está à volta. Depois se vai crescendo cada vez mais levado pelo mundo social e se distanciando de si próprio. No entanto, um artifício de que disponho para aproximar-me da minha essência é por sorte o principal processo da minha vida física: a minha respiração.

Ao respirar atentamente dou início a um processo de transformação e passo a dar atenção a mim mesmo. Há dois instantes de atenção nesse processo: um, quando acabo de expirar, mas antes de voltar a inspirar; e outro, quando acabo de inspirar, mas antes de voltar a expirar. São paradas conscientes que fazem toda a diferença para eu ser mais eu mesmo. Posso aumentar aos poucos o tempo de duração dessas paradas. Posso também fixar a atenção nesses momentos de pausa e "ouvir" as batidas do coração para medir os meus tempos da respiração.

Meu objetivo é voltar-me para o meu mundo interior em oposição à exagerada atenção que normalmente dou ao mundo exterior. Porque uma coisa é viver na sociedade, outra coisa é viver para a sociedade. Quem vive exclusivamente para a sociedade acaba se perdendo de si mesmo e pode-se tornar uma pessoa difícil para si e para os outros. A pessoa perde assim a própria autenticidade e todo o mundo percebe e fica incomodado em lidar com alguém que não tem autenticidade, que não sente verdadeiramente e que não é de verdade. Até eu logo sinto que estou lidando com alguém que é mais de aparência que de essência ou que não é digno de confiança.

Talvez o critério mais rigoroso que os seres humanos usem para selecionar as pessoas com quem interagem seja o da confiança. Não por acaso eu preciso ser eu mesmo, caso contrário, eu não transmitiria confiança nem para mim; eu teria uma vida baseada numa aparência exterior e numa farsa social insustentável.

Patânjali, o grande sábio da tradição do Yoga, do mesmo modo que o filósofo grego mais famoso chamava a atenção para o pré-requisito do autoconhecimento em face do conhecimento contextual. Preciso conhecer-me e conhecer onde estou, pois é essa polaridade complementar que me permite viver praticamente. Essa ênfase é vital: quem sou eu e onde estou?

Eu preciso saber como eu sou para poder cultivar a autenticidade e

ser eu mesmo, poder confiar em mim e transmitir confiança aos outros. Mas se eu não prestar atenção para perceber onde estou e com
quem estou lidando, eu poderia passar a impressão do oposto que
sou, pois quando interajo eu sou para o outro o que ele percebe de
mim e o que eu estou comunicando para o referencial dele. Porém,
a autenticidade por si só não basta, pois ela pode refletir apenas a
minha espontaneidade bruta, não amadurecida pela vida e ainda
não polida pelo cultivar da gentileza e das virtudes que se obtêm
pelo exercício continuado da plena atenção (como diz o filósofo
André Conte-Sponville).

Posso transmitir uma energia calma e positiva por meio da minha
respiração tranquila. Este é um bom artifício que apreendi com a
prática de Yoga. Afinal, o ritmo da minha respiração é o ritmo da
minha atividade ou da minha energia. Isso não tem nada de esotérico: é vital e socialmente prático. Então, me esmero para fazer a
adequada correspondência de ritmo entre respiração e energia. Se
eu respirar de forma inadequada para uma atividade, ela será corro-
siva para a minha vida. Quando cuido da minha respiração, cuido
da minha harmonia nas minhas atividades, pois faço com que a
principal troca com o mundo exterior – respirar – esteja de acordo
com aquilo que estou fazendo.

Posso colocar atenção em tudo o que faço a partir da respiração
e incluir muitas atividades físicas durante o meu dia, sempre colocando atenção em adequar a respiração ao que estiver fazendo.
Ao caminhar, por exemplo, sincronizo a respiração ao ritmo do
movimento; sinto toda a extensão de cada expiração e de cada
inspiração. Mesmo neste momento em que estou escrevendo estou
curtindo a minha respiração: é ótimo.

Respirar e viver bem II

Entendi que praticar Yoga é uma estratégia de vida. É um modo de viver que cultiva a atenção na vida para que eu seja uma pessoa autêntica e também adequada socialmente para assim ter tranquilidade de cuidar da minha trindade pessoal: o corpo, a mente e o espírito. Vivo como um ser social e a partir dessa compreensão posso trazer a atenção, cada vez mais, para perto de mim e passar a dar maior atenção à energia, à mente e ao espírito que me permitem viver neste mundo.

A energia está associada às atividades que faço. Como já disse, energia é uma palavra de origem grega que significa literalmente atividade e está muito relacionada ao ritmo da respiração. Quando cuido da respiração, percebo que ela pode ser mais demorada e profunda e que eu posso cultivar o hábito de respirar profundamente, demoradamente, silenciosamente e pelo nariz. Desse modo estarei cultivando quatro condições essenciais de equilíbrio entre a atividade exterior e a interior.

Quando respiro com atenção, deixo o ar entrar e sair completamente, fico mais tranquilo e mais equilibrado para lidar com as exigências sociais, a carga de trabalho e a saúde. Ao aperfeiçoar a respiração obtenho uma melhora geral, porque fico mais atento. E não por acaso, a prática de Yoga enfatiza a atenção.

Depois de cuidar da minha energia é hora de cuidar da mente, isto é, da intermediação entre mim mesmo e a minha mente. Sim, porque é por meio da mente que rezo, percebo a revelação divina e compreendo a maravilha da vida. Cuidar da mente é o último estágio para completar o quadro de atenção (mas deveria ser o primeiro estágio). A partir dos exercícios físicos, vou estimulando o hábito de prestar atenção ao corpo, à respiração e a focalizar melhor a mente no que estou fazendo.

Respirar com atenção é simples assim: expiro, coloco todo o ar para fora; quando acabar, começo a inspirar. Posso aperfeiçoar: quando acabo de expirar, faço uma pausa e uma marcação com a contração simultânea dos músculos do esfíncter anal e do esfíncter uretral, por exemplo. Esse movimento mobiliza a musculatura que dá sustentação à coluna vertebral. Os yogues chamam de Mulabandha essa contração da região do períneo (com elevação do assoalho pélvico). Toda vez em que se faz força para levantar um peso, por exemplo, deve-se fazer o Mulabandha para proteger a coluna vertebral e estimular a distribuição de energia pelos chacras (rodas ou círculos em sânscrito) que se dispõem em volta e ao longo da coluna vertebral. Há quem perceba naturalmente uma sensação de arrepio a subir pela coluna até a cabeça quando faz Mulabandha com essa intenção (pode experimentar). Os yogues dizem que esse arrepio é uma simples manifestação de Kundalini, a energia pessoal e mítica de cada pessoa que se representa com a alegoria de um raio de luz ou de uma serpente de fogo que fica em repouso na base da coluna vertebral (quando você a cutuca com Mulabandha, ela sobe rapidamente; as crianças adoram brincar dessa historinha "de arrepiar").

Os yogues dizem também que há pelo menos sete chacras, os quais no ocidente são associados ou à configuração do sistema nervoso ou às glândulas endócrinas ou a algumas regiões do corpo com funções destacadas. Eles ficam na altura do períneo, dos órgãos sexuais e dos rins, do umbigo, do coração, da garganta, das sobrancelhas e do alto da cabeça. Esses chacras relacionam--se, nessa ordem, com a base da principal estrutura física, com a função reprodutiva e sexual, com a capacidade digestiva e de autocontrole, com a afetividade e percepção das emoções, com a fala e expressão do significado das emoções, com a significação das percepções, e com a transcendência da dimensão espaço-tempo (para os insights e a espiritualidade).

Mas sem complicar com tantas informações eu vou entremeando essas práticas respiratórias e de atenção ao longo das atividades do dia, pois é algo que posso fazer junto com qualquer tarefa de trabalho ou de manutenção pessoal (e sem que ninguém mais perceba); porém, evito exageros ao fazer os exercícios (como reter o ar por muito tempo), porque o propósito é de apenas me sentir bem por ativar positivamente os chacras e o fluir interior da energia para cultivar a plena atenção e o entusiasmo de viver.

A cura está em mim 19

Nos exercícios de Yoga inicio percebendo meu próprio corpo. Ao percebê-lo, trago a atenção do mundo exterior para mim mesmo. Depois trago a atenção para os sentimentos, para as emoções, para os pensamentos e com isso vou-me aproximando da divindade que há em mim lá no fundo do meu coração.

"Namastê", que se diz em Yoga e na Índia, significa: "a divindade que há em mim saúda a divindade que há em você". Mas que divindade é essa que há em mim e em você? Para os hinduístas todo o mundo nasce divino. No entanto, talvez por que essa divindade que há dentro de mim (a vida) seja tão em si mesma e tão independente de tudo, que eu mal a perceba e me dedique demais ao mundo exterior. Como se eu vivesse apenas o mundo social. Assim tenho que criar vários artifícios de atenção, caso

contrário, eu curtiria a divindade que há em mim apenas raramente. Cultivar o contato com essa divindade é uma condição
para não ficar fora de mim mesmo e não perder a minha autenticidade e a minha essência.

Os sentimentos de alegria e de tristeza não estão do lado de
fora, eles estão dentro de mim. O que há do lado de fora são os
estímulos. Eu também sou estímulo para os outros: conversando,
ouvindo ou pensando. A minha presença e a de cada um é um
estímulo para o diálogo e a comunicação (como dizia Gilles
Deleuze). Mas isso tudo é quase apenas estímulo ou interação
com o exterior.

Normalmente interajo com o que está dentro de mim apenas
quando sinto dor. Mas por que só prestar atenção em mim quando sinto doer? Eu também posso percorrer o corpo mentalmente
e deixando-me ficar com um grande sentimento de paz e tranquilidade. Tenho também condição de voltar-me para dentro de
mim mesmo e reviver bons momentos e assim curtir a memória
de uma forma positiva. Posso assim transformar a memória em
um recurso de felicidade. Eu não preciso ficar na espera da felicidade. Esse sentimento é algo que está em meu interior. Posso
então agir no sentido de cultivá-lo.

Na Índia, contam uma lenda bastante ilustrativa. "Um dia, os
demônios reuniram-se num grande congresso, cujo propósito
era o de virem a dominar a humanidade toda. Depois de três
dias de discussões infrutíferas, finalmente, surgiu uma proposta
de um diabinho novo. A ideia era a seguinte: "vamos espalhar
para os humanos que eles só precisam ter uma boa compreensão de tudo e que essa boa compreensão bastará para eles

serem felizes". Então, nós (eles, os demônios) vamos encher a vida deles com problemas, e eles não vão ter a menor condição de realizar nenhuma das compreensões deles, porque vão passar a vida resolvendo problemas". Pelo visto os demônios estão aplicando muito bem essa estratégia. Então, cada vez que eu me sinto assoberbado por um número exagerado de problemas com os quais estou lidando, lembro-me que isso é armação daqueles diabretes. Livro-me deles! Permito-me um tempo para relaxar e curtir. Afinal os problemas não vão desaparecer mesmo; eles apenas serão substituídos pelos seus provedores.

Entrego-me assim à minha tranquilidade interior, relaxo, fecho os olhos e respiro. O respirar está bem próximo de mim. Se eu achar que o meu batimento cardíaco está acelerado, vou soprando ao respirar como se não quisesse que o ar saísse, como se eu estivesse empurrando o ar para dentro de uma bola de encher. Depois de fazer isso por umas seis vezes seguidas o batimento cai ao nível do de um atleta. Esse artifício acalma bastante, reduz a pressão cardíaca e ajuda a equilibrar a temperatura corporal.

A maior parte das doenças que todo mundo adquire é resolvida pelo próprio organismo, cujo sistema imunológico é reforçado naturalmente por uma substância chamada betaendorfina. O laboratório produtor dessa substância é muito especial: o cérebro. Cada vez que tenho emoções positivas, meu cérebro cria beta-endorfinas. Nessas ocasiões, o hipotálamo gera neuropeptídios com betaendorfinas que se espalham por todo o meu organismo e multiplicam por várias vezes a capacidade do meu sistema imunológico. Muitas doenças são provocadas por ressentimentos. Algo que eu posso evitar com atenção ao meu bom humor.

Quanto mais emoções positivas eu trouxer para mim, mais o meu organismo ficará feliz.

O organismo tem uma característica muito curiosa. A lógica dele é: quanto mais, mais! O hipotálamo é o responsável pelo reforço das emoções e dos hábitos. Hábito e vícios são simples comportamentos com os quais me habituei; vou repetindo e de tanta repetição eles passam a fazer parte da minha vida e tornam-se uma segunda natureza para mim. No entanto, todo hábito pode ser revertido desde que se inicie um processo diferente daquele habitual. Então, ao perceber que estou ficando triste, de baixo astral, crítico demais, mal humorado ou doente, reverto imediatamente esse processo. Sorrio mesmo sem motivos. O meu organismo reforçador de comportamentos reage então de forma positiva.

Se eu reforço os meus comportamentos inúmeras vezes, inconscientemente, por que não posso reforçá-los de forma positiva para mim mesmo, conscientemente? Claro que posso! Segundo o velho amigo Patânjali, a técnica mais simples e mais efetiva para inverter um pensamento negativo é logo pensar, imediatamente, algo oposto e positivo.

Posso acrescentar e dizer que a prática de Yoga possibilita recondicionar comportamentos. O método é cultivar a atenção, o bom humor, o bem-estar, a paz e a tranquilidade, que estão sempre disponíveis para mim, para você e para todo mundo apesar de todos os problemas e complicações generosamente providos por certos "demônios".

Mente e memória tranquila

Vou repetir algumas vezes que a minha inspiração e linha de orientação destas conversas segue o texto clássico dos Yoga Sutras (o Cordel do Yoga), que é como um rosário de contas em que cada uma delas vai expondo uma orientação do sábio indiano Patânjali (séc. V a.C.). São 196 verbetes que descrevem o que é Yoga. Esses ensinamentos tratam do modo como se percebe o mundo, a personalidade humana e suas interações.

O texto dos Yoga Sutras é também chamado de "manual da alma" (pelo estudioso Pedro Kupfer), tamanha é a profundidade desse texto que têm o propósito de compreender a nossa percepção e o modo de lidar com esse eterno sofrimento que é viver (para alguns). Sim, porque o viver inclui uma sucessão de perdas, desconfortos e frustrações e na compreensão de vida dos hinduístas isso é tão enfatizado que alguns chegam a afirmar que viver é sofrer. Mas, no dizer de Patânjali, o sofrimento que ainda não veio pode ser evitado, dependendo do modo como eu puder ver as coisas. Isso faz toda a diferença. Uma coisa é perceber o desconforto, aceitá-lo e lidar com ele; outra é permanecer no desconforto sem aceitá-lo e acentuar ainda mais o sofrimento. Aceitar a situação não é rejeitar nem gostar e sim tratar de modo adequado como, por exemplo: eu aceito que existem ladrões e, portanto, tranco a casa para protegê-la contra furtos. Melhor ainda é compreender a causa do sofrimento, suprimi-la e evitar o sofrimento.

Se os sofrimentos começam eles tendem a piorar, porque o organismo os reforça como faz com os hábitos: a tendência é de aumentá-los e de entrar num processo de reforço. E então não adiantam conselhos do tipo: "você está sofrendo à toa" ou explicações do quanto é possível reverter isso, porque a pessoa que sofre já está mergulhada em um turbilhão. Não existe, portanto, uma saída fácil e evidente nessa situação. Mas poderia haver o início de uma mudança que depende da própria pessoa (e de alguma ajuda que ela pedir e aceitar).

Seguindo Patânjali, tem-se que a maneira de ver as coisas ou faz com que o sofrimento seja acentuado ou compreendido como um alerta e um estímulo para mudar. Esse sofrimento está associado à minha percepção das coisas, à maneira como a minha mente além de compreender manifesta-se por si. A mente em sua manifestação reforça emoções e sentimentos que já vivenciei e que voltam à tona. Quando estou em uma situação inesperada, busco um modo de agir que já me foi útil anteriormente. Volto ao passado para achar segurança e, a partir daí, lidar com a nova situação.

Muitas vezes isso não funciona, porque esse novo contexto talvez tenha pouco a ver com os anteriores. Mas isso não importa, pois o que acho naturalmente que tenho por segurança é o meu passado. No entanto, viver é lidar eternamente com o significado dessas emoções que tenho ao perceber o resultado das minhas ações e das ações dos outros. A mente não para de se manifestar e suas manifestações incitam-me a comportamentos. Esses geram resultados, que serão percebidos por mim. A partir daí eles se tornam experiências e memórias a alimentar o meu repositório de possíveis pensamentos. Esses ciclos de memorização não são exclusivamente meus, eles sucedem com todo mundo.

Os Yoga Sutras orientam como lidar com as manifestações da mente para coloca-las a nosso favor. Neles Patânjali observa que há cinco tipos básicos de atividades mentais e as chama de vrttis, que significa vórtices em sânscrito; são elas: (1) ver a evidência; (2) inventar com base na evidência; (3) imaginar a partir de palavras ou projeções que brotam dentro da mente; (4) sonhar, que não é propriamente imaginação, na medida em que não se está em vigília; e por último tem-se (5) memorizar, que é "guardar" o que já foi percebido. Esta atividade mental é sempre avassaladora, pois é a memória que conta a nossa história de vida, guarda a nossa identidade e as lembranças de situações que se vivenciaram e às quais se recorre nas situações de dificuldade.

A recomendação dos Sutras é cultivar a capacidade de serenar e recolher as atividades mentais. Elas se recolhem naturalmente ao coração quando nos relaxamos ou nos entregamos às coisas da nossa vocação autêntica, mas isso não ocorre de repente, exige atenção e um processo gradual ou habitual. Na maioria das vezes apenas se passa de uma para outra atividade mental. Mas, o ideal é habituar-se a serenar a mente. Dedicar um tempo para si mesmo, para o seu hobby, ou criar pequenos intervalos para simplesmente relaxar. Vale, portanto, alimentar-se frequentemente de oportunidades de mudanças para gerar novas experiências agradáveis, novas memórias que ajudem a lidar com situações difíceis e se permitir experiências positivas, momentos de paz e de alegria. As memórias negativas continuarão a existir e a voltar, mas com o reforço das memórias positivas eu poderei recuperar-me com mais facilidade. Portanto, no intervalo entre uma complicação e outra eu me permito ser feliz!

O método então consiste em utilizar a memória a meu favor. O estímulo seria a prática habitual de aliviar o pensar em problemas por algum tempo. Inicialmente posso neutralizar as memórias negativas recorrentes, não deixando que elas tomem conta de mim. Com a prática posso aperfeiçoar isso: identificando o fato passado que provocou a memória negativa, percebendo qual foi mesmo a emoção que aquele fato passado provocou e tentando (mesmo que por alguns instantes) substituir a lembrança das experiências negativas por outras análogas, mas de experiências positivas. Em seguida, escrever para registrar qual foi o fato passado e a emoção reconhecida. Quando eu puder tratar de novo essa lembrança, poderei exercitar um pouco mais. Verificar, por um lado, se ainda há algo a ser feito para "resolver" o que aquele fato passado provocou (tratar a "injustiça") e providenciar o que for razoável (fazer a "justiça"). Verificar, por outro lado, que se não houver mais o que possa "resolver" aquele passado, então pode ser o caso de perdoar (perdoar-me) e parar de sofrer com o que "já era".

O mestre Patânjali sugere (já há muitos séculos) que posso inverter rapidamente o sentido da percepção ao substituir a lembrança de algo ruim por algo que me faça bem. Vale toda a criatividade e a imaginação para criar alguma alternativa mental que inverta o sentido de sofrer para o de sorrir. Estarei, assim, fazendo um processo de distanciamento das emoções que me fazem mal e interrompendo o caminho da identificação com elas. Meu cérebro, principalmente o hipotálamo, irá imediatamente seguir esse novo caminho de mudança pelo sorriso e vai estimular positivamente todo o meu organismo. Será uma pequena mudança. Talvez a única possível naquele momento, mas já será a criação de uma nova memória positiva, à qual poderei sempre recorrer para ter mais tranquilidade e tratar as causas originais dos meus sofrimentos.

Um oceano além do espaço-tempo

 A prática de Yoga pode se valer de uma concepção hinduísta (que já comentei) segundo a qual todo o mundo tem cinco naturezas simultâneas, como se fossem diferentes corpos ou campos integrados em um só: o feito de comida, o de emoções, o de significados, o supramental (dos contextos) e o espiritual.

Desses corpos, o único que estaria fixado na dimensão espaço-tempo seria o corpo feito de matéria ou de comida. Os demais não estariam necessariamente restritos à matéria, em vez disso, eles a contêm ou abrangem (como aquelas bonequinhas russas, as matrioskas). Portanto, somente nesta dimensão do espaço-tempo é que se têm as oportunidades de vivenciar experiências que são traduzidas e memorizadas em emoções e significados, criam contextos e deságuam na vida espiritual. Aquilo que não é matéria constitui o caráter, antecede e também vai além da personalidade.

Segundo essa concepção e certa linha teórica da Física Quântica (conforme Amit Goswami), obtêm-se insights nos campos (ou corpos) não restritos ao espaço-tempo. Os insights, essas percepções ou ideias súbitas, podem surgir ao mesmo tempo em várias partes do mundo, pois diferentes pessoas podem tê-las captado. Para essa linha de pensamento, todo o mundo traz um conjunto de disposições ao nascer: um caráter que é aperfeiçoado por meio das próprias experiências ao longo da vida. Ao acrescentar compreensão e experiência ao caráter, eu adiciono algo também ao caráter universal, ao inconsciente coletivo. Como se eu fosse um rio afluente de outros rios que se vão acumulando até um grande oceano divino. Posso, então, afirmar que viver tem por propósito aperfeiçoar aquilo que não é espaço-temporal: o caráter.

E como isso ocorreria mesmo? Para viver as experiências, utilizo o corpo de matéria. Em algum momento, por opção, reduzo um pouco essas atividades e me aproximo mais de mim mesmo para perceber como estou realizando as minhas experiências físicas e vivenciais. Nelas muitas vezes tenho a sensação de estar fora de mim mesmo. Posso também perceber-me por prazer ou por dor no corpo feito de comida. Tenho também muitas oportunidades de apego e de desapego. Quando eu morrer, o primeiro corpo do qual me desapegarei será o de comida. No relaxamento meditativo que se faz em Yoga também ocorre o mesmo modo de se desapegar e transitar pelos demais corpos além daquele feito de comida.

Na meditação, presto atenção ao que estou fazendo e também em mim mesmo e às emoções e ao significado das emoções. Prossigo desapegando-me e passo para o corpo supramental, dos contextos coletivos. Mas ainda é o "eu" individual que tem essas experiências. Até que chego ao campo divino. Nesse último estágio, desapego-me da mente intelectual e alcanço um estado de transcendência ou de samadhi, como dizem os yogues, em que se vivencia a graça divina (ananda) e a liberação dos vários corpos. Esse estado de liberação é também chamado de moksha pelos yogues.

Meditar, portanto, é desapegar-se tanto do corpo de experiência (de comida) quanto dos demais corpos que acumulam os acréscimos dos resultados das experiências das ações. Vai-se passando de um corpo para o outro até desaguar-se no campo espiritual, no qual a individualidade não faz mais o sentido habitual de sujeito das ações, porque não há mais nenhuma ação e resta apenas o ser espiritual, autêntico e imutável. Acrescentar esse tipo de vivência permite incorporar a consciência; primeiro a consciência individual de emoções e seus significados, depois a coletiva de contextos, até a grande consciência universal, quando se passa para o corpo espiritual.

Por meio da meditação amplio incrivelmente a minha vivência, pois quando estou presente assim de modo absoluto, o tempo não tem dimensão e tenho acesso a tudo aquilo que toda experiência cria em algum momento (tanto faz considerar o passado ou o futuro, pois fica tudo no presente). Assim, tudo o que eu perceber é acrescentado simultaneamente ao caráter individual e ao coletivo.

Em meditação o que faço é colocar-me num estado de não ação, de receptividade e desse modo tenho acesso ao que está além da dimensão espaço-temporal. Entrego-me assim à prática de meditação para deixar-me perceber o campo supramental e vivenciar o espiritual. Desse modo seguro e sem intermediações, abro as portas e janelas da sensibilidade para um oceano à minha disposição além do espaço-tempo.

Amorosidade na prática de meditação

 Um propósito da prática de Yoga e meditação é harmonizar a vida por meio de uma técnica muito simples: prestar atenção no que se está fazendo; fazer aquilo que é preciso para prosseguir no mundo (exterior a si) e, ao mesmo tempo, dedicar-se a si mesmo (interior a si). Essa harmonização eu posso exercitar ao observar a minha respiração, por exemplo. Observar é um bom artifício para trazer a atenção para mim mesmo: para a minha vida social, o meu corpo, a minha saúde, a minha alimentação, a minha respiração e para a minha mente. Ao observar-me eu crio um distanciamento como se eu observasse outra pessoa. Como é mais fácil observar os outros, então assim fica mais fácil para eu perceber o que preciso corrigir nesse outro que sou eu para me harmonizar com a realidade.

Além de respirar, também posso levar a atenção para as minhas memórias. E como já comentei, eu também posso produzir memórias favoráveis. O sábio indiano, Patânjali, afirmava que a meditação é facilitada a partir do bom astral, das coisas mais sutis e dos sentimentos positivos. Ao cultivar lembranças positivas eu crio uma boa base para a tranquilidade. Com a prática desse bom astral eu aumento o meu vocabulário de felicidade, o arquivo de recursos de "boas memórias" de tal modo que ao voltar "atrás" (no tempo da memória) terei bons pontos de apoio para tomar impulsos positivos.

E porque não vivenciar bom astral por meio da meditação, se Isso é algo que está plenamente ao meu alcance? Pode ser algo bem simples e quase imperceptível para as outras pessoas como, por exemplo, fazer algumas pausas no trabalho ou estudo para praticar o seguinte exercício de amorosidade e aceitação que consiste em visualizar uma historinha secreta.

Faço de conta que estou de olhos fechados ou simplesmente fecho-os suavemente. Respiro e visualizo uma imagem positiva de um lugar. Imagino que vou encontrar alguém. Pode ser uma entrevista, um encontro ou uma visita. O lugar é agradável. Eu, então, me sinto bem e tranquilo. Deixo uma suave expressão de sorriso nos meus lábios. Esse ser que eu vou encontrar (pode ser uma pessoa ou um bicho de estimação) aproxima-se. Eu percebo amorosidade e bom astral. Eu estou alimentando a minha memória com essa imagem positiva. Percebo os meus sentimentos por estar nesse lugar, nesse encontro e por estar em contato com esse ser tão positivo e amoroso. Reconheço essas emoções. Eu posso também classificá-las e nomeá-las (se tiver tempo disponível). Vou sentindo as minhas emoções positivas e as vou compreendendo. Percebo a amorosidade que esse ser transmite para mim. Procuro assim identificar o sentimento que me é transmitido. Depois me deixo inebriar por essa atmosfera positiva, por esse bem-estar e por esse algo indeterminado que não é mais nem o lugar, nem o ser com quem me estou encontrando, mas sim um todo positivo. Levo para o meu coração essa atmosfera positiva e esse bem-estar. Deixo-me inebriar também por essa sensação. Percebo um sorriso brotando do meu coração até o meu peito. Ao respirar eu passo a sentir uma sensação de plenitude. Então posso "voltar" quando eu quiser e deixar meus olhos se abrirem, continuar a respirar e prosseguir com os meus afazeres.

Você pode fazer esse exercício no seu dia a dia e assim preparar-se para os inúmeros encontros que tiver na sua vida. Se você quiser, pode transformar os desafios desses encontros em pretextos para fazer o exercício como eu descrevi e já ir vivenciando um bom astral antes do encontro de fato. Você também estaria ampliando o repertório de memórias favoráveis ao imaginar previamente cada encontro.

Nesse exercício eu me entrego à amorosidade, que definitivamente não é um sentimento egoísta. A amorosidade é algo muito amplo e está baseada na clareza com que eu percebo o outro com quem estou lidando e me permite perceber favoravelmente as circunstâncias. Com a amorosidade eu preparo a minha aceitação de mim mesmo e assim me fortaleço.

Nesse exercício de amorosidade comigo mesmo, eu crio uma situação bastante positiva. No limite do meu corpo físico com o corpo emocional eu cultivo a positividade e me desapego dessa situação quando incluo outra pessoa. Agora já não estou mais identificado apenas comigo mesmo. Depois eu me abstraio de mim quando vou para o ambiente e para o clima que foi criado. Ou seja, eu passo para o corpo dos contextos, o supramental. Crio desse modo uma condição de aceitação que é a chave para lidar com a realidade. A gente só lida bem com a realidade na medida em que a aceita (depois de percebê-la com clareza, é claro!).

A ideia do exercício de amorosidade é aumentar a capacidade de presença e de compreensão dos sentimentos que me mobilizam por meio da percepção das emoções. O ideal seria estar absolutamente presente na realidade e conseguir sem esforço distanciar-se da situação e estar presente nela ao mesmo tempo; percebendo-a. Para tanto, os exercícios de visualização oferecem um bom treinamento.

Eu já incluí na minha vida diária todos esses exercícios de distanciamento, classificação e compreensão das minhas emoções. Alguns eu prefiro praticar durante a noite enquanto vou caminhando e conversando com o Badá, o meu cachorro, pelas ruas internas e desertas do condomínio onde moro em Brasília. Vou falando em voz alta mesmo, já que nunca há ninguém nas ruas naquele horário. Assim, vou criando uma condição favorável e sob o meu controle para lidar com as minhas emoções e com a realidade, conhecer o meu ser interior e, ao mesmo tempo, criar memórias positivas. O bom astral do Badá me ajuda bastante

"Samadhi" e múltiplas vivências na prática

Este tema é tão importante, que tenho de voltar a ele, para ampliar a compreensão. O caminho do samadhi se faz por dois tipos de meditação: "com semente" ou "sem semente". Melhor seria dizer: por meio de um processo intelectual ou de imediato. No primeiro tipo, eu me focalizo em algo com o qual o meu genuíno interesse se identifica e prossigo com o propósito de desapegar-me dessa identificação por um processo intelectual de análise que me leve a compreender o que o objeto da minha atenção me revela. No segundo tipo, não há o processo mental de análise. Eu percebo o objeto que focalizei de modo instantâneo e o compreendo com a minha intuição, que é a voz da minha individualidade divina e autêntica, o meu espírito ou simplesmente eu.

Essa individualidade ou este eu, no entanto, se confunde ora com a mente ora com o corpo mesmo na cultura hinduísta e isso dá margem para muita incompreensão. Por exemplo, o fato de a mente fazer a intermediação em todas as minhas interações me dá a sensação de ela mesma ser a minha individualidade ou quem eu sou. Mas a mente é instável, ela ora se lembra de coisas e ora se esquece delas, ela é volúvel, muda de opinião e não sossega de chamar a minha atenção. Sou eu quem tem que a controlar, portanto, ela não é eu e sim um recurso meu. O meu corpo também vai mudando de tamanho, formato e consistência ao longo da minha vida. Uma sequência das minhas fotografias desde pequenino até hoje mostra figuras bastante diferentes da minha imagem atual. Só quem permanece único e imutável sou eu mesmo e não o meu corpo. Ele também é um recurso meu.

Portanto, eu mesmo sou espiritual e "maior" do que a minha mente e do que o meu corpo. Ou em termos mais precisos, o campo do meu espírito abrange e contém o campo da minha mente que, por sua vez, contém o campo do meu corpo (mesma alegoria de campo de forças da física: campo gravitacional, magnético, etc.). Então, quando me dedico a uma profunda meditação com o foco no eu mesmo, é como se eu me distanciasse do corpo físico e do mental para o corpo espiritual que os contém. Vou deslocando, desse modo, a sensação comum de individualidade. Eu não me percebo mais nem no corpo nem na mente e passo a ser "a percepção" em si mesma. Claro, que ao retornar dessa experiência, o eu individual reassume a mente e o corpo, mas de um modo muito melhor. Pelo fato de ter-me "desidentificado" desses corpos habituais, desapego-me de alguns condicionamentos que me acompanhavam há tempos, alguns deles desde o meu nascimento, talvez.

Esse estado de desapego permanece por algum tempo, do qual não tenho noção precisa, porque durante essa meditação eu estava "fora" do espaço-tempo (corporal e mental). Eu não tinha sensação corpórea, mas tinha consciência de realidade e conseguia compreender essa experiência extracorpórea, embora ela fosse meio estranha nas primeiras vezes desse exercício. A sensação mental era contemplativa e tranquila como uma observação aérea de um sightseeing turístico.

Aqui, vou compartilhar um pouco mais da minha experiência pessoal e prática desse modo de meditação. Habitualmente pratico meditação ou na posição sentada (padmásana) ou na deitada (shavásana). Na posição sentada trabalho mais conceitos e pensamentos recorrentes; enquanto me coloco na posição deitada para uma entrega "absoluta". Ou seja, me dedico ao "samadhi com semente" quando estou sentado e o "samadhi sem semente" quando estou deitado.

Uma vez deitado, relaxo profundamente e prossigo a perceber meu corpo, o "escaneando" mentalmente algumas vezes, com o objetivo de me desligar dele. Estou assim condicionando-me à não ação. O simples propósito de meditar já é o suficiente como direcionador deste exercício que é bem distinto do processo "com semente", no qual se elabora a meditação intelectualmente. O que faço é anular toda a iniciativa de ordem intelectual que eu possa ter. De fato (quase) desaparece qualquer tipo de pensamento, embora haja sensação imaginativa, mas não mais elaboração intelectual.

Então começam a se manifestar outros estados mais profundos.

Em determinado momento começo a me ver deitado. Às vezes tenho a sensação de queda livre (ou subida livre). E a partir daí, tenho vivências em camadas profundas da consciência. É como se eu saísse do espaço-tempo, tendo também acesso a registros, a camadas profundas no tempo (digo profundas por falta de vocabulário mais adequado). Posso "ir" ao passado e me perceber num determinado lugar, mantendo-me absolutamente consciente. Isso nada tem a ver com sonho, pois não ocorrem emoções. Não há interação com as pessoas que vejo, mas sim e apenas a sensação de presença. Mantenho a consciência da realidade de que eu sou apenas um observador. Há também o distanciamento: estou lá (onde quer que seja esse "lá") compreendendo que lá estou. Também mantenho a consciência de que "voltarei" ao meu corpo que está deitado "longe dali". Ou seja, mantenho-me consciente da virtualidade da situação. A sensação que tenho ao "voltar" é de uma renovação física agradável. Melhor ainda, confesso, é a sensação de estar de volta, porque há sempre uma pontinha de incredulidade nessas "viagens".

Essa potencialidade meditativa da consciência poderia talvez ser aplicada de modo social com algum objetivo diferente do autoconhecimento. Mas essa seria uma proposta que não teria a aprovação do sábio Patânjali. Na terceira parte dos Yoga Sutras, ele chama a atenção para o perigo de encantar-se com essas potencialidades e do apego a elas e às suas consequências desviantes. Deixaria de ser Yoga e passaria a ser karma e, portanto, cultivo de sofrimento.

Vale ainda enfatizar que a possibilidade de aplicação dessa potencialidade da consciência teria limites muito claros de influência no mundo material. Embora o sutil possa ser tão poderoso quanto o denso, dependendo do que se entender por poder. Mas essa potencialidade seria apenas direcionadora e condicionadora.

Na minha compreensão, a nossa consciência opera mudanças de ordem divina, condicionadora e sutil. Até posso meditar com o propósito de tentar melhorar a humanidade em um determinado sentido. Mas, seria sempre um condicionamento de ordem sutil. De qualquer forma, é preciso ter o cuidado de declarar ou imaginar que o melhor e o mais adequado possam acontecer, pois há tantos fatores que escapam ao meu domínio e à minha compreensão. Um pouco de humildade não faz mal a ninguém mesmo que delirante de onipotência. Nada me garante que o que eu compreendo como mais correto é o que deve de fato acontecer para que o melhor se realize.

Percebo que passei a ter uma visão relativizada do que é a vida, ao habituar-me às vivências múltiplas em que sou eu socialmente e também sou o meu próprio observador. Nessa condição, até mesmo uma catástrofe pode perder um pouco da sua "tragicidade", embora eu a perceba como tragédia. Também passo a ver a morte como uma experiência desta vida. Sinto a dor, mas não a dramatizo nem a estendo mais do que ela é e me dói de fato (por essas e outras, minha esposa diz, amorosamente, que eu sou um Jonny Rústico).

Procuro manter clareza também quanto à hierarquia da minha atenção, como enfatiza o Dr. Jayadeva Yogendra. Primeiro devo cuidar de mim mesmo, depois da minha família, dos meus amigos, dos vizinhos, dos colegas de trabalho (e agora dos leitores), do pessoal do bairro e assim ir ampliando até cuidar da humanidade.

Essa é a hierarquia da vida neste mundo, que se vale do corpo de comida, de emoções, de significados e assim por diante. Se eu tiver atenção a essa hierarquia e cultivar a minha múltipla vivência – do eu espiritual que nem nome tem e dos "eus" dos meus personagens que muitos nomes recebem – posso continuar a contribuir de uma forma sutil para acrescentar solidariedade, enquanto vou vivendo normalmente que nem todo o mundo.

Bom astral como estratégia de vida

Praticar Yoga e meditação é também cultivar o bom astral; cultivar um lugar agradável, relações pessoais agradáveis e relação agradável com o mundo. Quanto mais "bom astral", melhor. Para isso tenho um aliado físico e natural: o cérebro. Ele tem um padrão de comportamento que reforça qualquer tendência que eu tenha comunicado a ele, mesmo que inconscientemente. O hipotálamo é o responsável por esse reforço cerebral: se eu estiver de mau humor, ele faz o humor ficar ainda pior; se eu estiver bem-humorado, ele vai reforçar esse bom humor. Ao cultivar situações positivas ou um modo positivo de ver a vida, o meu cérebro vai condicionar cada vez mais o bom astral.

Como vivo, ao mesmo tempo, no mundo real e no mundo da memória, ao cultivar situações agradáveis vou memorizar situações agradáveis. Na medida em que eu tenha um repertório de memórias agradáveis, eu aumento a possibilidade de pensamentos positivos surgirem. Ao observar nas pessoas as qualidades que elas têm e ao observar no mundo a beleza que existe, percebo o que se pode fazer de melhor e prossigo cultivando isso. Independentemente de continuarem a existir complicações e coisas desagradáveis, eu consigo desse modo aumentar o meu repertório de boas lembranças.

O sábio Patânjali, ao codificar a prática de Yoga, afirmou que o caminho do samadhi é o do bom astral: aquele que cultiva e enfatiza a qualidade sattva da natureza, que é a qualidade do sutil. Para os hinduístas (como já comentei) tudo tem três qualidades: tamas (densidade), sattva (sutileza) e rajas (transformação ou dinâmica). Também o corpo é assim: uma sutil programação mental e uma dinâmica de proteínas e outras densidades. O bom astral é o ponto de partida orgânico e sutil para a meditação.

Seja qual for o estilo de meditação que eu faça, sigo sempre dois passos: primeiro concentro-me na tranquilidade do meu coração e depois me desapego de expectativas para focalizar o objeto da minha atenção. Ou seja, concentração interna e foco externo com desapego. Mas desapego de quê? De vantagens ou outros aspectos que extrapolem a minha motivação autêntica para o foco da minha atenção. Por exemplo, se quero compreender alguém para ajuda-la, eu não tenho expectativas de agradecimento, pois é a superação da dificuldade dela que me move e isso me basta.

Esquematicamente, segundo a tradição dos yogues, há três etapas: dharana (concentração interna), dhyana (focalização convicta do objeto de interesse) e samadhi (ficar em si com intensidade para obter a intuição). Primeiramente eu preciso serenar a minha mente para poder concentrar-me, prossigo contemplando com atenção meu objeto de interesse e depois, para propiciar a condição de samadhi, eu vou eliminando inculcações e identificações intelectuais em relação àquilo em que estou me focalizando, para permitir que a intuição se manifeste. Às vezes eu não consigo, mas em geral dá certo.

Ao manter-me focalizado em algo físico ou abstrato e do meu genuíno interesse, atinjo um estado mental de contemplação depois de algum tempo. Nesse estágio, pode surgir uma forte identificação com a coisa observada. E aí tenho que ficar atento para não me perder com essa sensação, que pode ser fascinante (para o bem ou para o mal). Nesse estágio, que acontece pela permanência intencional, eu preciso também observar-me para poder afastar-me (mentalmente) e perceber o que é essencial para o meu foco de atenção.

Desde o início (já na concentração interna) eu tenho que exercer o desapego em relação às emoções para não ser arrastado por elas para fora de mim. Esse desapego é algo que se consegue com a prática habitual. Essa prática tem que ser diária, porque no cotidiano sou tomado naturalmente por variadas emoções conforme as circunstâncias e, portanto, corro o perigo de concentrar-me sob esses estados emocionais e então não serei eu e sim as emoções que estarão orientando a minha meditação.

Pratico, portanto. Habituo-me a distanciar-me e observar as emoções. Crio novos hábitos (sorrir mais, criticar menos, sentir mais, falar menos). A cada vez, que um pensamento recorrente surge, eu paro e analiso. Por que estou (outra vez) pensando nisto agora? O que esse pensamento tem a ver com este momento? Consigo pensar em algo diferente disso? Se for um pensamento nocivo para mim, penso algo oposto (que possa neutralizar a emoção e "virar o jogo").

Sou eu que tenho de estar no comando ou na escolha dos meus próprios pensamentos. O desafio é distanciar-me dos pensamentos para libertar-me deles quando eu não os quiser. Isso tudo dá bastante trabalho (se parece com o método dos cinco "S"s japoneses): classificar, qualificar, analisar, Identificar as emoções e situações que estão ligadas a eles (os pensamentos e situações recorrentes) e descartar (esses cinco verbos começam com o som de "s" em japonês). Vale o esforço, porque assim, eu vou serenando um pouco mais a minha mente ou pelo menos fico mais tranquilo para voltar a cultivar a condição original e básica de felicidade: o meu bom astral comigo mesmo.

O bem, o mal e o meio

Agora, quero falar um pouco sobre o "Pequeno tratado das grandes virtudes" do filósofo francês André Comte-Sponville. Esse livro tem tudo a ver com os dez ensinamentos do sábio indiano Patânjali que constituem o "código de ética" de Yoga. Também me faz lembrar textos do mestre Swami Dayananda Saraswati, expoente recente do Vedanta, que é uma espécie de suprassumo da filosofia hinduísta.

No livro, Sponville destaca 18 virtudes. Começa com a polidez e termina com o amor. É interessante comparar essas virtudes com a descrição de Dayananda de como devemos tratar sentimentos insuportáveis como a raiva, por exemplo. Lembra o mestre que raiva todo mundo tem e é para sentir mesmo; o que não vale é martirizar os outros por causa da minha raiva; não faz sentido eu

martirizar quem amo porque estou raivoso. A raiva é um sentimento verdadeiro, que tenho por uma motivação óbvia, afinal,
ninguém fica raivoso à toa. Não adianta nada negar a raiva, porque aí ela vai concentrar-se, tornar-se cada vez mais poderosa e
quando vier à tona ninguém a suportará, principalmente as pessoas mais próximas. Por que vitimar uma pessoa próxima simplesmente porque se está com raiva? Melhor sinalizar ou avisar que
se está com raiva para manter alguma distância e evitar machucar
os mais próximos.

A virtude como tratada por Sponville é uma potência, uma excelência. No caso de um objeto, uma faca, por exemplo, não há
moral envolvida. Ela pode ser usada tanto para o bem quanto para
o mal. Em um código de ética, posso aceitar o uso desse objeto
para o bem e abominar o uso para o mal. Mas, rigorosamente, a
virtude na essência não é boa nem ruim: a faca que corta bem é
excelente e pronto. Já no que se refere ao ser humano, não faz
sentido falar-se em excelência se esta não for usada para o bem. A
maldade de alguém só poderia ser considerada como virtude se,
por exemplo, determinado grupo puder ser protegido pela maldade dessa pessoa em relação a outro grupo muito perverso. Há
circunstâncias em que excelências e habilidades extraordinárias
desta ou daquela pessoa podem levar a um inferno e que em outras circunstâncias podem trazer o céu.

Aquilo que é potente em mim pode ser desastroso se eu estiver no
lugar errado ou tornar-se ótimo se eu estiver no lugar adequado.
Porém, isso não tem muito a ver com o conceito de virtude da coisa em si, mas das pessoas que serão sempre avaliadas em termos
relativos. Enquanto a virtude do objeto é invariante, a virtude do

ser humano é relativa. Ele é virtuoso se o grupo com o qual convive reconhecer essa virtude como favorável para o bem do grupo. Desse modo o que se tem é apenas um jogo social. O outro é que determina a minha virtude. E aí é que entra a potência do código de ética que cada um adota na sua vida social.

Todo o mundo tem a oportunidade de aperfeiçoar o seu próprio código de ética e de incorporar as virtudes que perceber como consistentes com as anteriores e que promovem o bem. Esse é o critério. Mas que bem é esse? Não é um bem individual, é um bem que só tem sentido coletivamente. Mas isso já deu muita confusão e tragédia na história (basta lembrar-se da revolução francesa entre vários maus exemplos).

O ser humano é virtuoso? Acho que depende um pouco da "sombra do tempo", um conceito da psicologia evolucionista e darwiniana. Segundo esse princípio, as circunstâncias são determinantes. Imagino duas situações: na primeira, uma pessoa sozinha no ponto de ônibus de madrugada; na segunda, com essa mesma pessoa no ponto de ônibus acompanhada de pessoas conhecidas ou habitualmente encontradas, que sempre estão lá pela manhã. Nas duas situações, surge uma pessoa desconhecida. Em qual das situações haveria maior probabilidade de demonstrações de civilidade, gentileza e consideração? Conforme a "sombra do tempo" ninguém teria expectativa positiva na primeira situação, pois nela não há perspectiva de acontecer um segundo encontro para o comportamento vir a ser reavaliado por aquela pessoa que se aproxima ou por outras que eu conhecer e lhes reputar valor. Já na segunda situação do ponto de ônibus, em que há conhecidos, a autocrítica é reforçada pela crítica do todo, pois a possibilidade de reencontrar outras vezes aquelas mesmas pessoas é esperada. Isso vai condicionar o meu comportamento, o seu e o de todo mundo que estiver envolvido. Ou seja, as circunstâncias podem neutralizar virtudes. Virtude, em termos sociais, não é algo invariante, mas sim algo que depende das circunstâncias de avaliação. Não há ser humano imune a elas.

Parece que o Patânjali estava atento a essa dinâmica dos seres humanos em que as circunstâncias vão alterar o comportamento. Ele registrou um código simplificado de comportamento social, para facilitar o cultivo da virtude e administrar o comportamento nas circunstâncias. Ficou para cada um criar o seu próprio código de ética ou adotar algum. Eu tento compreender este desafio assim: escolher as virtudes à medida que as reconhecer, ter por princípio a moralidade que já aprendi e ter como bússola da moralidade o respeito à verdade e ao outro com o qual eu convivo para assim administrar o meu cotidiano e formar meus hábitos virtuosos. Já entendi que não basta ter a compreensão do que é a virtude. Tenho também que saber lidar com as circunstâncias. Virtude só terá sentido se houver administração das circunstâncias, caso contrário a virtude será solapada por elas.

O sábio Patânjali sugeriu uma base (validada há muitos séculos) que são os cinco controles de respeito externo (yamas): não agredir os outros; não mentir, não roubar, não desperdiçar o seu ser e não cobiçar (não apropriar-se seria a tradução exata de aparigraha). Mas isso é apenas para o controle básico. Além desses controles, Patânjali enfatiza a importância de se estimularem alguns hábitos virtuosos, que também precisam ser administrados. São também cinco esses estímulos de respeito interno (niyamas):

limpeza (de pensamentos, propósitos, hábitos), contentamento (com o que já possuo e com o que já sou), purificação (dos maus hábitos), autoestudo (autoconhecimento) e seguir a voz do meu coração (Ishvara pranidhana, render-se ao próprio eu espiritual que comanda o coração tranquilo).

O contentamento levanta uma antiga questão filosófica. Para os gregos a felicidade era uma tristeza, porque era a realização do desejo de algo que não se tinha e que, portanto, ao se obter já não se poderia mais desejar e assim se passaria a desejar outra coisa que ainda não se teria. André Comte-Sponville (no livro de palestras "A felicidade desesperadamente") esclarece: felicidade seria saborear o que você deseja e tem, seria contentar-se (ficar contente) já com aquilo que você é. Felicidade não seria o cultivo da eterna falta, porque assim se estaria sempre insatisfeito.

Compreendi que eu já tenho essa condição de felicidade, porque eu já sou, estou vivo e desejo aquilo que tenho. Cultivo dia a dia o meu contentamento e os hábitos que eu considero formadores das minhas virtudes; tento administrar as circunstâncias que ameaçam as minhas escolhas de virtudes e vou me esforçando para ouvir a intuição, que é a voz do meu coração tranquilo (ele em geral está tão tranquilo que há vezes em que eu nem percebo que ele está aqui me dando as dicas). Dizendo assim até parece que é fácil; não é?

O bem, o mal e o meio das virtudes

Como já comentei, o código de comportamento do sábio Patânjali lembra ensinamentos (yamas) que orientam o que controlar em si para respeitar os outros: evitar a violência, evitar a mentira, evitar o roubo, evitar a vida desregrada (em exageros de qualquer ordem) e evitar a cobiça. Esses são controles simples, mas dentro de uma hierarquia. Nesse código, embora apareça em primeiro lugar a "não violência", será a verdade ou a autenticidade que constituirá o foco da doutrina de Yoga e o maior valor do Hinduísmo. Por isso, no brasão e na bandeira da Índia está escrito "satyam eva jayate" ("somente a verdade vence").

Além dos comportamentos de controle (yamas), que visam ao respeito com os outros, há os comportamentos de caráter estimulador, que visam ao respeito interno, os niyamas: o cultivo da limpeza de caráter; do contentamento; da purificação dos hábitos; do autoconhecimento e do seguir a intuição do coração tranquilo. Porém, estes não são muito cobrados socialmente de ninguém. Chamo a atenção, no entanto, que eles podem ter grande impacto social, pois se eu, você e todo o mundo ficar contente, não se iriam mais vender tantos antidepressivos, por exemplo. Também, se eu desejar e amar o que já tenho ou o que estiver ao meu alcance, eu não iria consumir de forma desenfreada. Então, seria muito recomendável cultivar os comportamentos positivos (niyamas), embora a eles faltem estímulos sociais tão evidentes, como os que são exercidos pela cobrança controladora (yamas) ou pela condenação social aos comportamentos negativos.

O caminho da virtude em Yoga é a formação do hábito que se cultiva com a limpeza, o contentamento, a autopurificação, o auto-estudo e o render-se ao comando do coração, com a consciência de que o saber intelectual é limitado e não abrange a realidade que o coração percebe. Venho fazendo disso um hábito que se dá com a prática, com a repetição e que vai ficando natural. Mas, outra forma ostensiva de estimular a virtude é dar visibilidade ao agir, pois todo o mundo cuida mais daquilo que é visível. É muito mais fácil ser educado, polido e ter mais consideração com os outros, quando se está num ambiente em que há transparência e visibilidade do que em ambientes em que se está isolado e não sendo observado.

Volto agora a referir-me à leitura do André Comte-Sponville, que tem acrescentado bastante à minha prática de Yoga. Ele chamou a minha atenção para o fato de ninguém nascer virtuoso (exceto, quem sabe, o Mozart?) e que eu venho sendo polido desde pequeno e apreendendo o que é aceito socialmente. Esse polir é que forma o terreno das virtudes. Embora a polidez em si não seja uma virtude, a insistência na polidez cria uma disciplina que propicia as virtudes. Aos poucos os controles e as circunstâncias que me educam vão constituindo uma ética em mim como indivíduo social. Talvez se não houvesse esse processo de criação com educação e com polidez, a virtude não teria muita chance de manifestar-se.

Ainda observando a polidez, ela me remete ao tema da conversa anterior e inspirada pelo "Pequeno tratado das grandes virtudes" do mesmo Sponville. Como da polidez poderia surgir a virtude? Será que é preciso haver um pouco de virtude dentro de mim, de você e cada um para que ela possa manifestar-se? Parece que não se tem a resposta, mas um fato que constato é que o hábito das virtudes ou o dos vícios cria uma segunda natureza pessoal, a qual vai depender dos comportamentos que eu e cada um permitir surgir e prosseguir a cultivar.

Guarani Sutra

 Outro dia, ganhei de um amigo (o premiado ilustrador Fernando Lopes) um livrinho fascinante e surpreendente: "Tupã Tenondé – a criação do Universo da Terra e do homem segundo a tradição oral guarani", de Kaka Werá Jecupé. Descobri nesse livro que os guaranis têm uma concepção de mundo, de origem da vida, de alma e de divindade que se aproxima da concepção hinduísta.

Interessante como o conceito do povo guarani é semelhante à concepção hinduísta em relação à dualidade original – o imanifestado e aquilo que se manifesta (Purusha e Prakrti para os hinduístas), ambos de caráter divino. O processo de desenvolvimento espiritual para o povo guarani é visto como uma ascensão interior, em que um beija-flor virtual, representando a alma, vai subindo até pegar o néctar de uma flor que se abre em cima da cabeça humana. Essa imagem é bem próxima da representação análoga do hinduísmo tântrico, na qual há a ascensão de uma chama virtual, Kundalini (a centelha da nossa personalidade autêntica), que ativa as flores dos chacras. Fiquei também encantado com a poesia com que os guaranis descrevem isso tudo.

Todo o mundo sabe que o conhecimento hinduísta vem de uma época anterior à escrita e era transmitido de forma oral e poética. Bem mais tarde vieram os hinos como os Vedas, várias formas derivadas de literatura e, bem depois, o maior poema escrito da história da humanidade, o Mahabharata ("a história épica da grande Índia") com quase cem mil versos. Assim a sabedoria foi transmitida de geração a geração. O livro sobre os guaranis também é todo em forma poética, com muitas imagens, porém a forma escrita é do século XX.

Outro ponto que me chamou atenção é que os guaranis relacionam a linguagem à alma. Esse é um conceito que vem aproximar-se da psicologia moderna, em que somos chamados de falantes mais que de indivíduos. Segundo essa abordagem, é o falar que vai me caracterizar como ser. Por falar em espiritualidade, lembro-me outra vez do filósofo André Comte-Sponville, que muito inspira as minhas conversas, ele propõe que a memória está na origem do espírito, porque é aquilo que me antecede. A memória seria o espírito em si ou o terreno espiritual. Poder-se-ia então dizer que o presente é o "pré" que antecede o ente, enquanto a vivência do presente está sempre sendo registrada na memória. Falar-se em vidas passadas, seria, de certo modo, recuperar experiências na memória – desde a memória "atual" até outras mais difíceis de explicar o que são e como são recuperadas.

Fico feliz de perceber certa convergência da compreensão dos guaranis (linguagem e alma) com a filosofia (memória e espírito). Ao mesmo tempo estou falando do Oriente (Índia), de uma América do Sul muito anterior à chegada dos europeus e da Europa em tempos modernos (mas referida a uma herança filosófica). Ora, se há uma convergência simbólica vinda de lugares e culturas tão diferentes é porque deve haver um significado comum bastante merecedor de atenção. Essas similaridades podem ser consideradas como algo, no mínimo, estimulante para consideração e estudo.

E se o exercício da linguagem é o exercício da alma, vou então expressar-me bastante (eu que já "falo pelos cotovelos") para ter a alma bem vibrante. A expressão é uma necessidade para mim e para muita gente. Há pessoas (eu mesmo, por exemplo) que só compreendem as coisas depois que elas mesmas repetem ou dizem com as suas palavras ou com as emprestadas de outros. Parece que, ao falar, ao comunicar, é necessário empregar tanta atenção e energia que o que é dito fica gravado na pessoa que se expressou.

E aqui, vale lembrar o bem que se faz ao falar com bom humor e de se criarem situações positivas com as próprias palavras e atitudes como escreveu um meu aluno de Yoga, Vicente Luís Borges, aos seus oito anos de idade, em seu primeiro livro, "Cem palavras": "todo dia você deve ficar um pouco feliz".

O essencial e o carrossel

Um aspecto fundamental em Yoga é o de compreender as dualidades: manifestado e imanifestado, mutável e imutável, passageiro e permanente; que são contrastes preciosos nas linhas de pensamento do Hinduísmo. Quero então relacionar essa compreensão com o estímulo a desenvolver o hábito de ficar atento para estar presente e viver plenamente.

Mas como é que se presta atenção para estar presente? Observo, para responder, que o Hinduísmo oferece um referencial ou um pano de fundo para dar sentido por contraposição ao valor e significado de cada situação. Trata-se de uma relativização dos fatos. Nessa linha de pensamento, diz-se que na origem de tudo há uma unidade fundamental que contém uma tensão dual: um princípio permanente e imutável com outro que se manifesta, é mutável e cria as circunstâncias.

Nessa visão, há o ser referencial que está presente o tempo todo e representa, individualmente, a permanência, esse algo que sempre é e que não se altera. No entanto, como o eu social não é esse ser permanente, em vez disso, ele é como diz José Saramago (no livro "Todos os nomes"): "tu conheces os nomes que te deram, mas não conheces o nome que tens". Os nomes que me dão são úteis socialmente e variam de acordo com as circunstâncias; são meus personagens diários (filho, irmão, colega...). Enquanto o nome que tenho e que ninguém me deu (ou me chama por ele), este é o que está presente em todas as circunstâncias; é o ator, o autor, que está lá no íntimo de todos os meus personagens.

Esse é o modelo de compreensão fundamental em Yoga: sou ao mesmo tempo dois, esse ser que sempre é e o que se está manifestando, se alterando e se relacionando socialmente. No decorrer da vida há inúmeras mudanças que podem ser muito importantes, mas só têm valor em relação ao indivíduo que está presente na vivência da mudança que o alcança e que ele assim a percebe.

Em Yoga, Purusha é o imutável que não se manifesta e Prakrti é o que se manifesta e tem dinâmica. Purusha em mim, em você e em cada indivíduo é também denominado como Atma, palavra de significado muito semelhante ao de alma. Enquanto Prakrti tem a mente como primeira manifestação, a que lida com as três qualidades da matéria: a densidade, a sutileza e a dinâmica da transformação. Elas três estão sempre numa dinâmica de mudança, em que o denso transforma-se e se torna sutil, que então se torna denso e esses ciclos nunca têm fim, enquanto a mente empenha-se (e quase enlouquece) na missão de controle e compreensão das eternas mudanças.

Nesse modelo de compreensão, há então um eu referencial permanente (Purusha) e outro eu em movimento relativo (Prakrti) ao eu referencial. Um presencia enquanto o outro vivencia todas as transformações que são propiciadas pelas qualidades dinâmicas da matéria manifestada. Aquele sem mudar observa e pode perceber a mudança no outro (um é o referencial fixo, enquanto o outro se movimenta em relação ao referencial).

Se eu me envolver demais na mudança, acabarei não percebendo o que mudou. Portanto, observar as transformações exige distanciamento. É esse distanciamento o principal desafio do praticante de Yoga. Eu me envolvo intensamente com a vida e com o que estou fazendo, mas devo fazê-lo com um distanciamento que me possibilita perceber o que faço e as transformações produzidas. Assim posso perceber que tudo muda e que eu mudo de personagens conforme o papel que eu estiver fazendo.

Nada então seria permanente a não ser o eu primordial, Purusha, referencial imutável, esse ser que há em mim, em você e em todo mundo e que continua a existir, independentemente das mudanças. A consciência dessa condição essencial dá uma segurança extraordinária: até a morte passa a ser um evento inevitável de mudança; mais uma transformação a ser aceita e tratada com atenção.

Percebo que o exercício de distanciamento não diminui em nada o valor de sentimentos como o amor, a piedade, a compaixão ou mesmo o desprezo adequado a determinadas circunstâncias. São todos sentimentos da vida e, portanto, circunstanciais. Este talvez seja o meu maior desafio: ter clareza de que tudo a que eu me dedicar tem por natureza ser passageiro. Essa compreensão muda a qualidade das minhas relações com tudo! Mas em Yoga, não basta ter a compreensão, eu preciso exercitar essa compreensão no meu dia a dia para que ela permaneça em mim e seja efetiva.

Prakrti é a expressão da realidade perceptível que está em permanente mudança, ela oferece as circunstâncias e os desafios de natureza educacional. Na medida em que a minha experiência da realidade traz resultado; este é percebido por mim; a percepção do resultado produz uma memória que condiciona a minha compreensão dos resultados seguintes. Esse também é um ciclo que sucede indefinidamente até o fim desta vida. Cada vez que eu agir ou reagir, surgirá um resultado, compreendido ou não esse resultado é percebido; vira então memória, que sempre poderá manifestar-se.

Vivo, portanto, em ciclos sucessivos de experiência prática que cresce em complexidade e na qual estou sempre envolvido. Constato que a vida é uma verdadeira feira de exposições, que está o tempo todo chamando a minha atenção para coisas menos importantes do que a compreensão essencial do que eu sou e da minha vocação.

Eu, como todo mundo, tenho natureza dual: vivo a imortalidade espiritual e, ao mesmo tempo, os processos passageiros de mudanças existenciais. Esses acrescentam ou subtraem, mas estão sempre associados a prazer ou sofrimento, uma vez que os resultados são sempre tratados de forma emocional. Corro assim o risco de dar atenção exagerada às emoções. Claro que é necessário dar atenção às emoções, às circunstâncias, aos outros, mas se eu der atenção demais ao transitório, viverei na transitoriedade e sem realizar nunca a permanência que eu também sou. Seria então uma vida apenas parcialmente realizada.

As escolas da filosofia hinduísta chamam a minha atenção: a existência é um processo de compreensão, de realização sucessiva, em que a transformação do sutil e do denso dá a dinâmica da vida e constitui o processo de vida material que por si só é importante. Mas o almejado seria a realização disso com o distanciamento em que se é aquele que observa e, simultaneamente, aquele que participa da realidade em observação, embora o simples viver por viver, mesmo que inconscientemente, já não seja pouco.

A vida social, desse ponto de vista, é uma das manifestações passageiras desta experiência de vida que todo o mundo tem. Embora seja muito importante, porque eu não conseguiria viver isoladamente, a minha vida social é de valor relativo e, se ela for solicitante demais para mim, eu não conseguirei realizar a minha essência, a minha vocação e o sentido da minha vida. No meio desse carrossel de atenções em que vivo diariamente vou dando um jeito de desenvolver (retirar o envolvimento) para que se revele o eu mais próximo do permanente, do espiritual e imutável. Com os exercícios de Yoga e a prática de meditação vou cultivando a minha atenção para perceber o valor relativo dos fatos, dos relacionamentos e dos muitos "eus" que vou desempenhando.

Nos Yoga Sutras, Patânjali focaliza a dualidade: impermanência e permanência; acentua que tudo que existe é mutável; que se está sempre lidando com coisas passageiras; que tudo pode ser muito importante, mas nada resiste à compreensão que tudo passa diante da eternidade.

Ser, escolher e escolher ser

 No cotidiano tenho que priorizar entre o que acho mais importante ou o que me solicita mais. Isso é um pouco estressante se houver alguma dúvida envolvida na decisão, por que quase sempre a escolha de uma opção determina a rejeição de outra com uma sensação de perda potencial. Em Yoga há uma sugestão de considerar nas decisões um jogo de contraponto das dualidades – manifestado ou imanifestado, permanente ou impermanente. Essa ponderação ajuda a decidir o que é mais importante nas questões mais profundas, que contrapõem, por exemplo, o ter ou o ser.

Lembro, então, que o manifestado e também perceptível, Prakrti, a matéria, é movimento e, portanto, é sempre mutável e impermanente; enquanto o imanifestado, Purusha, ao contrário, é imutável e permanente. Ao compreender que tudo que é perceptível é mutável e passageiro posso reconsiderar a minha percepção de prioridades. Se eu estou diante de coisas e fatos que são sempre passageiros, mas dou muita atenção ao que é passageiro, então posso compensar e passar a dar um pouco mais de atenção àquilo que não é tão passageiro assim.

Posso ir além de desenvolver habilidades, conhecimentos e competências para lidar com o mundo passageiro e usar minha capacidade para lidar também com o que não é passageiro. No entanto, para as pessoas que tiverem muita dificuldade de elaborar isso tudo, mas que percebem sua associação natural com o que é permanente e espiritual, talvez seja mais fácil utilizar o dito popular: "pega na mão de Deus e vai"!

Quero agora voltar ao fio da conversa. Nas minhas prioridades, como colocar essa compreensão de que existe algo além do passageiro em minhas tomadas de decisão? Essa é uma questão desafiadora. Tomo tantas decisões na minha vida. Quanto dessas decisões seria pautado apenas pelo aproveitamento daquilo que é passageiro? O que fazer para considerar aquilo que não é passageiro? Afinal, dá para fazer essa consideração? A questão não é nem fazer ou deixar de fazer; é mais uma questão de atitude e de compreensão na hora de decidir. Agir depois que se tomou a decisão é mais fácil do que tomar a decisão acertadamente!

Quais são os critérios que considero para tomar uma decisão? O que me leva a ponderar uma opção e outras na hora de decidir? O básico é que se têm critérios de emoção e de razão. No entanto, as tomadas de decisões primordiais são quase totalmente emocionais. O meu cérebro ancestral é o emocional. O racional veio depois e desenvolve-se ao longo da vida. Portanto, não é natural que eu só inclua o critério racional nas minhas decisões, embora eu tente. Também é um desafio destacar a importância do que é permanente em relação ao que é circunstancial em minhas decisões de vida.

Os sábios alertam que o pano de fundo dos sofrimentos é justamente a ignorância ou o desprezo do princípio da impermanência de tudo que se manifesta. Essa dificuldade vai-se reforçando, pois se eu me apego ao que é passageiro e cultivo, inconscientemente, o medo ou a esperança e não me permito perceber a essência da vida: o princípio eterno que está em mim e em cada um. Deixo assim de ver a unidade que há em mim, em você e em todo o mundo. Passo, portanto, a ver uma separação onde não há, entre natureza física e natureza essencial (ou de um modo mais poético: natureza divina).

Essa minha preferência deve ter, provavelmente, a mesma origem das crenças, do temor e até mesmo da adoração; talvez tenha, como pano de fundo, os sustos diante da vida e da natureza, diante da pressão de sobreviver. Olho para o passado e acho que era natural para os meus ancestrais verem-se distintos e em oposição aos raios e trovões vindos do céu, ou às explosões vulcânicas a que tenham sobrevivido. Por inúmeras tentativas e erros, os meus ancestrais (e os seus também) foram desenvolvendo comportamentos de aceitação e acomodação às manifestações da natureza ao mesmo tempo em que lidavam com a sensação de controles precários dessa natureza. Viviam em confusão, eram distintos, mas faziam parte da natureza. Careciam de um sentido de ordem, para acomodarem-se e prosseguirem na vida. Foram representando suas percepções e assim criaram culturas alegóricas para compartilhar socialmente os símbolos emocionais que as alegorias representavam (como dizia o Joseph Campbell). Meus ancestrais produziram os modelos explicativos da vida e das relações com a natureza e seus mistérios com os recursos que podiam contar como se faz até hoje. Devo isso e muito mais a eles!

As relações incorporadas por esses modelos enfatizaram medo, respeito, conformação, esperança e pedido ou negociação de clemência ou ajuda, de modo análogo às relações pessoais que se estabelecem na vida social, porque a gente sempre reproduz o que é costumeiro. Portanto, é razoável que as pessoas façam seus ícones (as alegorias que representam os símbolos) com figuras de fácil reconhecimento na natureza ou na imaginação e as tratem como tratam seres das suas relações com atributos de divindade, poder, autoridade, generosidade, justiça, etc. Isso é comum na maioria das civilizações antigas e atuais, inclusive na cultura hinduísta, na qual se desenvolveram a partir dessas expressões simbólicas as escolas de pensamento contemporâneas das escolas da filosofia grega, como o Yoga e o Budismo, entre outras.

Em Yoga destaca-se uma singular referência a uma consciência essencial com a designação de Ishvara. Essa palavra foi traduzida no Ocidente como Deus, mas na significação original da cultura hinduísta ela era simplesmente "aquele que tem a capacidade e a vontade": o comandante, o senhor. Quando, em Yoga, se fala: Ishvara pranidhana; o sentido é de "render-se ao seu comandante interno do coração", pois o coração é a residência do espírito, do Purusha, do eu imortal, do comando da sua vocação.

O render-se ao coração tem como premissa que os viventes são uma realidade manifestada e mutável no mundo e na sociedade e, ao mesmo tempo, são uma realidade imutável ou que não se manifesta, que é um referencial da eternidade. Nessa visão, eu sou simultaneamente a materialização alimentada de um código de proteínas do DNA e uma realidade essencial e espiritual que é a vida em si. Há quem estranhe essa constatação, mas posso citar outro bom exemplo de dupla característica essencial com o qual já estamos bem acostumados: ele está presente na luz, a qual se constitui também de duas naturezas simultâneas: material dos fótons e ondulatória de puro movimento.

Já comentei que, no modelo hinduísta, a matéria manifestada tem três qualidades simultâneas (sattva, rajas e tamas) e que a articulação entre elas é feita pela consciência, pela mente. É a mente que faz a intermediação e que permite a compreensão da matéria manifestada. Não por acaso, é também a mente que faz todo o caminho civilizatório de realização social. Talvez não seja por coincidência, também, que os hinduístas tenham dado o nome Buddhi (o mesmo Hermes grego) para a essa intermediação mental entre o manifestado e o imanifestado, Prakrti e Purusha.

Manual da mente para iniciantes

Quando surgiu o texto dos Yoga Sutras de Patânjali, muitos dos conceitos de Yoga já existiam de forma dispersa e não sistematizada como doutrina, pois já faziam parte de uma cultura milenar. Havia também uma tradição oral, transmitida por gurus para os discípulos. O sábio Patânjali, por sua vez, tem um surgimento lendário, que pode ter acontecido entre o quinto século anterior e o quinto século posterior a Cristo. O mais provável é por volta do quinto a.C., conforme algumas referências mais precisas levantadas pelo pesquisador Carlos Eduardo Barbosa. Há essa indeterminação, porque havia o hábito de muitos sábios atribuírem seus textos a alguém muito admirado, em vez assumirem eles mesmos a autoria das obras. Isso era comum na Índia antiga. Então, na história indiana, há alguns tratados em temas diversos (Yoga,

Gramática, etc.), cujos autores têm o nome Patânjali. Não se sabe bem quem ele é, mas pode-se dizer que foi um precursor dos psicólogos atuais, na medida em que modelava o comportamento da mente humana com muita profundidade já naquele tempo.

O texto dos Yoga Sutras é uma espécie de manual da mente para compreendê-la e colocá-la a nosso favor, de modo que se possam desenvolver novos hábitos, os quais nos permitam desprendimento em relação à realidade ao mesmo tempo em que se vive com intensa autenticidade.

A minha interpretação da mensagem dos Yoga Sutras é: viva a sua vida autenticamente, seja íntegro e exerça os seus papéis com integridade! Essa autenticidade pressupõe ir além dos meus papéis; cultivar o ator que existe dentro de cada um dos meus personagens, de modo que eu (que sou o ator) viva a minha vida plenamente e com a consciência de que ela é passageira, assim como são os personagens. O propósito é o de cultivar a consciência em tudo o que se faz, de modo que quando este intervalo de vida ou este lapso de tempo de experiência material concluir-se, a consciência tenha-se realizado plenamente e possa prosseguir em dimensões além do espaço-tempo que constitui a realidade social e material.

Patânjali fala basicamente dos métodos de meditação e um pouquinho de respiração, porque o controle da respiração é também propiciador do controle da mente e este é fundamental na meditação, pois purifica e aumenta a capacidade de se estar presente. Nos exercícios de Yoga, portanto, pratica-se a atenção no ser que cada um é em si mesmo, além do ser existencial que está voltado o tempo todo para o mundo exterior, para o social. Os exercícios de Yoga possibilitam olhar para si mesmo, perceber o próprio corpo, compreender os limites pessoais e respeitá-los, bem como desenvolver a capacidade de concentração para ficar bem atento e tranquilo. O resultado prático é aproveitar plenamente a experiência imperdível que é viver com liberdade e até permanecer saudável.

Os Yoga Sutras de Patânjali, como eu disse, são voltados principalmente para a compreensão do processo mental. Eles destacam que somos envolvidos pela percepção da realidade social sinalizada pelos sentidos, mas que existe uma compreensão essencial e permanente; que é a do verdadeiro ser interior da consciência, o eu espiritual que está presente em tudo, independentemente das circunstâncias sociais. Cabe a mim, compreender o meu processo mental e desenvolver também a clareza e o discernimento, a capacidade de separar a compreensão do que é manifestado daquilo que não se manifesta, de modo que eu não me deixe levar como um barco à deriva no oceano das emoções. Afinal, sou um ser frágil que sobrevive graças à capacidade de incluir-me e ser aceito socialmente. Essa capacidade humana, portanto, foi sendo supervalorizada, ao ponto de cada vez mais glorificar-se o ser racional que atua socialmente e que reproduz as estruturas que as gerações anteriores criaram para poderem sobreviver como espécie e constituir civilização. Isso é fundamental, mas a vida é mais do que isso.

Da minha leitura, depreendi a atenção especial de Patânjali à compreensão da mente e ao fato de realizar-se tudo com a intermediação mental. Compreendi que ficar apenas no limite da mente operacional poderia transformar-me apenas em ser social. Certamente eu seria muito útil socialmente, mas estaria desprezando a essência que tanto antecede quanto vai além do limite social. Estaria assim desprezando um ponto de vista e uma vivência muito importante e maior que está além do social e que me permitiria perceber, diferentemente e melhor, o sentido da vida em mim, nos outros e no mundo.

Mergulho no lago da consciência

 Yoga também poderia significar prestar atenção às sugestões do sábio Patânjali. Algumas delas são de negação ou de alerta; outras são afirmativas ou de estímulo. A principal mensagem é cultivar o desapego e ser persistente no exercício da autenticidade. Cultivar a autenticidade é o sentido de Yoga. Também se enfatiza a compreensão de que todo o mundo é criatura divina e terrena ao mesmo tempo. Eu sou também constituído de uma natureza que se manifesta (material) e de outra que não se manifesta (espiritual). Essa última constitui uma essência referencial que possibilita perceber as manifestações, mas que não se altera com elas (não está nem aí) nem é perceptível. É vivencial. Nesse jogo das manifestações de viver neste mundo, o propósito de praticar Yoga é agir (ou mesmo não agir) com atenção para manter-se atento e para que a mente se mantenha no presente

(nem no passado nem no futuro), de modo que a natureza manifestada corresponda ao referencial essencial (porque este está sempre no presente; ele é o presente).

O desenvolvimento mental e espiritual que se propõe em Yoga é para tirar o envolvimento ou tirar os excessos sociais que atrapalham a manifestação da vida em si. Quando eu sereno a minha mente, o observador essencial que há em mim vê: aquele ator que cada um é torna-se presente. Em todas as demais situações, quando a mente não está tranquila, esse observador essencial está enevoado; fica-se então entregue ao fluxo das emoções e ao fluxo social. Ao serenar a mente, a referência do ser essencial torna-se "mais" presente para mim. Na verdade o que acontece é o ideal: a mente passa o comando ao coração que está tranquilo.

Essa compreensão começou a ser desenvolvida pelos hinduístas há milênios, numa época em que se formaram os Vedas, "o conhecimento revelado pelos deuses". A tradição dos Vedas remonta a cerca de seis mil anos. Inicialmente era transmitida de forma oral e também com a literatura dos hinos, poesias e depois tratados variados (crônicas e descrições de costumes), bem como reflexões filosóficas. Estas surgem ao final do período das revelações ao fim dos Vedas (o período Vedanta) e são chamadas de Upanishadas; elas prosseguem estimulando a sabedoria e mais reflexões. As linhas filosóficas hinduístas daí derivadas são em geral convergentes, embora guardem suas diferenças. Yoga é uma dessas vertentes ao lado do Samkhya, que seria uma ancestral estruturalista da epistemologia. Assim como o Yoga seria um precursor da psicologia, o Samkhya seria o antecedente da "gestão do conhecimento". O Samkhya ocupa-se com questões como a origem da vida, a estrutura da matéria e a natureza humana, entre outras. O Yoga lida com o funcionamento mental, a percepção e o comportamento.

A partir do século XX, na Índia e de lá para o mundo, o Yoga ficou muito relacionado à saúde e educação física. No Brasil até há uma lei que obrigaria os instrutores a se registrarem no Conselho Federal de Educação Física. Mas talvez fosse mais apropriado que Yoga tivesse vínculo com Educação, Psicologia ou Filosofia, se houvesse uma atenção mais fiel às suas origens e história milenar. Em Yoga, o foco original e desenvolvido por séculos é o ser, a mente e o comportamento. Presta-se atenção ao corpo sim, mas este nunca foi o foco principal (exceto no último século). O corpo é o território, o patrimônio, o que se tem de mais perceptível e que junto com a mente e a alma forma o "três em um" que didaticamente constitui o "eu". Aprendi, com os filósofos, que a alma (no Ocidente) foi "descoberta" pelo séc. V – a.C., época em que viveram os contemporâneos de Platão, o sábio Patânjali, Buda e Zaratustra. Como dizia o historiador inglês, Arnold Toynbee, esse foi o período axial da História. Nessa época, os gregos concluíram que existia uma essência individual (a alma) do habitante da cidade. Quando esse morria, a alma saía da cidade (na visão helenística, a cidade constituía seus habitantes). A alma então se libertava da cidade. Há o conceito análogo em Yoga: moksha, a libertação da minha essência que vai além do meu ser social, o ser da cidade. É sabido que os gregos tiveram intenso contato com a Índia, muito antes de Alexandre, o Grande. Até o modo de incinerar os mortos era semelhante. Na Grécia, quando se preparava o corpo do morto para passar ao reino de Hades, colocava-se na roupa uma folhinha de ouro ou prata ou chumbo. Nessa folhinha ficavam gravadas as dicas para a alma passar ao outro mundo.

Ao chegar ao mundo livre do social, Hades perguntaria: "Quem é você?". "Eu sou filho da terra e do céu estrelado", responderia a alma. Hades então voltaria a perguntar: "E o que você quer?". "Eu quero beber da água fresca do lago da memória", diria a alma (essa história eu ouvi do professor Gabriele Cornelli, da Filosofia da UnB). De fato tudo o que se apreende e compreende vai para a memória e agrega-se lá. Viver é a realização (na experiência material) da consciência e essa se situa na memória. Então, o que se faz ao morrer é retornar ao "lago da memória" que a psicologia mais tarde veio a chamar de "inconsciente coletivo". Já observei com o filósofo André Comte-Sponville que o que antecede o espírito é a memória, a qual se constitui em morada do espírito. Para o físico quântico Amit Goswami (autor de "A física da alma"), quando se têm insights criativos, tem-se acesso ao "corpo de significados", que está além do espaço-tempo: um conceito análogo ao "lago da memória", do inconsciente coletivo.

Observo uma convergência de diferentes culturas e pensadores quanto à coexistência de "natureza espiritual e ser social" e também quanto à ideia de libertação da cidade (dos gregos) e libertação do mundo das "eternas reencarnações" (o Samsara dos hinduístas). Há também uma variedade de compreensões, algumas religiosas, de como lidar com essa dualidade da natureza humana. De qualquer modo, tenho a mente fazendo a intermediação desses dois aspectos que me constituem como ser vivo: ela sempre me leva para passear pelas margens do lago da memória ou em mergulhos fortuitos nas suas águas. Minhas compreensões das experiências vividas são como pequenos córregos da individualidade que seguem alimentando de lembranças esse lago extraordinário e coletivo.

Serena - mente - consciente

Como venho comentando, na compreensão hinduísta, tudo o que existe tem uma dupla natureza que forma uma unidade em si: manifestação (Prakrti) e não manifestação (Purusha). A intermediação entre uma e outra é feita pela mente, que por si mesma é também manifestação (Prakrti). O meu processo mental de intermediação e codificação da realidade está sempre ocorrendo e assim eu vou lidando com a realidade que percebo e compreendo. A manifestação gera percepções e estas vão ficando complexas, vão criando uma trama, um envolvimento. Essa realidade interativa é bastante solicitante e o processo mental deixa-se tomar por completo pelas interações, porque ele tem a natureza de interagir com tudo o que lhe aparece.

Cada vez que eu ajo ou reajo, percebo algo e a partir disso crio memória. A memória cria impressões e hábitos (Sanskaras) que provocam o surgimento de pensamentos recorrentes que vêm e voltam aleatoriamente e fora do meu controle. Esses são ciclos de interação que prosseguem até o dia da minha morte.

Praticar Yoga é lidar permanentemente com esses ciclos de comportamento mental para educar e controlar a mente, de modo que se possa concentrar naquilo que requer atenção: deveres sociais, intenção espiritual e sobrevivência imediata. A prática, no entanto, prossegue para reduzir o envolvimento do intelecto na interpretação da realidade com a qual se convive e assim desenvolver a capacidade de perceber a realidade de modo mais direto e com o mínimo de intermediação intelectual ou mais próxima da consciência essencial. Aproveito aqui do que diz o físico Amit Goswami, segundo o qual há um estado de consciência essencial que é especial porque provoca o "colapso das possibilidades", ou seja, que faz a realidade acontecer.

Esse estado de consciência "provocadora de realidade" seria literalmente o padrão de consciência divina, a "consciência absoluta". Quando se alcançam estágios de proximidade dessa consciência especial, pode-se ter a sorte de sair da dimensão espaço-tempo, na qual as interações ocorrem sem cessar, e vir a perceber o que os gregos chamavam de "o lago da memória", o além do espaço-tempo em que se tem acesso a insights, a tudo o que já foi compreendido e percebido, a tudo o que a memória coletiva já criou ou está a criar.

A mesma mente, que me enreda intelectualmente nas teias das percepções por ela intermediadas, é que também possibilita o acesso à consciência essencial. A minha mente é a minha preceptora, é ela que me possibilita o acesso a tudo. Eu poderia dizer que a mente é a dona do portal da consciência e, por isso, tento colocá-la a meu favor por meio da prática de Yoga, por exemplo. Assim como no cultivo da ética coloca-se o comportamento do ser humano a favor do convívio social, na prática de Yoga coloca-se a mente a favor da consciência. Quanto mais serenada estiver a minha mente, mais próxima ela estará do nível de consciência essencial e não manifestada (Purusha), que não precisa de qualquer intermediação. Diante de mim, então, a realidade torna-se menos ilusória, mais cristalina e mais próxima do essencial.

Nos passos de Patânjali

 Na tradição filosófica hinduísta há seis linhas ortodoxas, pela sua congruência com a tradição védica, das quais tenho mais proximidade com o Samkhya e o Yoga. Samkhya é a estruturação do conhecimento essencial e Yoga é a compreensão da mente, da alma e do ser.

Nesse contexto, meditar é a prática fundamental, porque a integração das percepções se dá num estado meditativo de plena atenção. Desenvolver essa plena atenção, no entanto, é característica de toda a tradição hinduísta. Pode-se desenvolver a prática de meditação por vários caminhos, portanto.

O sábio Patânjali, quando codificou o Yoga, incluiu uma base de início ou fundamento, o "Samadhi Pada" – Samadhi é a condição ideal de integridade do indivíduo e também é o último estágio da meditação e Pada significa pata ou pé. Ele descreveu, de forma precisa, os fundamentos da meditação. No entanto, cada linha do pensamento hinduísta também apresenta seus métodos e artifícios úteis para a prática de meditação. No Budismo, por exemplo, há um estilo de meditação específico. Mas que na essência é também semelhante ao de Yoga, porque o Budismo, embora não ortodoxo, também surge no contexto da grande Índia e na mesma época legendária da escola do Yoga. A meditação budista inclui o estilo vipásana (da língua pali ou vipáshana do sânscrito), em que se fica sentado em absoluto silêncio a esvaziar a mente, desde um mínimo de meia-hora até dias (com intervalos para o sono e as refeições) com orientações que variam conforme a região cultural e a linha budista.

Já as pessoas que seguem linhas devocionais de Yoga meditam com auxílio de mantras, por exemplo, repetindo o nome da divindade de sua devoção. Certamente, você já ouviu algumas delas repetindo o famoso mantra, "Hare Krshna, Hare Krshna, Krshna, Krshna, Hare Hare / Hare Rama, Hare Rama, Rama Rama, Hare Hare". Outro caminho devocional é o Karma Yoga, que é a vertente da ação sem o interesse pessoal pelo resultado da ação. Ou seja, é o caminho da ação desapegada ou desinteressada. Também devocional é a linha do conhecimento que alguns chamam de Jñana Yoga, o caminho da compreensão intelectual da realidade para se alcançar o estágio de plenitude.

Dizem que essa variedade de caminhos é devida à multiplicidade de personalidades humanas. Há pessoas que são bastante ativas, para as quais poderia ser insuportável ficar concentradas estudando, pois elas prefeririam agir. Há outras cuja natureza devocional faz buscar e entregar-se a uma causa maior. Por aí seguem vários tipos e eu quero observar que o legado deixado pelo sábio Patânjali é a base para todos os estilos de praticar Yoga. Confesso, no entanto, que me surpreendi, ao ler pela primeira vez uma versão da Bhagavad-Gita (lê-se "guita"), a Canção do Ser Divino, traduzida com as palavras do Mahatma Gandhi, ao ver que cada um dos seus dezoito capítulos iniciava-se com a palavra yoga e referia-se a um ajuste do comportamento que levava a agir conforme a orientação do princípio divino da vida ali representado pela figura divina de Krshna. Mais tarde, no Yoga Institute, em leituras de outras traduções da Gita, vi que era mesmo assim: cada capítulo correspondia a um ajustamento da ação expresso pela palavra yoga. Essa talvez seja a causa inicial de se dizer que há vários tipos de Yoga, embora o texto da Gita explicite que só há um e eterno Yoga e que Krshna é o Yoga Ishvara (o Senhor do Yoga).

Patânjali comenta que há vários tipos de pessoas com várias personalidades e como cada um pode identificar-se com este ou aquele caminho de agir. Ele recorre a elementos do Samkhya, que dizem que a natureza tem basicamente três qualidades: tamas, rajas e sattva (densidade, movimento transformador e sutileza). A dosagem dessas qualidades nunca é a mesma, porque a matéria é dinâmica e está sempre se alterando. Pode-se então estar ora mais tranquilo, ora mais rápido, ora mais lento e assim ir-se identificando com este ou aquele caminho. O importante é manter-se atento para aproveitar as oportunidades de acordo com o seu estado de espírito.

Porém, para todos os tipos de pessoas é recomendada uma mesma base ética de controle do comportamento social e também cinco estímulos que devem ser cultivados: limpeza, contentamento, purificação, autoestudo e render-se ao comandante da própria intuição (Ishvara pranidhana). Quando Patânjali refere--se ao autoestudo, ele se refere ao autoconhecimento do tipo socrático, embora muitos interpretem como estudar "as escrituras", ou seja, o que caracteriza a época e o contexto em que se vive: os costumes, a religião, a política, a história e a cultura. Essas interpretações refletiriam o cuidado da necessária inserção social do indivíduo, que precede qualquer pretensão meditativa ou "mística" dos neófitos.

Patânjali sistematiza um "método", cujo núcleo é o discernimento que dá acesso à intuição e à verdade. Esse método segue a partir da atenção com o comportamento social e o pessoal, um caminho para cultivar-se o estado mental propício à meditação, à liberdade, a estar além do social (e sem conflitos) e prescindir de qualquer forma de identificação ou de individualidade para transcender as dualidades da dimensão espaço-tempo e, assim, exercer a autenticidade com a força da própria intuição.

Na compreensão hinduísta, sair da dimensão espaço-tempo corresponderia ao não agir típico do estado meditativo ou contemplativo. Enquanto estivermos agindo, estamos no espaço-tempo. A questão que o pensamento hinduísta propõe e que os cientistas como o Amit Goswami reforçam é: qual é a interferência mínima que eu posso fazer para permitir que a vida se manifeste sem que eu a atrapalhe, uma vez que o observador sempre interfere na experiência? Ir (ou não ir) além da ação aparente é um desafio no caminho da meditação e que talvez só a intuição possa responder acertadamente.

Yoga para todos

 São vários os caminhos do Yoga. Segundo o sá-
bio Patânjali, há uma prática de Yoga adequada
a cada tipo humano. Como acabei de comentar,
na Bhagavad Gita (talvez o mais famoso texto
hinduísta), em seus dezoito capítulos, são fei-
tas referências aos vários comportamentos ajustáveis pelo Yoga.
Então, por exemplo, para as pessoas muito ativas poderia ser o
ajustamento da ação, o Karma Yoga. O Yoga da ação desinteressada dos resultados dessa ação. Faz-se algo porque é preciso que
aquele algo seja feito. Já a pessoa de natureza mais devocional
teria mais afinidade com o Bhakti Yoga. Essas pessoas dedicam-se
a trabalhos religiosos e à louvação da divindade. Os devotos Hare
Krishna são exemplos desse grupo de pessoas. Há também aqueles que buscam o caminho do conhecimento reflexivo. Trata-se
do Jñana Yoga, no qual o praticante usa a capacidade intelectual

– a inferência, a dedução, a lógica, etc. –, para obtenção do conhecimento.

Há, no entanto, quem chame a doutrina de Patânjali pela expressão Raja Yoga, (o ajustamento ao rei). De início essa expressão referia-se ao Soma, o rei dos vegetais, que era a essência divina que fazia as plantas se dirigirem para o alto e para o sol; na literatura do Yoga tântrico do séc. XIV essa expressão também designou a condição de samadhi descrita por Patânjali; mas na virada para o séc. XX ela deu título ao livro de Vivekananda e, desse modo, coincidentemente, passou a designar-se como o Yoga do discernimento (viveka em sânscrito), em que se vai além do conhecimento obtido pela reflexão ou saturação da informação. Trata-se, portanto, do caminho do samadhi dos Yoga Sutras, do discernimento não intelectual para obter o insight (que é intuitivo por definição) por meio da meditação e pela qual o praticante pode ir além do conhecimento oral ou escrito, pois as palavras não conseguem expressar toda a realidade percebida intuitivamente.

Na Índia atual, muitos dos praticantes do Yoga do conhecimento dedicam-se ao estudo do Vedanta, os textos ao fim dos Vedas. Esses textos são conhecidos como as Upanishadas e tratam, ao longo de séculos, dos grandes temas filosóficos que constituem as principais reflexões acerca dos textos revelados (os Vedas). Porém, esse estudo ganhou, como os demais caminhos de Yoga, uma forte conotação devocional, por volta da Idade Média indiana, depois do ressurgimento do Hinduísmo por meio da liderança de Adi Shankaratcharia (o Budismo era a cultura dominante na Índia nos dez séculos anteriores a Shankaratcharia).

O famoso Hatha Yoga é uma expressão também daquela Idade

Média e surgiu por volta do século XIV por meio da seita tântrica dos Nathas. "Ha" e "tha", literalmente sol e lua, é uma alusão alegórica às energias opostas e complementares de natureza masculina e feminina, capacidades executivas e intuitivas presentes em cada pessoa. O texto referencial do Hatha Yoga, o Hatha Pradípika, segue o conhecimento sistematizado pelo sábio Patânjali, de que o propósito em Yoga é serenar a mente, compreender a realidade e ter uma atitude de autenticidade e plena atenção na vida. Observo, no entanto, que aquele texto e outros dos Nathas focalizam também o cultivar condições físicas e míticas do corpo (além das citadas por Patânjali) com o objetivo de facilitar ao praticante permanecer saudável e capaz de viabilizar a natureza espiritual da vida.

Observo que a palavra Yoga foi acrescentada muito depois ao título da redação original e o texto ficou consagrado como Hatha Yoga Pradípika. Nele são descritas algumas posturas que têm o propósito de permitir ao praticante ficar sentado, com a coluna em posição ereta, para se dedicar à meditação e incluem-se vários outros procedimentos de natureza purificatória. Porém, esse texto é escrito numa linguagem um tanto enigmática (que é característica dos textos tântricos para confundir os não iniciados e curiosos). Seus quatro capítulos seguem as etapas de construção de uma casa: a edificação, a limpeza, a decoração e o "habite-se" (conforme comentário do professor Carlos Eduardo Barbosa). Algumas delas contêm descrições desafiadoras ao entendimento mesmo para um indiano tradicional. Talvez por essa razão, o pioneiro do Yoga postural moderno do séc. XX, o mestre Yogendra, adicione o adjetivo "simplificado" aos títulos de seus livros: asanas simplificados, pranayamas simplificados, Hatha Yoga simplificado. Mas ele parece ter sido o único a ter esse cuidado.

Voltando ao sábio sistematizador, Patânjali, lembro outra vez que se pode ser ou estar mais propenso a uma prática devocional, ou de ação, ou de estudo ou de meditação. O importante em Yoga é cada um ficar atento e fazer verdadeiramente e com autenticidade aquilo que é mais adequado a si mesmo, conforme seus pendores e suas circunstâncias.

PhD em mim mesmo

 Logo no início dos Yoga Sutras, se afirma que Yoga é o recolhimento das atividades mentais para que a mente revele a minha natureza autêntica. Em seguida, Patânjali comenta que as atividades mentais podem estar perturbadas e trazer sofrimento de algum modo, por exemplo, quando me identifico demais com alguma delas, isto é, quando permaneço fixado em alguma delas. A origem desse sofrimento decorreria de ignorar o todo que está acontecendo e que tornaria relativa e circunstancial aquela identificação. É a ignorância, num sentido bem amplo, de tomar a realidade por uma identificação circunstancial que dela se tem. Na medida em que eu conseguisse distanciar-me da circunstância, tudo se tornaria relativo, pois eu deixaria de fixar-me no que é transitório ou exagerado.

Apaziguar essas manifestações mentais, que estão sempre acontecendo, ajuda a ficar-se mais sereno. Não se trata exatamente de apaziguamento, mas sim de "desidentificação" com as manifestações mentais. Eu me vejo como indivíduo e, portanto, ajo individualmente. É próprio a natureza humana viver a oposição entre o indivíduo e o coletivo. Há contextos sociais em que se fica mais estimulado ao coletivo, mas mesmo assim a individualidade está bastante presente. Parece que o ser humano tem um dilema natural entre o coletivo e a individualidade.

Mas aqui eu quero passar da individualização para a ideia de identificação: a sensação de identificar-me com algo ou alguém desde algo muito abstrato como um ideal, uma causa, um contrato de casamento e mesmo com alguém real como a pessoa que amo, a escola em que estudo ou a instituição onde trabalho. Esse identificar-me com isto ou com aquilo, por um lado, pode trazer-me sensação de pertencimento, de segurança pessoal ou social, mas, por outro lado, pode potencializar uma fixação ou uma dependência em apenas uma parcela do todo que é o real. Esse exagero certamente levará ao medo de abrir mão e perder aquela sensação!

Claro que sempre se tem uma vivência circunstancial e todo mundo se emociona bastante quando é tomado pelas situações. Cada um vive a se identificar com situações, com pensamentos ou até mesmo com ideologias. Então é como se o viver fosse um constante ir e vir: ora me identifico e ora deixo de identificar-me. Podem-se também perceber ou vivenciar ciclos tradicionais de grandes perdas de identificação como as crises dos 28 anos, dos 40 anos ou da meia-idade. São aqueles momentos em que a maioria das pessoas passa por fortes crises de identidade, de identificação com valores, crenças, comportamentos e até crises de relacionamentos com a família.

De que forma, pode-se conseguir ou manter um distanciamento desses exageros da identificação? Alguns comportamentos são sugeridos pelo sábio Patânjali, entre eles o conhecer-se. Na medida em que eu tento me conhecer, também estou me distanciando, porque me torno uma segunda pessoa que é observada por mim mesmo.

Estou falando do autoestudo que se chama de svadhyaya nos Yoga Sutras. Estuda-se a si mesmo, na cultura, no ambiente e nas circunstâncias onde se está: a história da própria vida em tempo real. O objetivo é compreender-me no contexto real, tomar conhecimento dos meus hábitos, verificar se eles têm mesmo a ver com a minha vocação, se eu tenho vergonha deles ou se me fazem mal (mesmo em segredo) para que eu possa mudar e ser autenticamente eu mesmo.

Claro que é útil estudar o que foi produzido pelas gerações que me antecederam e situar-me de modo prático. De certo modo, isso é estimulado desde cedo na vida de cada um pela família e pela sociedade. Enquanto o autoconhecimento não é assim tão estimulado. No entanto, posso dedicar-me a conhecer-me e tenho várias oportunidades de fazer isso, como, por exemplo, buscar a opinião dos outros sobre mim. Essa opinião pode ser de um especialista em comportamento humano, de meus amigos ou a minha própria opinião com um bom esforço de sinceridade, pois afinal eu deveria ser o maior especialista em mim mesmo.

Um artifício inicial para essa finalidade seria melhorar a percepção física de mim mesmo, por exemplo, prestar mais atenção na minha respiração tanto nos exercícios físicos e mentais de Yoga como na minha conduta de vida social. Ou seja, manter-me atento em cada um desses momentos tanto ao que estou fazendo quanto a mim mesmo em ação. Outro artifício, também exigente, é prestar atenção aos meus sentimentos, percebê-los e registrá-los. Creio que a chave do autoconhecimento está nos sentimentos, pois eles estão sempre associados aos significados das minhas experiências vividas. Se eu passo a tratar meus sentimentos, estou aumentando as possibilidades de me conhecer. Prestar atenção às emoções, entretanto, me parece o melhor artifício para o autoconhecimento.

Claro que é preciso sistematizar isso. Cada um pode usar o seu próprio método. Algumas pessoas, por exemplo, registram as emoções em um bloco de anotações, outras em voz alta. Alguns sentimentos são recorrentes e sempre que eles surgem eu devo perguntar-me: por que aparecem com tanta frequência e mexem tanto comigo? É bom fazer esse estudo dos sentimentos em um determinado horário (por exemplo, na hora da meditação diária). Isso ajuda a desenvolver a disciplina necessária. Um exercício tradicional é tentar lembrar-me do que eu fiz ao longo do dia e registrar as situações e os sentimentos que tive naquelas situações. O propósito é criar e manter o hábito de observar-me, tendo como foco a lembrança do registro afetivo. A primeira habilidade a desenvolver é perceber os sentimentos e depois como qualquer observador estudá-los e explorá-los para que assim possam surgir os insights do que eles querem me dizer.

O sentir é talvez a principal conexão com a realidade. Quase tudo é decidido de forma emocional. O sentimento é a base principal. Portanto, é fundamental cuidar bem dos sentimentos. O caminho indicado por Patânjali é observar os sentimentos, percebê-los e distanciar-se deles como se fosse uma segunda pessoa que estivesse observando. A partir daí pode-se criar um método pessoal de autoinvestigação. Descrevi até aqui o que eu estou fazendo comigo mesmo e estou gostando bastante do resultado.

Consciência além da vivência

Na base da compreensão do que é Yoga, como já observei com outras palavras, há uma dualidade essencial: a consciência espiritual e a natureza, em que essa consciência é um referencial não manifestado (Purusha) para cada manifestação (Prakrti) da natureza. Ambas estão sempre conectadas e formam a unidade existencial. Então, tudo aquilo que é manifestado – incluindo os pensamentos, as visões, os sonhos e as transformações materiais de toda natureza – é exemplo de Prakrti. No entanto, toda a manifestação acontece em relação a um referencial imanifestado e espiritual, Purusha.

O cientista Amit Goswami (que de vez em quando vem por aqui) chama a atenção em seus livros e palestras que a compreensão atual da Física leva em consideração a interferência da consciência. Ora, a questão da independência do observador em relação àquilo que ele está pesquisando sempre foi uma celeuma, um ponto de antagonismo na visão dos cientistas (mais acentuadamente nas ciências sociais), mas agora se trata da dependência do objeto em relação ao observador (isso deve estar dando muita discussão).

Um dos cânones da ciência é poder reproduzir as experiências e que elas possam ocorrer independentemente da influência daquele que conduz a experiência. A ciência, portanto, estaria baseada na condição de o observador não influenciar os resultados da observação. Mas, ao se chegar ao limiar das sub-partículas das partículas atômicas, a constatação é que a simples presença do observador altera o fenômeno ou faz parte deste. Os físicos pesquisadores chegaram a verificar situações que sugeriam inconsistência como se a física se mostrasse contraditória. Mas talvez seja mais provável que a contradição esteja no modelo que se utiliza para interpretar a natureza.

Os comentários acerca da aparente contradição do comportamento da matéria foram popularizados pelo PhD em física, Fritjof Capra, na década de 70, quando ele sugeriu haver um paralelismo extraordinário entre a expressão do misticismo oriental e a linguagem com a qual a física descreve atualmente a natureza. Ele chega próximo à questão da consciência, enquanto o Amit Goswami aprofunda-se nesse tema com o livro "Universo autoconsciente" em que o teórico indiano explora o pressuposto de a consciência (que antecede a nossa expressão verbal) condicionar tudo o que há.

Isso que habitualmente se chama de consciência seria, no máximo, uma consciência social, verbal e linguística que ajuda a compreender o que está no mundo social aparente e para o qual todo mundo estaria preparado. Não é a essa consciência superficial que se refere Amit Goswami. Ele se refere a um nível de consciência tão essencial que se chamaria de divindade na tradição. Quando se fala de vida e da inteligência essencial da vida, se está falando daquele nível de consciência que não é personificado, mas que é absolutamente presente e condicionador de tudo o que se manifesta. Amit Goswami fala desse nível de consciência superior, cujo acesso cultiva-se em Yoga pela prática de meditação. Ele também segue o princípio de que o acesso à consciência se dá pela não ação, embora estejamos habituados a agir "conscientemente" apenas com a inteligência social e nos limites do espaço-tempo.

O que os hinduístas sugeriam e que alguns cientistas estão chegando lá é que as manifestações são aparentes, que ao observador parecem ser desta ou daquela maneira, mas que rigorosamente é quase tudo apenas aparência ou fenômeno. Em outros referenciais aquilo poderia parecer outra coisa. Quando se pratica meditação, serena-se a capacidade de interpretar as aparências, cessa-se de dar atenção às aparências e deixa-se de ficar percebendo apenas aquilo que se oferece neste contexto de espaço-tempo. Os pensamentos ficam serenados a tal ponto que se podem obter insights e captar algo além do espaço-tempo.

Todo mundo está muito mais habituado a exercer a inteligência social, talvez porque ela obtém mais respostas do que a intuição (que apenas se expressa de mim para mim mesmo). Uma forma de reduzir um pouco essa predominância é criar o hábito de exercer mais a intuição, a capacidade perceptiva que não depende do palavreado social. E eu só crio um novo hábito fazendo e praticando outros rumos. Posso praticar Yoga com meditação, relaxamento e repouso com habitualidade para abrir essa possibilidade de viver também o não espaço-tempo, o que não é social, aquilo que é essencial, intuitivo e espiritual. Cada um vai descobrir por si na medida em que permitir a si próprio fazer isso, porque essa é uma vivência pessoal e intransferível.

A divina consciência de cada dia

 Na origem da filosofia hinduísta está a civilização védica, cujo registro literário dos seus poemas forma as quatro coleções de hinos míticos, os Vedas. A partir deles desenvolveu-se uma rica e densa produção literária que produziu várias escolas de pensamento, como o Samkhya e o Yoga que são as do meu maior interesse. Apesar das suas evidentes origens míticas, há quem veja, no entanto, um aparente ateísmo no Samkhya em contraponto com um aparente teísmo no Yoga e no atual Vedanta. Mas no fundo tudo está meio misturado: há uma compreensão da consciência como princípio divino e não personificado e há também, culturalmente, religiosamente, o costume de personificar a consciência e a divindade primordial.

Em termos práticos, as escolas do pensamento hindu, embora

sejam, atualmente, nitidamente devocionais, elas propõem um caminho filosófico e não religioso. Algumas delas afirmam que o espírito individualizado permanece desta forma: a consciência originária de tudo se desdobraria nas várias espiritualidades individuais e esse desdobramento sempre permaneceria. Para outras escolas, essa individualização é pura idealização a partir da experiência terrena de ser indivíduo num todo que é coletivo; pois tudo seria uma grande ilusão.

Observo como as tradições do pensamento vão-se alternando nesses pontos de vista. Mas independentemente de o indivíduo integrar-se ou não ao todo, há em todas as escolas a compreensão dos princípios da consciência e da ilusão de realidade. Na medida em que a experiência da percepção é muito marcante, experimenta-se e toma-se o experimentado como verdade. Porém, o perceber está sempre referenciado ao próprio ser que percebe além de referir-se ao objeto focalizado. Todo mundo tem a sua percepção da realidade e também da aparência da realidade. No Yoga e no Samkhya, a compreensão de toda a dinâmica da existência no universo se dá pela derivação original de uma unidade que se constitui de dois princípios: Purusha e Pradhana, a consciência e a natureza material que se manifesta para a consciência. Purusha é a pura consciência imperceptível e, quanto à Pradhana, ela é percebida em cada transformação, que também tem um nome genérico, Prakrti. E tudo que existe é assim constituído. Então, percebo e compreendo aquilo que se manifesta e não tenho a percepção daquilo que não se manifesta, embora eu o vivencie. Esse princípio está na base de quase todo o pensamento filosófico hinduísta.

Purusha é a consciência espiritual que de nada precisa, que é plena de percepção e que, portanto, não se ilude nem erra. Ele é a consciência que viabiliza perceber tudo que se manifesta e, por isso mesmo, é imperceptível. A primeira manifestação de Prakrti é Mahat (a inteligência primordial) ou Buddhi (a inteligência intelectual, que é o mesmo Mercúrio dos romanos, o Hermes dos gregos, o Trimegistro dos alquimistas), aquele que no indivíduo permite o acesso à percepção e à compreensão. Buddhi é o gestor intelectual da mente, que de uns trezentos anos para cá e no ocidente acabou virando também sinônimo de consciência. Mas no Hinduísmo, mente também pode ser chamada de Manas (sentido genérico) ou Chitta (sentido específico de núcleo mental de cada pessoa e que inclui o intelecto, o sentido da individualidade e o acesso ao Purusha).

Antes que todos esses nomes criem confusão, vou focalizar que em Yoga se estimula o entregar-se à consciência primordial, a espiritual, por meio de prestar atenção ao discernimento que oferece a intuição não verbal; por simplesmente perceber o que estou fazendo e perceber como é que eu estou quando faço algo: sem pensar nem elucubrar intelectualmente. Isso, no entanto, pode ser bem difícil, pois muitas vezes eu me envolvo de tal modo com alguma coisa que me desligo de mim. No entanto, posso fazer as coisas de forma atenta, posso no mínimo melhorar minha condição de conforto, pois se o que faço não está confortável, melhor seria parar; porque continuar desconfortável não será bom para mim.

É surpreendente como coisas simples assim mudam uma vida de forma extraordinária. A vida passa a ser muito mais fácil e interessante quando realizo a consciência com o discernimento que se abre para a intuição. Desse modo, cada vez que percebo algo, realizo uma virtude, compreendo um significado, crio ou capto uma ideia, tenho acesso ao "lago da memória" da consciência universal.

Por isso, a ênfase em Yoga de praticar a atenção no cotidiano para cada vez mais ter clareza de que quase tudo o que vivencio é aparente, passageiro e manifestação circunstancial, que só tem importância no contexto em que eu estiver. Vou assim me habituando a perceber os contextos, a dar importância a eles, mas também me habituo a cultivar o afastamento das aparências. Vivencio assim o momento e, ao mesmo tempo, cultivo esse estado de consciência espiritual que se afasta da manifestação. Não deixo de manifestar-me, porque isso seria impossível de acontecer, afinal sou matéria espiritualizada (ou espírito materializado), constituído pela unidade dialética de Purusha e Prakrti. Não há uma delas separada da outra nem eu existiria sem a síntese unitária que elas me permitem ser.

Vou acentuar agora que a percepção do que não se manifesta é quase possível pela não ação, que acontece na forma de vivência por acaso ou cultivada. A orientação prática de Yoga viabiliza esse propósito. Essa prática foi ganhando acréscimos de toda ordem. Na tradição original sistematizada pelo sábio Patânjali não havia exercícios, mas sim o cultivo da plena atenção. Ele recomendava o cultivo da atenção à vida social para alcance da harmonia possível na inclusão e indicava o autoestudo para reduzir a ignorância da natureza autêntica e individual. Os únicos exercícios físicos propostos por Patânjali eram o controle dos movimentos (que também incluem a respiração) e a meditação. Ao habituar-me a controlar meus movimentos e a respiração estou fazendo o principal exercício propiciador do estado de plena atenção e purificação necessário à captação de insights. Quando sereno a mente (estado de não ação), como se ela pudesse ficar "cristalina como a superfície de um lago", eu estou, por assim dizer, transitando através da mente para a consciência, a divindade, o meu ser espiritual imperceptível. O caminho para que essa condição especial aconteça é o da entrega ao comandante da minha vida, que é a força da intuição que reside no coração tranquilo. Essa condição de tranquilidade pode ser cultivada por mim a cada novo dia para tornar-se tão natural e espontânea como respirar.

Flores em mim

 Por falar em prática, alguns exercícios de Yoga são complementados com Mula Bandha, uma contração da musculatura da região do perí-neo (bandha: fecho, selo, contração; mula, de Muladhara, o chakra da raiz, círculo virtual de distribuição de energia na região da base da coluna) e também com outros bandhas; todos eles têm por propósito o estímulo ou o controle da energia interna, da ati-vidade orgânica, à qual se dá atenção apenas quando o corpo incomoda.

Na tradição hinduísta fala-se de milhares de canais de distribui-ção de energia no corpo humano. São os nadis. Desses canais, os mais importantes seriam três (ida, píngala e sushumna) que se encontram virtualmente ao longo da coluna vertebral (os dois primeiros em forma de espirais). Seriam canais sutis ou virtuais de energia.

As interseções dos nadis espiralados por planos horizontais formariam os chakras, que em sânscrito significam rodas, círculos. Haveria pelo menos sete desses círculos de irradiação de energia. Cada um deles está associado a uma determinada região do tronco, do pescoço ou da cabeça.

Os chakras são representados pelos hinduístas como flores. Para cada chakra é associada uma flor com um determinado número de pétalas. O chakra que fica acima da cabeça, por exemplo, é chamado de chakra das mil pétalas. Está associado a Buddhi, que é Mercúrio ou Hermes Trimegistro, a alegoria da inteligência e da mente. O desenho desse chakra é, curiosamente, semelhante ao da órbita do planeta Mercúrio em torno do Sol, quando visto da Terra.

Então, no imaginário hinduísta de como a energia transita no corpo vivo destacam-se sete círculos ou chakras, aos quais são feitas várias associações. O primeiro chakra é o da base da coluna, associado à energia terrena e estrutural. O segundo está na região das suprarrenais (há quem o localize na base do baço ou na região pélvica, sexual), relacionado à água, às emoções e à criação da vida. O terceiro está na região do umbigo, do fogo da digestão. Os três são chakras referentes à matéria. Já o quarto chakra está associado ao ar, que simboliza a transição do material para o sutil e fica na região do coração. O coração faz a transição dos chakras da densidade para os chakras do que seria mais sutil, que são o da voz (da expressão), o da região intelectual (que articula o significado das emoções) e o chakra das mil pétalas que é suprarracional, no limiar do espiritual (individualização de Purusha, Atma, alma).

Ao meditar posso levar a atenção, por exemplo, a cada um desses chakras; ir percebendo a transição da atenção de um para outro. Posso sincronizar isso com o ritmo da minha respiração, fazendo, por exemplo, a emissão do mantra OM, enquanto expiro, sentindo "girar" cada um dos chakras ao som prolongado do OM.

Embora, eu tenha começado a conversa com a expressão mulabandha, apenas para levar a atenção aos chakras, quero agora destacar um hábito, muito simples, de fazer uma breve contração da região muscular do períneo ao concluir uma respiração, tanto depois de expirar, quanto depois de inspirar. O propósito seria levar a atenção para a base muscular de onde se mobiliza toda a musculatura que dá sustentação à coluna vertebral. Assim estarei cultivando um importante hábito: o de associar a respiração à tonificação muscular que me permite ficar em pé ou bem sentado. Assim, por meio da atenção aplicada durante a respiração tanto à sutileza dos chakras quanto à materialidade muscular, posso apaziguar-me e desligar-me um pouco do mundo das mil e uma solicitações e prestar atencão ao jardim interior formado pelas flores dos sete chakras.

Consciente com o coração presente

 Para a compreensão de como é o "eu" fiz menção a uma inteligência essencial, primitiva, que antecede a inteligência lógica e racional, com a qual se está acostumado a lidar na vida social. Poderia dizer que existe um eu primeiro, uma consciência tão primordial, a qual nem consigo ter acesso normalmente. Para fazer uma analogia vou lembrar-me da codificação do genoma humano, o qual até se consegue mapear e ver-se o efeito, mas não se tem acesso à inteligência que o concebe.

A codificação interna do genoma é de uma inteligência extraordinária a ponto de determinar pré-condições físicas dos seres. Os cientistas até conseguem mapear o DNA, mas não podem saber, por exemplo, por que a mosca tem 10 mil genes e o homem 20 mil ou por que os genes se agrupam de uma determinada forma e não de outra. Embora seja bem evidente a existência de uma consciência absolutamente primordial, ela não é percebida diretamente.

Em outro extremo, há esta inteligência realizadora da vida social, minha, sua e de todo o mundo, relacionada aos objetos da ação com os quais se interage. De um lado, tem-se uma consciência de um eu ao qual não se tem acesso; de outro lado, tem-se um eu totalmente referenciado aos objetos da ação. Têm-se também alguns "eus" intermediários. Porém, quando levo um susto, não tenho tempo nem de pensar, mas tomo consciência do susto. Dou um pulo, um grito. Não preciso de uma consciência lógica para tomar sustos, mas tenho também esta outra consciência que irá racionalizar o susto: por que me assustei?

Estou falando então de quatro consciências: a inacessível, a referida aos objetos, a afetiva (pré-racional) e a intelectual. Na compreensão hinduísta, esses quatro "eus" têm nomes. O primeiro é Purusha ou Atma, o referencial absoluto do princípio divino da vida. É a consciência espiritual. O segundo é Ahankara, o ego referenciado ao agir com os objetos. O terceiro é Mahat, o pré-racional, relacionado às emoções, e o último é Buddhi, o intelecto. Essa ordem não foi intencional.

Tenho, portanto, um modelo, uma alegoria, que me ajudaria a compreender o que sou afinal. E analisando esse modelo, percebo que as emoções (Mahat) estão bem próximas do princípio divino (Purusha). Quem atrapalha (e também ajuda) ou intermedeia é a racionalização (Buddhi). O ego (Ahankara) atua na realidade duplamente filtrada pelas emoções e racionalizações. Vou-me deter nessa relação, por vezes conflituosa, entre o agir

(Ahankara), o sentir (Mahat) e o inteligir (Buddhi). Os três são geradores de percepções, de impressões dos resultados de suas respectivas atuações. Esses resultados são memorizados e irão manifestar-se, geralmente fora do meu controle, ou como reminiscências ou como tendências ou impulsos para a ação. Quanto mais eu me deixo levar pelas manifestações mentais que brotam dessas reminiscências, tendências ou impulsos da memória, mais eu embarco num mundo fantasioso de um fluxo social que aparenta ser a realidade. Saio assim de mim mesmo para um mundo virtual a ponto de viver uma vida totalmente dedicada ao que não pertence de fato ao meu presente. Sem perceber deixo levar-me; perco o controle da situação; fico entregue a chuvas e tempestades forjadas pelas reminiscências. Assim, os sustos e desconfortos ficam mais frequentes, sucessivamente.

Com a prática de Yoga sou estimulado a cultivar o meu próprio ritmo por meio do cultivo da consciência, da compreensão das origens das reminiscências e dos impulsos da memória. Quero aqui enfatizar a relação entre os sentimentos e o intelecto para lidar com a realidade.

O sábio Patânjali focaliza a atenção para lidar-se simultaneamente com o mundo, com as pessoas e com os "eus" que cada um tem em si mesmo. Segundo ele, devem-se exercer plenamente os papéis sociais, mas é tão ou mais importante harmonizar a emoção com a razão, de modo a perceber que todos os fatos com os quais se lida são circunstanciais. Eles também podem ser vistos ou sentidos com distanciamento. De que forma? Esvaziando as emoções de conteúdos que são prejudiciais e compreendendo o significado da aparente realidade e das emoções.

Assim, posso apaziguar a mente a ponto de ela ficar bem próxima da consciência primordial (Purusha) que não é passageira como os fatos e posso lidar assim com a realidade de modo menos distorcido pelas minhas interpretações. Desenvolver a consciência nada mais seria, portanto, do que tirar o envolvimento que o susto, o intelecto ou a ação acrescentam à consciência original. Isso não é pouco!

De início precisei criar o hábito de estar atento e harmonizado. Um exercício prático tem sido analisar minhas próprias emoções. Fecho os olhos e percebo o pulsar do meu coração. Assim já me estou abstraindo do mundo social e deixando o ego sossegado desde o momento em que a minha mente intelectual ficou voltada para a mente afetiva. Estou colocando em sintonia o coração e a mente, o cérebro da cabeça e o cérebro do coração.

Eu posso fazer agora um exercício para aumentar a minha capacidade de atenção. Sabendo que o coração tem um ritmo, uma atividade, uma energia que é a mesma energia da respiração, eu levo agora a atenção simultaneamente para o pulsar do coração e para o ritmo da respiração. Percebo quando respiro a quantidade de pulsos ou de batimentos cardíacos. À medida que vou respirando, o meu batimento cardíaco altera-se levemente. Vou prosseguir com essa atenção por alguns minutos, percebendo o ritmo da minha mente. Imagens, pensamentos e lembranças vão surgir, mas eu estarei no controle. Quando sentir que algum pensamento ou imagem estiver me levando, voltarei a observar a pulsação do coração e o ritmo da minha respiração. Assim estarei fazendo o distanciando das reminiscências mentais. O objetivo do exercício é cultivar esse hábito de estar no controle, de observar-me diariamente. Para minha surpresa constatei que esse exercício ajuda a resolver problemas de arritmia cardíaca. Quem diria? Que tal você tentar fazer esse exercício agora mesmo?

O "eu" que lembra

 A gente tem predisposição ao aprendizado e essa predisposição vai-se concretizando à medida que se vai convivendo com os outros e com o mundo. Esse processo de aprendizado vai-se dando com os registros de memória.

Não sei ao certo como os registros ocorrem nem como se recuperam esses registros. O fato é que a memória vai-se estabelecendo. Porém a manifestação dessa memória traz um grande desafio de controle. Em várias tradições como em Yoga trabalha-se o isolamento dessas reminiscências que se conseguem perceber para olhá-las com distanciamento, compreendê-las e tentar incorporá-las ou neutralizá-las.

Um dos propósitos em Yoga é a criação de um novo condicionamento em relação a essas reminiscências para aplicar quando elas voltarem a aparecer. Basicamente o que se faz é um exercício de apaziguamento e de distanciamento em que se observa o pensamento e a emoção. Nesse exercício eu me pergunto por algumas vezes: "por que isso está surgindo?" Eu não sei como, mas a compreensão acaba surgindo. Vou então convivendo com a compreensão da resposta à pergunta e assim prossigo até nova compreensão.

O que percebo é que esse exercício faz com que se consigam superar, sublimar e até anular as reminiscências que em geral são muito fortes. Além do exercício de meditação que leva a essa capacidade de observar-me há recursos simples do tipo lápis e papel na mão para facilitar a tarefa.

O que eu pratico é o seguinte: durante a meditação fico a observar o fluxo dos pensamentos e quando surge um pensamento com o qual eu tenha interesse em lidar tento compreendê-lo: percebo qual é a emoção e lembro-me de quando ele surgiu em vezes anteriores. Então anoto no papel e descrevo o pensamento e as emoções envolvidas. A ideia é aumentar o distanciamento em relação a esses sentimentos por meio da compreensão intelectual deles. Depois de escrever, rasgo e jogo fora o papel. O fato de saber de antemão que a anotação será destruída já me libera de uma crítica que estaria presente pela ameaça disso vir a ser revelado, pois é algo que só diz respeito a mim (como se fosse um segredo). Esse tem sido um método bastante eficiente.

Ao refletir sobre o pensamento e as emoções em questão, eu posso também me perguntar sobre o seguinte dilema: a situação exige ação ou perdão? Se há alguma ação que se justifica a ser realizada, eu registro: "há algo a ser feito em relação a essa situação" (mais tarde pensarei como). Caso não haja nada mais a ser feito, eu também registro: "nada mais há a fazer, só o perdão". Muitas vezes faço o exercício todo em voz alta quando estou passeando com o meu cachorro à noite, o Badá; ele não está nem aí, e eu aproveito muito do fato de estar só com ele nessas horas para dizer tudo que me vier à cabeça.

Esse exercício me permite explorar o distanciamento do fato já ocorrido, porque na situação de conflito, por exemplo, eu estaria envolvido pelas circunstâncias daquele momento. Passado o momento é que eu tenho a facilidade de racionalizar o fato. Olhando com distanciamento posso até rir daquela situação. Assim vou-me habituando a ficar tranquilo diante dos pensamentos, da realidade e das emoções para poder lidar com os fatos da forma menos deturpada possível pela herança de memórias, de experiências ou pelas fantasias que crio na minha relação com a realidade.

41 Eu "profundis"

 Quero comentar um pouco mais o fato de se ter pelo menos quatro "eus". Há uma inteligência profunda à qual raramente se tem acesso (se é que isso é possível), mas que está presente em mim, você e todo mundo. Exemplos dessa inteligência são o DNA e o sistema nervoso autônomo que funciona muito bem em mim quando eu não atrapalho. É uma inteligência evidente, embora não se possa pegá-la ou dialogar com ela.

No outro extremo, há a inteligência do eu que realiza as ações, que vive o cotidiano e que é sujeito das minhas ações. Ao contrário do eu primordial, sutil, este está focado no material, porque só existe na relação com os objetos; é o eu que faz as coisas. Um é inacessível e o outro é totalmente acessível. Outro eu, que está próximo do primeiro, é o eu que leva susto, que antes mesmo da possibilidade de raciocinar percebe a realidade e é capaz de emocionar-se com ela independentemente de qualquer racionalização. Por último, o eu também próximo do eu das ações e que racionaliza. É o eu pensante, que usa o intelecto e cria compreensão e significados.

Quanto mais me afasto do eu inacessível, o eu mais profundo, mais me aproximo dos eus mundanos que lidam com a realidade, com os outros e com o mundo. A distância entre o profundo e os demais é intermediada, o tempo todo, pela emoção e pelo significado que a realidade me proporciona. A realidade pode ter assim várias compreensões. Por exemplo, na abordagem budista o eu é um "não eu", ou seja, um eu ilusório. Na escola do Yoga o eu existe e o mundo existe, mas a relação entre o eu e o mundo é ilusória.

A justificativa dessa ilusão é o fato de haver a intermediação dos "eus", o emocional e o racional, entre o eu primordial e o eu realizador das ações. A ação desse eu realizador é carregada com significados, provoca emoções e a percepção dos resultados das ações vai gerar memória. Quando lido com a realidade, eu percebo resultados enquanto a percepção se transforma em memória. E assim a vida prossegue com esses processos de intermediação e memorização acontecendo simultaneamente.

A emoção que sinto e os significados que atribuo tanto aos resultados como à própria realidade vão conformando dentro de mim um panorama que não é propriamente a realidade, mas apenas a minha interpretação dela. É como se eu vivesse um videogame particular, conforme o conjunto das memórias que estabeleci e a circunstância em que recupero essa memória e lido com ela.

Basicamente lido com estes dois aspectos: o emocional e o de significados e parece-me estar lidando com a realidade propriamente dita.

Posso acrescentar um fator complicador ou de beleza que é o seguinte: o conjunto de significados e memórias quando compartilhado por muitos indivíduos forma cultura e, a partir do momento em que esses indivíduos vão convivendo entre si e formando civilizações, vai sendo criado um campo de suprassignificados que alguns chamam de arquétipos. São significados culturais cheios de simbolismo. Esses campos de significados e de emoções não só estão referenciados a cada uma das pessoas como indivíduos, mas também são referenciados à geração na qual se nasceu, àquela que a antecedeu, àquela que vai sucedê-la e a um determinado momento na história. Quanto maior esse momento, então maior vai ser o campo de significados que estarão se referindo a mim e às pessoas da "minha época".

Quando embarco nesse desafio de querer compreender a realidade, deparo-me com alguns significados que reconheço com muita facilidade, porque eu mesmo os incorporei à minha vida (ainda que inconscientemente). Mas, de vez em quando, esbarro com alguns significados que me surpreendem totalmente e que não tenho ideia de onde surgiram. Talvez estejam relacionados aos suprassignificados, os significados culturais que sei lá porque não os assimilei ou que sejam novos de fato ou em gestação por um novo momento cultural.

Destaco, portanto, um processo de estabelecimento de memória a partir da experiência de vida. Essa memória pode manifestar-se, seja por impulsos, por reminiscências ou por outra denomina-

■

ção para essas manifestações; elas vão brotar de tudo que seja fruto da minha vida, das vidas que me antecederam e daquelas com as quais eu convivo. Também sigo a ser condicionado pela cultura e pelo ambiente no qual eu vivo, pelas condições do meu corpo, pela minha forma de respirar e pelo meu próprio comportamento.

A sintonia com a inteligência primordial, o eu profundo, é frequentemente representada com a imagem idealizada de "manter a mente serena como a superfície de um lago e capaz de dar acesso à inteligência inacessível conscientemente", mas a prática não tem nada de idealizada, ela tem sim de bastante empenho e dedicação: preciso prosseguir continuamente a depurar os envolvimentos que são criados pelas minhas emoções, pelos significados que elas têm para mim e pelas minhas ações, porque qualquer vento ou marola faz a superfície do lago agitar-se. E talvez a camada do lago a ser focalizada seja também mais profunda.

Distanciamento para "cair em si"

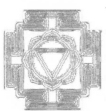 Tenho conversado sobre algo essencial na prática de Yoga: a compreensão de que as relações que se estabelecem com os outros e com o mundo é ilusória. Não é ilusória no sentido de que não exista, mas porque essa relação é intermediada pelos sentimentos e pelos significados que eu percebo ou atribuo a mim, aos outros e à realidade. É como se eu fosse criando um videogame ou uma realidade aproximada ao lidar comigo próprio, com os outros e com o mundo. Cada um percebe a realidade de forma diferente e as percepções de cada um são aproximadamente parecidas, não são rigorosamente iguais. Esse perceber de modo diferente torna esta vida ainda mais diversificada. A questão-chave é a importância que se dá às coisas. A partir da importância que eu dou a um determinado fato terei um nível diferente de envolvimento

emocional. Portanto, cada um é afetado pela respectiva percepção da realidade (o seu próprio videogame).

Na perspectiva pessoal, o que importa é o que eu percebo quando vivencio os meus papéis sociais. Porém, aquilo que eu vivencio é intermediado, o tempo todo, pelos sentimentos que tenho e pelos significados que lhe atribuo. Então, preciso manter um foco nos significados e sentimentos. Poderia perguntar-me: será que essa situação exige um sentimento tão profundo? Muitas vezes, eu supervalorizo uma situação que nem merece tanto. Quando alguém disser: o Thadeu "está fora de si"; que "si" é esse? Deve ser alguém muito anterior dentro de mim e que não se abalaria diante dessas situações factuais, que não são tão importantes assim em termos absolutos ou referidos a outros avaliadores (diferentes do "Thadeu fora de si").

Como posso então continuar em mim mesmo e, ao mesmo tempo, vivenciar a realidade? Talvez isso me exija uma grande mudança de comportamento. Para lidar com ela, como grande mudança, terei dificuldades se não tiver método, propósito, ajuda ou fé. Na prática de Yoga, há um estímulo para que se tenha a compreensão de que tudo é real e que a relação entre mim e tudo é ilusória, mas que existe um "eu" interior e espiritual que não se abala diante da minha interação com a realidade. Por isso é sugerido que se pratique com frequência o distanciamento para observar a realidade, de tal modo que o distanciamento se torne um hábito. Mas observo que o distanciamento possível é aquele que vai para dentro de mim mesmo, para além dos meus personagens e das minhas inculcações e emoções circunstanciais.

No cotidiano eu sigo atribuindo significados aos fatos e às coisas com as quais convivo. Mas, assim que a situação acontece, devo refletir um pouco sobre essa situação para habituar-me a cair em mim mesmo e distanciar-me dos significados e sentimentos que atribuo às coisas ou aos fatos.

A ideia que está no pano de fundo é que eu posso promover mudanças paulatinamente, pois é complicado mudar bruscamente. É preciso a formação de um hábito diário. Assim vou criando um novo condicionamento que vai ajudar a me descondicionar do velho hábito de achar que todas as interações que eu tenho com a realidade são as coisas mais importantes do mundo. Elas são relativas! Posso perceber a relatividade delas se parar um pouco para afastar-me da situação e olhá-las com outros olhos, que seriam como se fossem do eu interior (espiritual), daquele que vê sem a intermediação dos sentimentos, das emoções e dos significados.

Esse eu interior é muito citado nos Yoga Sutras do sábio Patânjali. É o Ser, a alma, o Purusha, o Atma, o Ishvara. Ele é o eu primordial e inabalável que antecede e abrange o eu da mente e o eu sujeito das ações no cotidiano. Assim, quando cultivo a prática de meditação com tranquilidade e relaxamento, quando olho as coisas e fatos esvaziando-os de significados e emoções, então, eu me "aproximo" do eu interior. Claro que o eu das ações prosseguirá agindo, pois afinal vivo nesta realidade: viver é realizar. No entanto, terei chance de ser mais autêntico por ouvir mais a voz do eu interior: a intuição.

Mas o que isso teria a ver com os exercícios de Yoga que se praticam atualmente? Originalmente, os exercícios indicados por Patânjali buscavam a compreensão da percepção e do comportamento. Para tanto, ajudava uma postura firme e confortável (mentalmente) que possibilitasse a meditação e a atenção com a energia vital (os movimentos) e com a consciência. Para isso, era aconselhável controlar a respiração, pois esta segue o ritmo dos movimentos (o prana do sânscrito ou pneuma do grego ou spiritus do latim). As posturas associadas à atenção com a respiração acabaram originando dezenas de exercícios numa época muito posterior (Idade Média) ao surgimento dos sutras de Yoga. No entanto, se esses exercícios fossem associados a atitudes propiciadoras da atenção para o eu interior, então se poderia recuperar algo do sentido e do propósito original do Yoga.

No Instituto de Yoga da família Yogendra lá em Mumbai (a escola pioneira do Yoga moderno), orienta-se a prática de exercícios associados a quatro atitudes: (1) o sentido de ordem e dever em relação à vida no mundo com os outros, que é propiciado pelas posições meditativas; (2) a tomada de consciência na realidade, que o corpo propicia, quando se fazem os alongamentos verticais ou laterais, quando se percebem os próprios limites e quando se aguça a consciência interior a partir de exercícios respiratórios e meditativos; (3) a entrega e o desapego que permitem o distanciamento (interior) das circunstâncias, associados ao movimento respiratório de expirar e de se entregar (por exemplo, na posição de Yoga Mudrá), em que se abre mão do controle e deixa-se a vida prosseguir; e (4) a autoconfiança que se dá com o atendimento das outras três. Realizado o ordenamento, a compreensão e o desapego, vai-se então cultivar a autoconfiança. Ela é cultivada pelos exercícios em que se arqueiam as costas (para trás), inspira-se e abre-se o peito.

À medida que exercito o corpo e me impregno mentalmente dessas quatro atitudes, vou-me aproximando da minha memória profunda para recondicionar-me no sentido da autoconfiança, do desapego, da compreensão e do ordenamento da realidade. Os exercícios corporais passam a ganhar maior importância mental e espiritual ao serem praticados desse modo. Esta seria uma forma de compatibilizar a prática moderna de Yoga com as suas origens e o seu desenvolvimento histórico.

O propósito seria, portanto, o de viver com o entendimento de estar em mim e de lidar com a realidade sabendo que ela é real, que eu a percebo inteiramente com a intuição, embora as minhas palavras não consigam expressar essa totalidade e, ainda mais, a minha compreensão seja ilusória por estar misturada com sentimentos e significados que atribuo a tudo.

Enquanto a prática seria a de cultivar pré-condições e atitudes, de modo a me sentir confiante diante da vida, desapegado e capaz de compreender intuitivamente o que me cerca para poder distanciar-me ou aproximar-me, conforme as circunstâncias e, ao mesmo tempo, viver bem nesta ordem em que estou (da natureza múltipla da vida).

Com olhos de ver

 A prática de Yoga é bastante intensa e desperta a atenção para focalizar o fenômeno da consciência. Isso cria uma mobilização diferente da habitual; esta que se dirige para a produção e para a sobrevivência desde o momento do nascimento. É claro que antes do jogo social têm-se muitas experiências emotivas, pois a gente recebe bastante atenção dos adultos enquanto se é criança. Há duas alimentações muito fortes de início: a de afeto e a de comida mesmo. Há também muito estímulo para que se corresponda ao afeto e ao alimento recebido. Mas depois de algum tempo passam a me cobrar os comportamentos conforme os adultos gostariam. Até chegar o momento em que sou cobrado a produzir. Vai havendo uma pressão enorme nesse sentido. Assim sou levado por essa corrente de produção e troca afetiva e esse movimento

misto passa a ser a vida predominantemente.

Quando converso sobre prestar atenção aos limites, a mim mesmo ou a perceber os sentimentos e evitar a ação do social, sinto um choque de estreia. Como assim não agir, se fui educado a agir desde criança? Mas vou aos poucos percebendo que isso de não agir também faz sentido. As coisas passam a ser percebidas de um modo diferente. À medida que me vou habituando com essas diferenças, começo a perceber muitas coisas que eu antes não percebia. Começo a sintonizar-me em muitas coisas que antes passavam despercebidas. Então, começo a perceber desdobramentos que vão além do social e do físico e amplio a capacidade intuitiva, por exemplo. Em Yoga, além de trabalhar a mente e perceber o que está além do corpo de comida, eu também interfiro em memórias musculares ancestrais, porque o comportamento também é memorizado corporalmente pelos condicionamentos comportamentais.

Aproveito, agora, para observar um aspecto da realidade usualmente não considerado: tudo está conectado como se tudo fosse um mesmo corpo físico. Mesmo no Ocidente, já na época de Einstein, era aceito que partículas extraordinariamente distanciadas estavam conectadas a ponto de interferirem mutuamente em suas polarizações mesmo não havendo nenhuma conexão física aparente entre essas partículas. Enquanto na compreensão hinduísta, tudo e todo mundo é Prakrti (a matéria em manifestação). Assim, por distintos pontos de vista, afirma-se que há uma conexão real permanente. Além de ser Prakrti também se é Purusha (o espírito referencial e livre da manifestação). Na linguagem alegórica, poética ou mística, quando se diz "namastê", se está dizendo que a divindade em mim saúda a que há em você e que ambas são a mesma divindade da vida ou o mesmo Purusha individualizado em cada interlocutor. Muitas vezes é difícil a compreensão dessa sutileza que é essencial.

Patânjali, no terceiro capítulo dos Yoga Sutras, fala das perfeições (siddhis). Ele afirma que, ao se desenvolver a disciplina mental ao ponto de focalizar a atenção totalmente em algo do nosso interesse autêntico, se acaba vivenciando o que esse objeto da nossa atenção propicia da nossa própria essência. Essa essência não é dada pela aparência visual do objeto, mas sim pela resposta que ele dá à nossa vocação e ao sentido da nossa vida naquela circunstância. Vai-se ter acesso a algo essencial para nós e que está contido naquele objeto ou no que ele representa como mensagem significativa (às vezes difícil de ser verbalizada).

Quando se aguça a percepção, começa-se a perceber muito mais do que se percebia antes. Imagine expandir a sua capacidade olfativa, tátil, visual ou perceptiva de modo geral. Imagine ainda a capacidade de conexão dos seus sentidos se expandindo. Porém, como essas possibilidades são muito sedutoras, Patânjali faz um alerta: aprofunde-se, porém, mantenha-se íntegro, caso contrário você poderia ficar encantado com a novidade de ter os sentidos tão apurados. Como o foco em Yoga é o de cultivar a atenção para ser quem a gente é autenticamente, então todo cuidado é preciso para evitar dispersões e desvios sedutores.

Yoga e "vida-game"

 Ao longo das conversas tenho chamado aten-
ção para o fato de que tudo aquilo que perce-
bo e vivencio estar sempre filtrado por muitas
lentes culturais e pelo sistema do meu corpo,
que tem o papel de traduzir e reunir percepções. Essas se transformam em significados e
emoções que passo a chamar de realidade.

Mas desse modo a minha realidade é como um videogame em
que eu fico todo o tempo num jogo de percepção da realidade.
No fundo, eu lido mesmo é com as percepções e não com a
realidade. O que sei da realidade é o que dela me chega pela
percepção filtrada pelo meu videogame personalizado. Isso faz
a vida ficar muito interessante, até porque cada outra pessoa
também tem o seu próprio videogame e esses videogames têm
muito em comum e por meio deles vão-se compartilhando as

compreensões conforme a época em que se vive. Mas isso também pode dar em muita confusão.

Observo, por exemplo, que tanto no Hinduísmo como em outras tradições filosóficas chama-se a atenção para o fato de o viver dar muitas oportunidades para o sofrimento, seja pela constância de se viverem emoções associadas aos significados daquilo com o que se está interagindo, seja pelo fato de o ser humano ter a predisposição de dar mais atenção às notícias ruins. Um dos traços humanos mais evidentes é essa propensão ao sofrimento. Por isso, Patânjali e outros sábios orientam a prestar atenção às movimentações mentais para que se possa interromper esse processo autodestrutivo no momento em que se enveredar pelo caminho da notícia ruim.

Como "geneticamente" estou mais preparado para dar atenção ao que é negativo e ameaçador (para poder fugir ou lutar), eu entraria no caminho da negatividade por ser mais frequente lembrar-me naturalmente de fatos ou sensações ruins. Para contrapor-me a essa tendência "natural" sigo uma dica de Patânjali: quando percebo que estou indo no caminho dos sentimentos nocivos, mudo o videogame, saio da cena que me está fazendo sofrer e vou para outra (já que o videogame é meu), na qual me sinta mais leve e melhor (os psicoterapeutas que me perdoem a fuga).

Claro que essa mudança não é assim tão fácil, pois estou acostumado com o jogo do sofrimento. Eu me habituei a jogá-lo. Mas basta começar outro jogo para propiciar a mudança positiva. A vida dá uma vantagem também natural: a flexibilidade emocional. Todo o mundo consegue desde pequenininho passar do choro para o riso num estalar de dedos (se a piada for boa). É surpreendente! A principal dica é estar atento. E tudo muda se eu prosseguir convencido de que vivo um videogame e que a minha relação com a realidade está sempre marcada pelo jeito como eu a encaro. Eu passo, portanto, a ter a escolha de apegar-me ou não à desgraceira.

Como sou um ser afetivo (assim como você), eu vou envolver-me, vou vivenciar com profundidade e sofrer na hora em que ocorrer uma tragédia. Depois que a emoção resolver-se aquele momento também terá passado. Tudo passa! E já que passa não há por que eu ficar esticando o sofrimento e remoendo do passado as sensações negativas, uma vez que os fatos que as provocaram não existam mais. As fatalidades havidas são fatos passados e, portanto, são oportunidades de esclarecimento e compreensão para se lidar preventivamente no presente.

Então, vivencio o momento, deixo-me passar pela emoção até que ela passe e sigo em frente. Se a situação ficar voltando, eu saio dessa sintonia. Avalio a situação, anoto as providências que devem ser tomadas para que não fiquem voltando ou decido perdoar-me e seguir adiante. Mantenho-me assim no domínio da situação com distanciamento para olhar a realidade com outras emoções, mais positivas para a minha vida e poder perceber a beleza da oportunidade que é viver.

A realidade como ela é percebida

Segundo a filosofia Yoga, há cinco atividades principais da mente, as quais deveriam ser compreendidas e controladas para manter-se um estado de plena atenção: o conhecimento da evidência, a inventividade, a imaginação, o sono e a memória. Conforme Patânjali, o conhecimento evidente é quando apreendo a realidade do jeito que ela é ou se apresenta. Isso seria possível pela apreensão direta, mas se inclui a dedução lógica e a transmissão por alguém fidedigno que testemunha a evidência. A inventividade é quando percebo da evidência uma possibilidade distinta da usual. Ou seja, é o conhecimento cujo fundamento real possa ser útil de modo inovador.

A imaginação é aquilo que não precisa sequer de referência objetiva e inspira a arte, por exemplo. Quando falo em conhecimento, refiro-me a uma iniciativa de apreender algo. A imaginação não é apreensão da realidade. Com a imaginação não apreendo nada, estou sim "criando" realidade e forjando percepção, mas sem ela eu não conseguiria formular a expressão das minhas impressões vivenciais.

Quanto ao sono (nidrá), sugerem os yogues que não se torne dispersivo e que se mantenha a consciência mesmo durante o sono. Então ao dormir eu deveria ter a intenção de manter-me consciente. Como a mente vai transitando do estado de agitação para um estado mais sereno, vou assim me acalmando. Fico no limiar da vigília e do sono: entre acordado e dormindo. Esse estado de transição começa a acontecer de modo mais fácil com a prática repetida. Se eu permanecer consciente e começar uma viagem onírica, passo a ter a sensação de estar em outras dimensões fora do espaço-tempo. Com o hábito isso parece até normal.

Os yogues sugerem que isso seja praticado para que se mantenha o estado em que se é observador de si próprio. Não se fica no sono querendo atuar e sim observar apenas. Nesse estado em que me mantenho como observador passageiro do mundo onírico quase não há atividades da mente (pensamentos ou reminiscências). Claro que, como estou consciente, depois serei capaz de verbalizar algo da experiência observada, como se eu tivesse passado uma curta temporada além do espaço-tempo da vigília. Não por acaso, os linguistas e os filósofos enfatizam que a palavra é o veículo de humanidade, pois ela permite a compreensão e o acesso ao "lago da memória" que fica além da dimensão espaço-tempo e onde estão os significados: as emoções com significados que foram produzidos por todos que vivem, viveram ou ainda viverão. Pena que as palavras não sejam suficientes para dizer tudo que vivenciamos ou apreendemos.

Faltou falar da memória, que ficará para outra conversa. Antes dela, quero voltar a explorar as limitações da percepção da realidade. Fui educado desde pequeno a ler e perceber a realidade como sequencial. Isso se intensificou no mundo depois da prensa de Gutemberg, que popularizou a leitura, bem como pela natural aceitação da "lei da causalidade": uma coisa provoca outra. Lembro-me, porém, na contramão dessa tendência, que vi nas minhas leituras do Marshall McLuhan (aquele canadense da "Aldeia Global") como a visão funciona que nem a "marca do Zorro" a fazer "Zs", enquanto os olhos parecem mirar em linha reta e sequencialmente. Lembro-me também, por textos mais recentes, que a cada olhar tem-se acesso a um gigantesco volume de informações, embora o cérebro só capte, aparentemente, uma ínfima parte. Quero assim observar, primeiramente, que a nossa visão não é sequencial nem tão discreta quanto o hábito de ler vem nos condicionando há séculos e, em seguida, quero enfatizar que todo o mundo é e sempre foi um ser seletivo que elimina o excesso de informação a considerar quando é necessário tomar alguma decisão (ou seja, o tempo todo).

A localidade, a causalidade e a linearidade, portanto, podem parecer determinantes, mas nem sempre são, porque o que se acha que é causa não leva necessariamente ao que se acha que é efeito. As "causas" e os "efeitos" se correlacionam, mas umas não implicam os outros, necessariamente. Há vários exemplos disso como se observa nos casos de raciocínio indutivo. A percepção do mundo de forma sequencial e hierarquizada é civilizatória e cultural, mas ela não é tão natural como é habitual compreen-dê-la. Os pesquisadores de vários campos como os da Filosofia, Comunicação, Física, Psicologia e Economia vêm constatando esse fato cada vez com mais clareza.

Assim, a nossa percepção natural que é instantânea, totalizan-te, não linear nem sequencial tem que lidar com os condicio-namentos culturais antagônicos das narrativas sequenciais que acentuam recortes ou representações da realidade em relações de causas e efeitos.

Portanto, o que acontece de fato é que eu lido, ao mesmo tem-po, com a realidade percebida naturalmente e também com a realidade maquiada pelos condicionamentos culturais que in-fluenciam as minhas emoções e seus significados. Então, o real para cada um de nós não é apenas o real objetivo expressado por si mesmo, ele é também aquilo que cada um percebe do real filtrado por seus valores e sentimentos marcados pela cultura em que se está imerso.

Um grande desafio no caminho do yogue é reeducar a percepção da realidade para reduzir as interferências acrescentadas aos signi-ficados e emoções particulares e pessoais e assim propiciar a apre-ensão direta, a dedução ou o reconhecimento da evidência. Dessa forma a realidade poderia ser vista por mim de modo mais parecido com o que de fato ela é em sua plenitude e unicidade.

Graças ao "eu"!

 Há quem diga que para escola filosófica do Samkhya não existem divindades ou um ser divino e criador de tudo, que as coisas são e acontecem e que não há um propósito. Mas de fato há inúmeras menções na literatura do Samkhya às entidades divinas, ao eterno e infinito que antecede tudo e faz a vida surgir com sua unidade dual e básica: manifestação material (Prakrti) e um referencial espiritual para o qual a matéria se manifesta (Purusha).

O Yoga aproveita muitos dos conceitos do Samkhya e o sábio Patânjali acentua uma expressão individualizada dessa entidade divina que se constitui em cada ser vivente e a nomeia por uma antiga referência dos tempos védicos: Ishvara ("aquele que é e tem a capacidade da vontade e do ato"). Esse comandante interior é citado tanto nos Yoga Sutras como no Yoga postural moderno. A Yoga Mudrá, por exemplo, uma postura simbólica de introspecção, sentada com inclinação para frente, de pernas cruzadas e com as mãos para trás, que estimula a entrega e o desapego, é alusiva ao niyama "Ishvara pranidhana", o entregar-se ao ser divino presente no coração de cada pessoa.

Mas o que é esse Ishvara? É o ser espiritual que representa a nossa perfeição original, aquele que não se corrompe, não se deixa levar pelo mundo, que não se abala pelas emoções. A tradução literal de Ishvara seria, originalmente, aquele que tem a capacidade. É uma referência à divindade presente em cada pessoa: o autêntico eu de cada um de nós. Observo, no entanto, que não há em Yoga qualquer orientação religiosa para a concepção que eu tenha ou queira ter do que é divino. Cada um vivencia a sua fé e as suas crenças com a intensidade que elas inspirarem, enquanto a doutrina do Yoga focaliza exclusivamente o autocontrole da percepção humana da realidade.

Patânjali até afirma que uma boa maneira de se praticar Yoga seria também pela fé. Ele reuniu muito do conhecimento tradicional do Hinduísmo védico e enfatizou esta característica bem humana de se relacionar e estabelecer relações pessoais com entidades divinas. Uma das maneiras de se meditar, portanto, poderia ser rezar. Para quem ou para que rezar? Como eu quiser: a depender da minha crença ou convicção pessoal. Mas se for para rezar, que seja com fé!

Posso depreender por vários caminhos que a vida é algo divino e proveniente de uma inteligência suprema, pois seria ilógico pensar de outro modo, porque nunca se chegaria a uma origem material, independente, burra e autocriada. A vida é o presente máximo! Talvez o sentido da vida seja perceber o valor de estar vivo e prosseguir vivendo a realizar a minha vocação e a minha autenticidade (até porque as dos outros já têm dono). Mas é também evidente que a vida é um processo complexo, que funciona de modo extraordinário e que vai muito além do que consigo imaginar ou controlar. Tenho a sorte (muita sorte) de poder viver. Compreende-se a vida usando o instrumental que se ganhou, apreendeu e desenvolveu. Cada um vai percebendo o valor da vida do seu próprio jeito, conforme a sua história pessoal. Alguns têm a sorte extraordinária de dispor de muitos recursos para perceber a beleza que a vida é e a ela se entregar. Há muitos que só aprenderam a sofrer e outros tantos vivem oscilantes.

Dizem que o sofrimento decorre de um vazio existencial, mesmo quando se dispõe de recursos de toda ordem. Para quem não está no lugar de quem sofre fica fácil falar. Mas, já que estou (neste momento) do lado de fora, posso tentar compreender melhor o sofrimento. Embora a vida já seja plena por si mesma, posso arriscar que (tirando fora os acidentes) o que mais faz sofrer é vivenciar a confusão entre ter e ser. Ter capacidade, ter bens, ter família, ter saúde, ter coisas a fazer, ter alegrias: isso tudo é consequência. O real é apenas o viver. Do mesmo modo, sofre quem está o tempo todo em busca de alegrias ou fugindo de tristezas e não percebendo que as emoções são passageiras e fugidias. Vive-se melhor ao perceber, compreender, aceitar os sentimentos negativos ou positivos e seguir adiante.

Por isso pratica-se a auto-observação em Yoga, de modo que se possa ver a si mesmo, enquanto se está fazendo algo. Dessa forma, o viver passa a ser um estado permanente de testemunho e decisão, no qual estou o tempo todo observando a vida e a mim mesmo; vivendo conforme as minhas decisões diante do que "vejo". Porém, com o propósito, acentuado por Patânjali, de aproximar-me, cada vez mais, do meu eu interior de modo que eu possa ver a vida como ela é para "ele" (o meu eu interior, o Ishvara). Assim, as coisas perderiam a importância exagerada que lhes atribuo. O importante mesmo está lá dentro do que percebo e observo com a consciência de que tudo é passageiro e mutável.

Só o que não é passageiro é esse eu interior, esse ser especial, Ishvara, presente em todos desde o início da vida. Na essência somos todos iguais: divinos e eternos (manifestações da mesma unidade infinita). Por isso a saudação, Namastê, diz: o eu que está aqui dentro de mim cumprimenta o eu que está aí dentro de você; a divindade que há em mim saúda a divindade que há em você.

Emoções sem perder de vista

 Agora quero comentar um pouco a questão da perda e do desapego na perspectiva do Yoga. Inicialmente, o que me ocorre é que quando vou a um velório de alguém conhecido, em geral o que faço mesmo é tentar consolar os amigos. Esse exercício de apoiar o outro e de consolá-lo eu posso trazer cada vez mais para aqueles próximos a mim até a situação em que não há outro a apoiar senão a mim mesmo, à minha própria pessoa.

No referencial do Yoga tenho a grande vantagem de eu poder ver a mim mesmo também como outro, pois aceitei haver em mim uma dualidade básica essencial, a não manifestada e a que se manifesta: Purusha e Prakrti; a não material e a material. Embora não faça sentido uma separação eu posso vê-las como "uma" e "outra".

A primeira manifestação de Prakrti é a mental e sutil, o código divino, emocional e inteligente. Observo para ilustrar isso que todos os seres surgem com uma definição codificada, o DNA, que dá a conformação que cada ser tem. Esse código está "bem perto" de Purusha, pois ele é quase imaterial, mas ele ainda é Prakrti (o código mesmo é sutil e manifestado em espirais de proteínas).

Nessa sequência do código mental a primeira manifestação é de natureza intuitiva (Mahat); sente-se, percebe-se, mesmo sem pensar. As reações intuitivas que se têm são absolutamente emocionais, não passam por nenhum processo intelectual de racionalidade. Já a manifestação seguinte é intelectual (Buddhi) e tem por base a inteligência. A terceira manifestação mental é Ahankara (o ego dos personagens que eu exerço), o eu que atua. Esse eu é antecedido então por dois condicionantes mentais: um de intuição e outro de racionalidade.

No entanto, quando observo a mim mesmo, verifico que assumo vários personagens de mim mesmo, conforme as circunstâncias (filho, irmão, marido, professor, empregado, etc.). Um dos propósitos da prática de Yoga é observar-me do ponto de vista do eu profundo e autêntico que observa os meus vários "eus-personagens". Posso valer-me desse eu autêntico para atuar de modo verdadeiro e positivo na situação (que citei no início da conversa) do velório de um amigo ou uma amiga, por exemplo. Todos lá estão atuando para consolar outras pessoas. Há um ritual de apoio, de sustentação aos outros que ali estão sentido a perda de alguém muito próximo. Nessa situação atua-se também como um personagem: o eu que perdeu alguém. Posso observar esse personagem que sou eu e outro ao mesmo tempo. Assim fica mais fácil. É claro que esse outro vai também se emocionar. A perda de alguém querido mexe com valores muito enraizados. É uma dor muito forte, não há quem não se emocione. Não há como lidar com uma situação tão extrema, a não ser emocionando-se.

Mas, ao mesmo tempo em que vivencio essa forte emoção, sou obrigado a tomar várias decisões, tenho que realizar várias ações de natureza prática e que me serão cobradas. Dependendo do quanto eu conseguir manter-me inteiro, vou fazer essas ações. No mínimo terei que providenciar o ritual de despedida daquela pessoa. Enfim, vou ter que dedicar minha energia a isso. Então, mesmo quando estou tomado pela emoção de uma grande dor, tenho que divergir dessa emoção concentrada para dedicar atenção aos outros personagens que me são exigidos.

Eu sou vários personagens, portanto, que estão sempre lidando com pontos de vista e aspectos diferentes da realidade. Mas sou, principalmente, o observador independente que está dentro de mim e que me abrange (Purusha), que antecede a racionalidade e a emoção e que é capaz de me ver em cada um desses "eus" que assumo em situações que me exigem envolvimento e dedicação.

Busca-se em Yoga o hábito de observar a si mesmo em ação e perceber os vários personagens que se assumem no dia a dia. O olhar não é de crítica e sim de compreensão para si mesmo, para apoiar o eu que está sendo observado a deixar a emoção abrir espaço e assim me permitir sair de uma eventual sintonia negativa ou paralisante ou destrutiva.

Este é um aspecto importante: preciso ter cuidado para não deixar o eu "sozinho e entregue à própria sorte". A maneira mais fácil de abandonar o eu que está numa situação complicada é ficar totalmente dedicado à mesma sintonia em que ele está enrolado (como afogar-se abraçado com quem se afoga). Posso, por exemplo, sucumbir e ficar doente se eu me deixar levar pela tristeza. Então vou precisar da ajuda de alguém para sair dessa sintonia ruim. O ser humano passa o dia inteiro a sintonizar-se em várias situações. Isso acontece o tempo todo. A emoção é distribuída nessas várias possibilidades que se têm. Quando me abandono, eu deixo a emoção concentrar-se em apenas uma determinada sintonia e assim não consigo recuperar sozinho o distanciamento necessário para sair daquela sintonia emocional.

Quanto mais eu me habituar a distanciar-me para me observar, mais esse hábito vai-se afirmar, mesmo nos momentos mais difíceis. Daí a importância da formação desse hábito. Para conseguir tomar a ação de sair de um estado emocional intenso será mais fácil se eu tiver o hábito de observar-me, pois mesmo num estado alterado de consciência, esse hábito vai-se afirmar (digo por experiência própria).

No meu cotidiano, adquiri esse hábito, porque até nas situações de perdas terríveis (inclusive de mim mesmo) ele me é de grande valia. Medito um pouco todas as noites. Lembro-me do que eu fiz durante o dia, do meu comportamento e das minhas atitudes. Avalio-me nas situações ocorridas. Habituei-me a rever o meu dia e os meus encontros com outras pessoas. Eu teria agido de modo diferente? Como eu acho que as situações poderiam ter sido melhores se eu tivesse agido de outra maneira? Meu cachorro, Badá, que ouvia as minhas inculcações, enquanto passeávamos à noite, atuava como o Purusha: não estava nem aí, mas prosseguia comigo (saudades do Badá).

Yogues urbanos

Vou comentar um pouco o filme Samsara. Aliás, daria para conversar bastante sobre esse belo filme. Vou concentrar-me no aspecto que considero essencial, que é o desafio de viver o próprio tempo ou a própria época. Os hinduístas sugerem que se pode desenvolver a sabedoria ao se passar por quatro estágios da vida: o tempo de aprendizagem, o de realização material, o de retiro e o de retribuição com a sabedoria adquirida (se alguém viver integralmente tudo isso sem pular etapas). Vai-se assim aprendendo com a própria experiência e, em algumas vezes, também se aprende antes de errar por observar e aprender com os erros dos outros.

Voltando ao filme, que lida com aqueles estágios da vida, vale lembrar que todo mundo é um ser mítico, um deus anônimo, e que todos temos esta realidade extraordinária que é a vida em si e a oportunidade (para quem quiser) de viver com essa intensidade "entusiasmada". No entanto, por mais "iluminado" que alguém possa ser, cada pessoa prossegue a viver no mundo social e se arrisca a vivenciar apenas isso. A questão do filme e da vida seria o grau de importância que se dá ao viver social na circunstância em que se está. Esse é o ponto.

Haverá circunstâncias em que darei prioridade máxima à dimensão social, mas haverá muitas outras em que terei oportunidade de olhar a vida social com uma prioridade muito menor. Entre muita ou nenhuma atenção estarei sempre presente. Eu sou aquele que estará na situação objetiva e é isso que pode mudar tudo, quando estou consciente de que sou eu quem dá prioridade, quem dá atenção e não o meu personagem de plantão ou o que está apenas envolvido na situação.

O desafio do yogue urbano é conciliar o que o Yoga adiciona de compreensão da vida com toda uma cultura que já está impregnada nele (que não nasceu nem cresceu na Índia) que vive aqui no Ocidente. Haverá então acréscimos e diferenças em algo muito forte, muito enraizado e estabelecido em comportamentos e atitudes habituais.

Não por acaso, acho muito melhor viver Yoga no Ocidente e ser um yogue urbano do que praticar Yoga no Tibete ou na Índia do citado Samsara. O filme acentua que os monges lá não têm muita escolha; eles já crescem num contexto que elimina inúmeras condições dos desafios de viver. E volta e meia as coisas se complicam mais do que se aprendeu no monastério.

Creio que é muito mais desafiador ser um yogue em uma cidade normal, do que ser yogue em Rishikeshi (a "capital" indiana do

Yoga), por exemplo. As virtudes que se desenvolvem aqui poderão ficar mais consistentes, porque serão mais colocadas em
teste pela pressão social.

Claro que aqui no Ocidente, tenho que fazer uma redução cultural muito grande para praticar Yoga e viver como um yogue
urbano. Há uma diferença de conceitos do que significa a vida
a depender do ambiente cultural. Portanto, vou praticar Yoga
com a minha formação: católica, espírita, umbandista, judaica,
protestante, evangélica e todas mais que fazem parte da minha
cultura local. Vou adaptar o Hinduísmo à minha compreensão
para fazer o essencial, que é a realização da consciência, estar
presente, perceber-me, ser quem eu mesmo sou e tornar a vida
algo agradável, consciente, bonita e feliz.

Curioso que, para os antigos gregos, a felicidade seria algo quase impossível, pois estariam sempre desejando algo que não tinham. Seria a contínua insatisfação, o reino infernal e ideal para
o marketing permanente. Eles não sacaram que se pode desejar
o que já se tem: o que é real, o que está aqui e agora. No filme
Samsara, em seu contexto de mensagens, um monge escreve
para outro e pergunta: "entre satisfazer mil desejos e dominar
apenas um, o que será mais importante?" Adivinha qual foi a
resposta do monge! A minha você também pode adivinhar. Ora,
jamais satisfarei os inumeráveis impulsos de desejos. Viver inclui
desejar. Não há nenhum problema em ser uma criatura desejante. Essa é uma condição essencial. Mas se eu viver como mero
realizador de desejos, eu operacionalizo a consciência e perco
a pré-condição do ser (desejante do pleno viver). Então, qual foi
a minha resposta? E a sua?

O desejar não tem fim. Portanto, desenvolve-se a técnica do domínio de pelo menos um desejo, aquele que será a fonte de segurança, a afirmação da autenticidade e do sentido da minha vida que me fazem único e não outro indivíduo. Vou perceber os meus desejos; entregar-me a alguns; ser arrastado por outros; satisfazer outros ainda e, ao mesmo tempo, praticar o domínio do desejo vital do meu destino. É como perceber-se assim: estou desejando, e agora? Entrego-me ou não? Vou ou não vou? Decido a favor do sentido da minha vida, da minha vocação, da verdade intuitiva! A partir daí entra a prática da vontade. Estarei íntegro e atuando consciente na vida. Parece fácil, não?

O meu tempo de vida oferece as circunstâncias de aprendizado, realização, desapego e aplicação da sabedoria. Já valeria viver só por isso e seria um desperdício abandonar a consciência nos turbilhões dos desejos ou condená-la na negação deles. Cada circunstância de cada estágio da vida (aprendizagem, experiência, renúncia e sabedoria compartilhada) é determinada com a perspectiva pela qual participo em minha época e lugar e pelo modo com que vivencio os desejos e seus desafios de satisfação ou domínio. Tudo será passageiro, mas a minha disposição no percurso fará toda a diferença na minha vida.

Universo de possibilidades

O Yoga e outras filosofias, bem como as ciências, oferecem modelos explicativos da realidade. O compartilhamento desses modelos nos permitiu sobreviver como espécie. Os modelos serão tão bons quanto se quiser que sejam, conforme a capacidade de aplicação que tiverem. A origem remota de quase todos esses modelos é muito semelhante. Eles surgem em uma época muito anterior à escrita, mas na qual as pessoas já conversavam.

Das muitas observações que foram feitas pelos meus ancestrais e depois do fogo para cozinhar alimentos, a mais importante talvez tenha sido a que permitiu a cooperação para sobreviver e, bem mais tarde, o surgimento da agricultura regular há cerca de uns dez mil anos. Ela foi viabilizada porque se conseguiu determinar com precisão o movimento relativo do sol, por meio da marcação dos equinócios da primavera e do outono, bem como dos solstícios do inverno e do verão. A marcação era feita com pedras gigantescas para ninguém as tirar do lugar. Ocorreu assim a divisão do tempo em quatro estações determinadas pelos dois solstícios e dois equinócios intercalados: preparar a plantação, plantar, fazer o cultivo e realizar a colheita. O céu passou a ser um verdadeiro quadro-negro cheio de informações. Além do sol e da lua, que determinavam os ciclos do tempo, as estrelas também eram úteis para se determinar as principais direções. Passou-se a fazer conexões de estações não só com o sol e a lua, mas também com as constelações. Foram-se usando imagens que eram familiares para identificar o céu. Passou-se a denominar grupos de estrelas na trajetória solar e lunar, como escorpião, touro, leão, e assim por diante. Essas figuras foram sendo associadas aos ciclos do movimento solar e lunar.

De tanto se relacionarem os fenômenos agrícolas com os movimentos siderais foram-se caracterizando as constelações conforme a sua aparição no ciclo da agricultura. Assim, por exemplo, a colheita foi associada ao signo constelar de Virgem; a previsão do local de plantação e a semeadura foram relacionadas ao Capricórnio; o preparo e a manutenção da terra de plantio associou-se ao Touro, o que puxava o arado; e assim por diante. Deve ter levado alguns séculos para se associarem características das atividades humanas nessas estações às pessoas que estivessem ligadas a elas. E assim foram-se criando novas maneiras de explicar ou tentar compreender a realidade com a qual se lidava.

O que me interessa nesta história é o compartilhamento de experiências que são objeto de conversas e registros para que se tenha fácil acesso e recuperação de informações. Além do céu, que todos veem, sempre houve um ambiente no qual as experiências podiam ser compartilhadas, registradas e acessadas até que elas se tornassem cultura. Quanto mais surgiam grupos humanos distantes uns dos outros, mais variedade de formas de explicação, de registro e de modelos também surgia. Ao longo da história, os grupos foram-se aproximando e compartilhando possibilidades de compreensão das suas realidades e isso sempre fez parte do viver culturalmente.

No entanto, tudo pode parecer diferente quando um modelo explicativo da realidade mostra as coisas de outra maneira. Passar a perceber o ser humano como uma unidade divina, por exemplo, provoca uma visão de mundo muito diferente daquela que pressupõe uma separação absoluta entre o divino e o humano. A compreensão dependerá do modelo que se escolher para direcionar a visão da vida.

Entre as muitas visões de mundo, o modelo filosófico hinduísta tem como conceito primordial a unidade de um princípio divino de inúmeras possibilidades de manifestação (material) e também de não manifestação. Surge com essas premissas toda uma cultura que incorpora o divino em cada indivíduo, em que o universo inclui o modo espiritual da não ação e o denso das ações materiais igualmente verdadeiros; vive-se em ambos os modos o tempo todo.

Porém, tanto num modelo de unidade como num de separação surgem mediadores para propiciar as relações entre o divino e o humano. No de separação, para intermediar as relações. No de unidade, para desenvolver as relações. Os resultados que se observam, no entanto, podem ser muito diferentes, conforme o modelo adotado.

No modelo em que fui criado a atenção está mais voltada para lidar com a produção material e suas consequências nas relações sociais (e vice-versa). Ele estabelece as relações que são exteriores a cada pessoa e que também a afasta da própria convivência espiritual interior. Como se houvesse apenas duas dimensões: o tempo e o espaço. Mas a vida não é bem assim, ela pode ser vista por outro modelo, no qual o universo inclui dimensões espirituais que dão orientação e sentido à vida (pelo menos foi com esse sentido de viver que tudo começou). Portanto, há que se vivenciar esse fundamento existencial, mesmo que só internamente a cada ser vivente, mesmo sem uma comunicação eficiente por palavras insuficientes para descreverem a própria espiritualidade; mesmo que se tenha de superar o envolvimento de um modelo social para revelar o dom divino e primitivo que constitui cada ser ("des-envolver" o ser).

Contudo, independentemente de qual seja o melhor dos modelos, o importante é que se tenha clareza de que não se está falando da realidade, mas apenas de modelos explicativos da realidade e, conforme o modelo que se adotar e praticar, a realidade pode ser percebida de modos muito distintos entre si. O modelo do Yoga que estou aqui comentando percebe divindade em tudo que existe. A premissa é que o divino está infundido no ser humano sob a forma de vida. Assim haveria um princípio fundamental de um todo simultaneamente divino e humano em nós e, portanto, a vida poderia ser vivida com um sentido bem mais abrangente que o aparentemente apenas material e mundano e, melhor, sem a intermediação de ninguém além da espiritualidade divina e presente em todos: apenas colaboração e solidariedade divinamente orientadas.

Yoga em síntese

 Repito que o Yoga é originalmente uma das escolas filosóficas hinduístas da tradição dos Vedas. Essas escolas remontam há uns milhares de anos e propõem a compreensão da vida de um modo que permanece contemporâneo.

Elas espalharam-se pela antiga Índia e fora dela e são bastante parecidas entre si para quem olha de longe. O Budismo, por exemplo, também seria semelhante àquelas escolas, embora seja não ortodoxo, "não védico". Ele se superpôs ao Hinduísmo durante dez séculos na Índia. De fato aquelas escolas são mais complementares que antagônicas entre si. Assim como o Budismo, o Yoga (ou a ioga, como se diz em português) acabou se extrapolando para o mundo, mas sem uma conotação religiosa como a do Budismo.

A maneira prática como a literatura da tradição hinduísta propagou-se é muito semelhante à da literatura de cordel. Surgiram e espalharam-se textos cantados e recitados que iam sendo incorporados às regiões que alcançavam. Um destaque entre esses textos e poemas é o Mahabharata (que inclui o famoso capítulo da Bhagavad Gita, que ganhou música de Raul Seixas e Paulo Coelho no Brasil).

O principal texto doutrinário sobre Yoga é o dos Yoga Sutras escrito pelo lendário sábio Patânjali (por volta do Século V a.C.), que sintetiza a doutrina em 196 verbetes (sutras). Esses sutras estabelecem um roteiro filosófico que é um modo de viver e de orientar a vida pessoal. Essa estratégia de vida tem a seguinte síntese: acalme-se, domine os seus pensamentos, apazigue as atividades da sua mente e permaneça presente em si mesmo para agir (ou não agir) conforme a sua percepção da realidade.

Desse modo, à medida que me faço consciente do que eu penso e me mantenho presente, sou assim testemunha de mim mesmo enquanto faço algo, deixo de ser apenas a pessoa que faz e passo a ser também a pessoa que não faz, mas observa e observa principalmente essa pessoa que faz. Trata-se de uma técnica para estar plenamente presente nas próprias ações.

Patânjali inicia os Yoga Sutras definindo Yoga como a cessação dos turbilhões da mente para se agir com autenticidade. Ele propõe algumas bases da compreensão da mente: como a mente funciona, como se pode interagir com ela e como se pode fazer com que ela seja uma aliada e não um fator de perturbação e ansiedade. Patânjali propõe o viver para a autenticidade e com veracidade. Na sequência ele chama a atenção para o estar no mundo real. Por consequência, tenho de desenvolver a habilidade de lidar com o mundo social e exterior a mim, embora eu tenha um mundo interior muito rico de possibilidades e com o qual eu também tenho de lidar. Compreendo, portanto, que eu vivo para ter a oportunidade da experiência material e da realização da consciência. Uma síntese para mim, então: o sentido da vida é o viver por viver autenticamente.

Nesta linha de pensamento, embora a vida surja como uma grande unidade, eu constituo uma unidade individualizada. Neste mundo material, temos a oportunidade da experiência individualizada em que se ganham nomes pessoais. Vivencia-se a variedade de experiências individuais na medida em que se abre mão da grande unidade e passa-se a viver em confronto com outras percepções individuais da mesma grande unidade. Assim prossegue o mundo social, que é superinteressante por ser propiciador de tantas oportunidades de vivências.

Embora a filosofia hinduísta parta desse princípio da unidade, ela de imediato chama atenção para a realidade relacional, na qual as aparências se antepõem e estabelecem uma complexidade social extraordinária ao ponto de a unidade parecer perder-se. Daí a necessidade de recuperação do sentido da unidade. É como se o viver fosse um pêndulo, que oscila ora num sentido, ora noutro. Assim vai-se percebendo que se pode, simultaneamente, vivenciar a unidade e a multiplicidade.

No entanto, vão-se conformando assim as questões culturais. Desde pequeno, todo o mundo vai sendo educado, pressionado e estimulado a relacionar-se com os outros. Isso vai ficando cada vez mais acentuado ao ponto de todos especializarem-se no mundo social. Pode acontecer de essa dimensão social ser tão entusiasmante que não se consiga realizar o sentido da unidade em uma única vida; a consciência pode perder-se nos muitos apelos do mundo social. Na filosofia hinduísta não há nenhum problema em alguém se perder, pois se pode morrer e nascer de novo e aí começar tudo outra vez. Mas como ninguém sabe se a próxima vez será melhor do que a atual, eu acho melhor caprichar nesta oportunidade que eu estou tendo agora.

Um propósito de viver, portanto, seria também o de se libertar dessas múltiplas experiências recursivas. Todas as escolas filosóficas hinduístas afirmam que essa multiplicidade é uma ilusão. Tudo o que está à minha frente é uma ilusão, uma convenção; eu aprendi a ver a vida do jeito que vejo. É como se na realidade todo o mundo vivesse videogames que são orientados pelo tipo de formação, de referencial, de narrativas e de modelos explicativos que cada um teve oportunidade de adotar.

Ora, à medida que se escolhe um modelo explicativo, tudo o que se vivencia é interpretado conforme esse modelo. No entanto, tudo pode também ficar diferente se houver a opção por experimentar outros modelos ou abrir mão dos modelos e entregar-se à realidade pela apreensão direta das evidências e percepções intuitivas. Essas opções exemplificam a diferença mais filosófica do que geográfica entre Oriente e Ocidente, logos versus phisis, processo analítico versus processo integrativo da realidade. No segundo caso, tem-se a percepção direta da realidade como unidade e sem modelo explicativo algum. O fato é, porém, que tanto se pode estar na ilusão dos modelos, quanto na ilusão da percepção direta sem auxílio algum. Portanto, tem-se um desafio que persiste para os filósofos de todas as tradições: a eficácia da percepção.

Não por acaso, uma das palavras que os yogues mais prezam é liberação, moksha. A liberação relativa à ignorância de não saber que se experimenta o mundo por meio de modelos explicativos. A maior ignorância seria a de esquecer que originalmente se é uma unidade e que não se tem carência alguma do ponto de vista essencial. As carências que surgem são decorrentes da interação social, que cria uma realidade adicional e que se superpõe à unidade essencial. A orientação destacada na prática de Yoga é a de estimular a realização da autenticidade e perceber a unidade divina que abrange e constitui cada um de nós para agir de acordo com essa integridade.

Atitudes fazem a diferença

De vez em quando, tenho que lembrar (aos meus ouvintes) que na prática de Yoga eu quero ficar bem comigo mesmo e com os outros e ao sentir-me bem passo a ter algo de bom para dar, que é o meu bom astral. Quando em Yoga se diz que uma pessoa está iluminada, significa que ela está nesse estado de espírito de completude. Os exercícios, a disciplina e as atitudes têm o propósito de levar a esse estado de autenticidade (a felicidade pode ser uma consequência desse estado normal). Tudo começa com as atitudes diante da realidade, do mundo social e, basicamente, são quatro as atitudes a condicionar em Yoga.

Em primeiro lugar, devo saber onde estou para ajustar meu sentido de orientação e de ordenamento Procuro perceber onde estou para posicionar-me. Essa atitude está associada a todos os exercícios em que me alongo na vertical ou quando alinho naturalmente a coluna vertebral.

A segunda atitude é a de tomada de consciência. Está associada aos exercícios preparatórios para a meditação em que me volto para dentro de mim mesmo, tomo consciência da unidade que eu sou e cultivo essa compreensão interior.

A terceira é a atitude de desapego (abrir mão de hábitos e coisas que não tenham a ver comigo). Essa é das mais difíceis. Porém, se eu passar a agir com desapego ao rápido resultado, entregar-me às atividades necessárias aos meus deveres e aceitar os meus limites momentâneos, o meu corpo terá oportunidade de perceber a mudança de atitude para colaborar na realização.

Em cada movimento usam-se no mínimo dois conjuntos de músculos: aqueles que provocam o movimento e os que se antepõem. Por exemplo, quando inclino o corpo para frente, os músculos dianteiros puxam o corpo para flexionar-me, enquanto os músculos das costas fazem um esforço de compensação. A musculatura vai cedendo à medida que deixo o corpo ir. Não será numa vez só que eu fizer os exercícios que a musculatura vai-se alongar, mas sim por se praticar algumas vezes com paciência e "pela vida toda". A musculatura irá adequar-se um pouco mais às intenções de flexibilidade e tonicidade a cada vez que se fizer o exercício. Em Yoga há sempre o cuidado no sentido de evitar o exagero (que pode levar às lesões). Cada um já tem a musculatura adequada para carregar o próprio peso e movimentar-se naturalmente.

Então, com essa atitude, busca-se soltar tudo o que não se precisa reter ou contrair. No caso do corpo são principalmente as costas e toda a musculatura posterior que se habituaram a contrair-se demais para evitar que eu caia pra frente.

A quarta atitude é a de autoconfiança, algo que se deve praticar na vida social para poder lidar com a rejeição e também para a realização do que for necessário fazer. Para isso, preciso ainda mais estar bem comigo mesmo. Os movimentos de autoconfiança são aqueles em que se inspira e abre-se o peito. Nas posturas de autoconfiança alonga-se a musculatura frontal ou se envergam as costas para trás.

São essas as quatro atitudes que de fato devem estar presentes nos exercícios, além da principal: ser autenticamente e apenas eu mesmo, verdadeiramente! Os ásanas de Yoga não são coreografia ou dança. O que se deve fazer nos exercícios, que até podem parecer coreografias para quem está vendo de fora, é praticar as atitudes que podem fazer toda a diferença na sua vida. Atitudes para ser e agir com autenticidade e plenitude.

Testemunha de mim mesmo

Acabei de lembrar que os exercícios físicos fazem sentido em Yoga se estimularem praticar algumas atitudes de vida. Um exercício pode ser muito bom para a sua finalidade de treinamento, mas será ainda melhor se ao praticá-lo eu concentrar-me na atitude que ele propiciar: tomada de posição, tomada de consciência, desapego e auto-confiança para ser plenamente quem eu sou.

Cada atitude está associada a um tipo de movimento. Nas posições em que me colocar aprumado na vertical estimularei a atitude de tomada de posição, para perceber tudo o que está à minha volta, a ordem na qual estou inserido (e verificar se estou sendo alguém estranho no ninho).

A tomada de consciência está relacionada às posições que propiciam a meditação, a contemplação; fica-se muito mais focado na não ação quando não se precisa agir. Percebo que quem de fato vê e percebe é alguém muito anterior em mim. É o ser consciente que me abrange e constitui de origem, embora eu possa ter-me dispersado dele cada vez que assumi uma personalidade, uma máscara ou personagem, para atuar num contexto circunstancial qualquer.

A atitude de desapego ou de entrega está associada aos exercícios em que me curvo para frente e cuja ênfase está na expiração ou quando fico "de cabeça para baixo" nas posições invertidas. Porém, se em vez disso eu me arqueio para trás, abro o peito e inspiro, então cultivo a autoconfiança.

Nas várias posições de assentamento (ásanas) concentro-me também na respiração: quando me alongo, vou inspirando e volto expirando; quando me curvo para frente, vou expirando e volto inspirando. O foco na respiração facilita a concentração na atitude correspondente ao exercício (autoconfiança na inspiração e desapego na expiração).

Quando respiro, eu me sincronizo com o principal ritmo da vida. O ritmo da energia em mim, da minha atividade, é o ritmo da minha respiração. Daí a importância de respirar bem, conforme as minhas circunstâncias. Ao concentrar-me na respiração deixo de dar atenção exagerada ao mundo exterior e volto-me para mim mesmo e para o meu processo mais vital (respirar).

Em Yoga e em várias tradições a energia, o movimento e a respiração são absolutamente associados e congruentes. Vai-se respirando conforme o ritmo da atividade e a principal ênfase é em deixar o ar fluir, deixar o movimento fluir e deixar a mente fluir. Não há preocupação em respirar muito, até porque é mais funcional expirar do que inspirar. O ar entra facilmente e o difícil é fazê-lo sair para permitir que o movimento prossiga naturalmente. O ideal é caprichar em expirar, encolhendo o abdômen e o espaço interior das costelas; e para inspirar basta liberá-los.

Vai-se percebendo a respiração de acordo com o que se está fazendo, de modo a sentir-se bem. Quanto mais profunda, silenciosa e contínua for a respiração, melhor (se a atividade não for muito exigente).

Ao prestar atenção na inspiração e na expiração consigo ficar em dois lugares ao mesmo tempo: no que estou fazendo e em mim mesmo. Serei testemunha de minha atitude e do que estou fazendo. Essa é a situação ideal, porque estarei em plena consciência; tão consciente que serei capaz de perceber o ritmo da minha respiração e adequá-lo à minha atividade. A tranquilidade será muito maior. Haverá plenitude. Passarei a lidar com as situações mais desafiadoras de um modo tranquilo: ao mesmo tempo com proximidade e distanciamento. Respirar assim ajuda a limpar a mente.

Viagem ao centro de mim

Os estilos de samadhi em Yoga são basicamente dois: "com semente", aquele em que uma identificação inicial com o objeto de atenção está presente, em que eu procuro compreender racionalmente algo com que me identifico no objeto; e o "sem semente", aquele em que não há esforço intelectual de apreensão nem de identificação com nada do objeto; quando eu percebo o objeto com a força da minha intuição imediata, simplesmente.

No primeiro tipo, estabeleço uma identificação de tal ordem que chego a criar um vínculo com o objeto. No segundo, não há um foco de identificação, não há raciocínio intelectual, há a imediata evidência percebida pela intuição.

As pessoas que sentem necessidade de meditar sobre algo concreto e que tem a ver com o seu real interesse (pois é um desperdício meditar em bobagens que não tem a ver com você) podem criar alguns mecanismos como fazer registros, anotar ou mesmo modelar o objeto. São artifícios cognitivos de identificação. Assim poderá ser mais fácil compreender a identificação com o objeto da atenção.

Pode-se, então, deixar os pensamentos fluírem; não quaisquer pensamentos, mas sim aqueles que se relacionam com o interesse no objeto escolhido. Um pensamento vai puxando o outro com o foco em uma determinada situação e assim evita-se a dispersão.

Posso meditar de forma despretensiosa; como um exercício para sair um pouco das pressões sociais; ou de forma densa, meditando sobre a compreensão da vida, do modo de ser, dos padrões individuais ou sobre as relações sociais, mas sempre com o que tiver a ver comigo, com a minha vocação e com o sentido da minha vida.

Também é possível meditar sem concretude. Os objetos, nesse caso, podem ser imagens, conceitos ou emoções que me mobilizem: injustiça, indignação, alegria, êxtase ou variações entre esses polos.

Pode-se criar uma materialização para ajudar com desenhos ou miniesculturas, aquelas com massinhas ou miolo de pão, por exemplo, para perceber melhor os sentimentos recorrentes e os analisar. Quando esses sentimentos aparecem? Com quem eles brotam? Com que propósito? Como lidar com eles? Se há repetições nas respostas, fica mais fácil identificar-se o padrão de cada situação que provoca o sentimento percebido. Nessas autoanálises o meditador poderá utilizar recursos de anotação para facilitar o seu exercício. Afinal, nem só sentado e imóvel se medita. Até agora falei do primeiro movimento, que é a identificação. Escolho, decido, crio os meus artifícios, do mais concreto até o mais sutil. Eu me "transformo" no objeto focalizado, tento reconhecer dentro de mim aquilo que o objeto me desperta: sentimento e significado.

Depois vem o outro movimento, o contraponto, a essência da meditação, aquilo que faz acontecer o samadhi, a partir do desapego da identificação. Esta plena meditação, que ultrapassa a concentração e a contemplação e que é de total não ação. É como se o objeto e o observador se fundissem num "estalo". Então, de início eu me identifiquei com o objeto e o tratei analiticamente, intelectualmente e depois fui dispensando os meus recursos analíticos, de modo cada vez mais abstrato, até não precisar mais deles para chegar ao discernimento que resulta na intuição.

Quando há todo esse processo intelectual, é o caso do "samadhi com semente"; mas se esse processo é dispensado (de tanto treinamento que eu já tenho nele) e eu intuo imediatamente a evidência do que me interessou, trata-se então do "samadhi sem semente" ou sem processo intelectual. Vale relembrar que essa alegoria agrícola de cultivar o samadhi como uma plantinha a partir de uma semente era uma característica da cultura sânscrita, da época inicial em que o Yoga foi-se estruturando.

No primeiro, o pensamento está presente: focalizo, verifico e elaboro minha identificação com o foco da minha atenção para em seguida abrir mão da identificação e permitir-me ficar num estado contemplativo, de não ação, de liberdade em relação àquela identificação percebida. A sensação de liberdade se expande em mim, mesmo que a sua origem tenha sido um objeto determinado.

No segundo, "mais avançado", o estado de não ação é obtido, alcançado ou acontece sem o artifício intelectivo do pensamento dirigido. Os místicos, os de muita fé, os simples e os sábios o realizam pela cessação da atividade intelectual. Eles se colocam em um estado de atenção plena e distantes de toda apelação existencial e, provavelmente, experimentam uma extraordinária e indescritível liberdade. Talvez, o silêncio primordial que propicia a intuição (ver pelos olhos do coração tranquilo).

Plenitude na meditação

Meditar é serenar a mente para concentrar-se na sensação de um coração tranquilo e sem emoções para, então, focalizar algo do seu interesse ou vocação até entrar num estado de contemplação desse objeto focalizado. Mantenho-me assim fixado em algo (que tenha a ver comigo) e daí a pouco, naturalmente, "esqueço-me" de que estou fixado naquilo, embora prossiga contemplando-o. Nesse estado de contemplação permaneço atento, mas não tenso ou preocupado em obter algum resultado especial ou miraculoso. Estou simplesmente dedicado ao que me interessa naquele momento e mais nada. Haveria um próximo passo de distanciar-me de uma possível identificação que sempre pode surgir entre mim e o objeto da focalização.

A experiência que surge pelo prosseguir da contemplação é o samadhi, que é algo individual. Cada um vai experimentar de uma forma diferente. Na minha experiência e em todos os relatos que me chegaram percebe-se, de repente, que se está nessa condição tranquila de autenticidade. Alguns passam longo tempo meditando, mas sem que nada ocorra, talvez por estarem ainda intranquilos ou por focalizarem coisas que não têm muito a ver com a sua vocação ou sentido da sua própria vida ou ainda por dispersões variadas. Até que um dia, de repente, a coisa acontece com tranquilidade e sem dispersões. Então, com a prática, sentado ou deitado, meditar vai ficando cada vez mais fácil. De início, como treinamento, pode ser melhor meditar deitado para não sentir desconforto físico.

Depois de relaxar, concentrar-se, deixar os pensamentos, imagens e sensações passarem, chega-se a um estado no qual se fica aberto até mesmo a experiências "extrassensoriais", fora da dimensão espaço-tempo. Mas o sábio Patânjali chama atenção, nos Yoga Sutras, para não se encantar nem tentar operacionalizar essa experiência que parece meio mágica. O que ele sugere é que cada um de nós se entregue e consolide as suas experiências para perceber qual é o seu propósito ou o seu caminho; e que cada um se entregue às suas experiências meditativas com habitualidade, deixando brotar respostas para as silenciosas perguntas que estão dentro de si, as quais as palavras não ajudam a dizer.

Então, começa-se a ver o mundo de forma bem diferente. Começará a fazer sentido o que dizem os hinduístas: que a vida é muito mais do que se apresenta; que se vivem relações convencionais; que não é preciso sofrer nem se empolgar tanto. Com essa compreensão a vida passa a ser muito mais tranquila. Os aborrecimentos passam a ser vistos como algo insignificante perto do que a vida é. Passa-se a lidar melhor com o cotidiano e vai-se ficando cada vez mais disponível para ver a essência das coisas, dos relacionamentos e da realidade.

Um modo de começar a praticar poderia ser na hora de dormir com o que os yogues chamam de "Yoga Nidrá", a prática do sonho dos yogues, quando se faz um relaxamento profundo e se tem experiências oníricas conscientes. Durante o relaxamento, fica-se afirmando mentalmente o desejo de ficar consciente durante o sonho que virá. Desse modo pode-se permanecer presente nos sonhos, ficar observando a si próprio "em ação onírica" e já se estará praticando uma forma bem efetiva de meditação.

Esse hábito vai-se consolidando e vai-se incorporando a dimensão onírica à vida do mundo material. Viver desse modo é tão ou mais interessante que o videogame ao qual se está acostumado. Será a continuidade que vai possibilitar o aperfeiçoamento. À medida que se for praticando e compreendendo as próprias experiências, vai-se estar cultivando um estado mais amplo de consciência, aprendendo a lidar mais tranquilamente com o cotidiano e experimentando um viver cada vez mais próximo da plenitude.

Sintonizar em "samadhi" e curtir até insônia

Tomam-se decisões emocionalmente e, portanto, grande parte da prática de Yoga está focalizada nas emoções para criar pré-condições de vivenciá-las e, ao mesmo tempo, formar o hábito de distanciar-se delas (das emoções). A intenção é de não ficar todo o tempo sintonizado numa só "frequência emocional" como ao repetir-se continuamente um mantra.

Na época em que o sábio Patânjali escreveu os Yoga Sutras e mesmo antes dele, com os recursos de compreensão da mente, que se tinha até então, já se falava que toda ação implica um resultado que cada um percebe. Ao perceber o resultado reage-se e também se atribui ao resultado um significado, que por sua vez também está associado a uma emoção. Todo mundo assim segue agindo, provocando, percebendo e memorizando os resultados das ações suas e dos outros (qualificando-os por significados e emoções). Esse ciclo vai-se repetindo numa frequência que cresce ao longo de cada vida.

Patânjali afirma que algumas dessas lembranças afloram em forma de pensamentos ou como algo que nem pensamento é (as reminiscências), mas que também provocam ações. Então, vai-se criando um verdadeiro filme na mente em que uma lembrança vai puxando outra e mais outra. Daí a pouco, estão-se resolvendo problemas que ainda nem aconteceram, mas que se criaram nesse filme que se projeta internamente. Isso acontece o dia todo, todos os dias. Nas mais diversas situações eu sou tomado por essas reminiscências e embarco nelas. Há pessoas que sofrem muito com isso, ao serem mobilizadas de uma forma negativa por essas lembranças, até chegarem a formas extremas de tristeza ou desânimo.

Num momento de crise, a tendência de autodefesa é voltar para um terreno seguro. Vai-se até certo ponto, até sentir-se ameaçado, então, recua-se para as lembranças de segurança. No cotidiano, todo mundo vive fazendo isso. Reage-se a cada vez que aparece uma grande novidade. A gente é assim, traz em si esse comportamento que vem desde a era das cavernas ou de antes. O comportamento defensivo é algo natural. Mas o que pode tornar-se desgastante no cotidiano é deixar-se perder por esses fluxos de reminiscências ou pensamentos e ficar-se remoendo. Este é o perigo: desperdiçar a vida, remoer sentimentos negativos e deixar-se ficar doente.

A dica de Patânjali é a seguinte: sempre que um desses pensamentos quiser pegar, pode-se até curti-lo um pouco para não ficar negando o sofrimento, mas o melhor a fazer é mudar de estação antes que ele se torne uma complicação exagerada. Imediatamente lembrar-se de algo positivo e entrar numa sintonia mais leve e agradável (pegar uma revista de fotografias bonitas, de piadas, cantar uma canção amorosa ou falar da vida dos outros se for coisa boa; é claro). Assim será possível sair da sintonia ruim para poder compreender o problema com distanciamento: seria algo para se tratar com alguma ação ou seria apenas uma dispersão? Se for algo que já foi superado, o melhor é sair da sintonia e seguir em frente.

Patânjali enfatiza que um dos caminhos para meditar e para entrar no estado mental que os indianos chamam de samadhi, que é um estado de autenticidade, seria cultivar lembranças agradáveis e pensamentos positivos para eu ficar em paz comigo mesmo. Então, antes de dormir, em vez de assistir ao noticiário, eu cultivo o bom astral e crio um clima agradável. Entrego-me, relaxo, ouço uma música suave, fecho os olhos e apenas aproveito. Se barulhos aparecerem, incorporo-os aos outros sons ambientes, sinto a que distância eles estão de mim, sem me preocupar em julgá-los. Eu assim já estarei num estado próximo ao samadhi, principalmente, se eu permanecer consciente (sem dormir) enquanto for assentando a minha mente.

Os yogues proclamam que melhor do que dormir é dormir de modo "consciente". Eis um grande desafio, saber que se está sonhando e monitorar os próprios sonhos, como se estivesse dentro de um cinema. Para conseguir esse estado, eu digo (algumas vezes e silenciosamente) antes de deitar-me ou enquanto vou relaxando os músculos do meu corpo e respirando numa cadência tranquila: "vou ficar consciente durante os meus sonhos". E prossigo praticando por todas as noites. Embora essa dica seja meio estranha, ela não deixa de ser uma boa forma de fazer Yoga.

Um "segredo" é usar a capacidade imaginativa para criar situações positivas. Lembro que qualquer emoção que se tenha é reforçada de modo físico pelo cérebro. O hipotálamo cria neuropeptídios, que são energia em forma eletroquímica, que são disparados para todo o organismo para reforçar a emoção na qual se estiver envolvido. Todas as células do corpo são atingidas por esses neuropeptídios. Assim, de modo inconsciente, reforçam-se as emoções como faziam os meus ancestrais antes de serem super-racionais, há milhares de anos. Mas com a "evolução" humana (lembra-se do homo sapiens?) formou-se um cérebro intelectual que se acrescentou ao antigo cérebro réptil – no qual o hipotálamo já reforçava as emoções. Esse novo aliado mental nos permite sair das armadilhas inconscientes das reações reforçadas continuamente. Para tanto, valem todos os artifícios intelectuais, principalmente o bom humor, que é um poderoso antídoto para curar os problemas de aborrecimentos cotidianos (reforçados pelos outros; claro).

Pode-se mudar a programação do hipotálamo ao trocar de sintonia. Até um desconforto como a insônia passa a ser uma oportunidade de ficar mais consciente para relaxar os músculos, para observar o fluir dos pensamentos ou das imagens positivas que se podem inventar ou recuperar. Daí, o que seria uma tristeza vira uma curtição para prosseguir num estado de paz controlada até o dia amanhecer (se ninguém vier a dormir).

Livre para ser

 Uma das palavras mais importantes em Yoga é moksha, que significa literalmente libertação, mas num sentido bastante amplo, embora interior ao indivíduo. Talvez o principal foco dessa liberdade seja o de perceber o quanto é possível desapegar-se de amarras, convenções e complicações que não são tão importantes assim, mas que se transformam numa rede que prende a mim, a você e a todo o mundo numa trama social exagerada e que nos impede o simplesmente ser.

A primeira percepção dessa liberdade é diferenciar aquilo que é mutável daquilo que é permanente na minha vida. As circunstâncias em que eu vivo vão mudando ao longo da existência; mudam mesmo alguns valores enquanto mantenho a mesma identidade e compreensão de mim mesmo como uma mesma pessoa, um mesmo ser. Além das convenções sociais, também percebo que a minha compreensão da vida é dada por certa construção mental que eu faço e que está associada também à minha formação. Esse modelo mental condiciona a minha apreensão da realidade e muda o significado da realidade para mim. Tudo o que percebo como realidade é mutável. Então, não haveria por que me apegar com tanta intensidade se tudo é passageiro. Perceber essas minhas amarras talvez seja o principal foco do conceito de moksha. É a libertação ou liberação deste mundo ilusório, ao qual estou demasiadamente apegado na maior parte das vezes, mas que pode ser apenas uma forma de percepção, mesmo que compartilhada por muitas pessoas (o fato de uma versão da realidade ser compartilhada por muitos não quer dizer que seja mesmo verdade, ela pode até ser apenas conveniente). Essa compreensão de liberdade na prática de Yoga é bastante radical, porque se vai contrapor à origem de noções muito arraigadas em mim do que é duradouro ou transitório. Mas, se por um lado, a filosofia Yoga faz essa contestação radical, por outro, ela oferece uma compreensão prática de como lidar com a realidade percebida. Ela propõe que cada um adote limites e assim os perceba. Esses limites obviamente restringirão os meus movimentos, mas liberdade em Yoga não significa falta de comprometimento em relação a tudo, em vez disso, significa ser exatamente e apenas ser quem eu sou e de modo consistente com minhas obrigações e deveres sociais e espirituais.

Os limites que são sugeridos pela compreensão do Yoga têm o objetivo de ajudar a lidar com a ilusão social. Na verdade, são bem menos limites e bem mais orientadores para lidar com o mundo fantasioso, de tal modo que eu não seja atrapalhado pelas armadilhas de comportamentos socialmente negativos e possa ter condições mais favoráveis de cultivar a minha autenticidade sem faltar ao respeito aos outros nem os prejudicar.

Patânjali, o guru histórico das escolas de Yoga, enfatiza um código básico de comportamento em dois conjuntos de restrições e de estímulos: as cinco restrições e os cinco estímulos de direcionamento da liberdade e do respeito. O sentido não é de proibição, mas de atenção e controle. Em Yoga, a sugestão é agir consciente dos movimentos, das potencialidades e da liberdade para que eu possa controlar punções, impulsos e movimentos para os quais, pessoalmente ou socialmente, sou empurrado e aos quais vale à pena dar atenção para não ofender os outros ou eu mesmo.

Lembro que as restrições básicas em Yoga são as seguintes: controle e atenção à ofensa, à mentira, ao roubo, à dispersão do "Ser" e ao respeito às minhas condições objetivas ou materiais (evitar inveja e apropriação). Essas restrições têm por propósito o cultivo da liberdade para eu ser verdadeiramente eu mesmo. Importante frisar que não se trata de "pecados", infrações ou crimes. Trata-se de temas pessoais que afetam a todos os humanos em sociedades.

Se, por um lado, há um foco no controle, por outro, há os estímulos que nem sempre são declarados explicitamente no ambiente social, pois aparecem de forma quase velada nos exemplos de pessoas próximas (pais, tios, professores e amigos). Tais estímulos também são cinco: limpeza (mental), contentamento, purificação, autoestudo e entrega ao comando da intuição. Esses

■

cinco estímulos visam a um comportamento positivo de autenticidade.

Como os sistemas sociais de controle são muito presentes e, portanto, mais facilmente incorporados; acho que é mais efetivo cultivar os cinco estímulos. Uma pessoa que segue esses estímulos e que vive desse modo positivo, provavelmente vai se envolver bem pouco em situações que lhe exijam o exercício de controles. Não estou falando de um comportamento ingênuo e bobinho de não ver o que existe de esquisito na vida e no mundo. Ao contrário, cada um é capaz de cultivar a alegria, embora perceba a tristeza, e é capaz de estudar, embora perceba a ignorância sua e dos outros e assim por diante.

Esses "dez mandamentos" são lembranças ou pontos de atenção que formam uma base simples, mas muito densa para a prática da liberdade (moksha) e autenticidade que em Yoga se cultiva. Observo que moksha significa libertação – e não "salvação". Em Yoga, não faz sentido salvar alguém, não se trata de um resgate. Trata-se de um modo preventivo de viver bem e não de livrar alguém de culpas ou pecados já cometidos (em relação a algum código). Em Yoga como na natureza não há pecado nem perdão. Esses seriam conceitos mais próprios de códigos religiosos ou sociais. Moksha é o comportamento de escolha de atitudes e de suas consequências pessoais que evitam o aprisionamento cultural, mesmo que a pretexto de ser incluído para poder continuar vivendo em sociedade.

No caminho de "samadhi"

Em Yoga há uma ênfase de caráter social apenas para desenvolver um comportamento tão tranquilo que consiga diminuir bastante as perturbações que o mundo social traz e as que se leva para ele. Fico em paz com as pessoas, as respeito e elas ficam em paz comigo (espero).

O início do caminho em Yoga é feito com atitudes e ações correspondentes a um código de comportamento social que prossegue com um modo de lidar com o corpo, a mente e o espírito. Assim faz-se um reforço: o corpo e a mente, por meio das atitudes e dos exercícios, vão estabelecendo um comportamento de autenticidade e liberdade. Estimula-se e preserva-se a autenticidade e a liberdade em mim e nos outros.

Os exercícios que dão firmeza, estabilidade e conforto são chamados de ásanas (pronuncia-se ássanas), enquanto os exercícios respiratórios de purificação e controle da energia são os pranayamas. Como a atividade está diretamente associada ao ritmo da respiração, o controle desta traz o controle da energia.

O caminho do Yoga passa então pelo comportamento – controles e estímulos – e pelos exercícios – ásanas e pranayamas. Além desses, há outros quatro passos, mais voltados para o interior do ser. O primeiro é o exercício em que dirijo os sentidos para dentro de mim mesmo. Chama-se de pratyahara. Esse é um dos principais exercícios para recuperar o ritmo natural e para o organismo (mente e corpo) se libertar dos condicionamentos negativos que todo mundo cria (ninguém está isento disso).

Nesse exercício de introspecção (pratyahara) pode-se fazer uma alegoria em que se cobrem superficialmente os lábios, as narinas, os cílios (suavemente para não machucar os olhos), tampam-se os ouvidos e tenta-se ouvir o próprio som interior. O objetivo é isolar a percepção dos estímulos exteriores, facilitar o assentamento da mente e também permitir que o organismo possa recuperar-se no seu próprio ritmo dos condicionamentos nocivos que lhe tenham sido acrescentados até então.

Os outros três passos formam um conjunto destacado: a meditação focalizada. Na compreensão sistematizada na escola do Yoga, essa meditação é constituída de três estágios. O primeiro deles é o de concentração (dharana), em que eu me concentro num ponto dentro de mim, no meu coração tranquilo. No segundo estágio, quando essa concentração é continuada e já não faço esforço de apaziguamento interior, passo à contemplação (dhyana). Essa palavra seria até mais adequada para referir-se à meditação no sentido que se dá em Yoga. A contemplação é um estado de concentração sem esforço, mas com foco num objeto de meu genuíno interesse (desde um hobby até uma questão existencial). O observador e o objeto ficam em tal harmonia que de repente acontece o terceiro estágio em que não há mais separação entre ambos. Dá-se então um estado de plena compreensão do significado (ou importância para mim) do objeto focalizado. Nessa condição mental, as dualidades (feio-bonito, grande-pequeno, claro-escuro, etc.) perdem seu valor. Essa condição mental é chamada de samadhi. É uma condição para realizar o objetivo de isolamento da percepção e guiar-se pela força da intuição autêntica.

Então, busco desenvolver a habilidade de cultivar a autenticidade e a liberdade, de tal forma, que socialmente eu seja bem aceito, possa lidar bem com os outros e estar em paz com o meu próprio corpo – cuidar dele de modo a que seja um aliado e não um atrapalhador que está sempre pedindo atenção exagerada. Desse modo, me permito ir além das dualidades das coisas e das relações de identificação. Viver nesse estado zen, de samadhi, é o ideal de quem pratica Yoga.

De fato o samadhi é uma condição natural e bastante frequente para todas as pessoas, embora quase sempre nem se perceba "conscientemente". Porém, pode-se desenvolver essa habilidade conscientemente, mas não de uma hora para outra e sim praticando, fazendo seus deveres com entusiasmo, com respeito a si mesmo e ao que se faz e percebendo o próprio caminho de autorrealização.

Mestre de mim mesmo

O texto dos Yoga Sutras de Patânjali faz uma verdadeira síntese em seus 196 verbetes de algo que já vinha sendo construído antes dele há alguns séculos. A cultura hinduísta surge praticamente junto com a descoberta da agricultura há uns dez mil anos a.C. Os registros dessa cultura vieram sendo transmitidos oralmente em formato poético, como foram os ensinamentos de Yoga e vários outros, pois assim eram mais facilmente decorados e passados para as pessoas. Seu idioma, o sânscrito, também evoluiu bastante desde línguas anteriores que deram origem a muitos dos idiomas conhecidos (os indoeuropeus).

As escolas hinduístas do pensamento são surpreendentes por sua profundidade. Produziram uma concepção ampla do que é a vida e o universo integrados ao subjetivo e ao objetivo, de modo

a abranger agricultura, comércio, políticas e toda a gama de relações simbólicas, pessoais e sociais. Todo esse conhecimento
foi transmitido em versos, até tornarem-se textos de formatos variados e conforme suas finalidades. O maior poema escrito, em
todos os tempos, é o Mahabharata (a grande Índia), com uns
cem mil versos! Nele há um capítulo chamado "A canção do
ser divino", a Bhagavad Gita, uma história épica e ilustrativa dos
conflitos do ser humano diante da vida. Ela chama a atenção
para estar-se presente e assumir-se a própria vida, conforme os
seus deveres e a sua autenticidade. Todos os seus capítulos se
iniciam com a palavra "yoga" com a acepção de ajustamento de
um comportamento ou uma ação que visar a um resultado, ou
seja: o ajustamento do karma.

O sábio Patânjali surge numa data indeterminada, ali pelo séc.
V a.C., e é o responsável por sintetizar todo o conhecimento do
Yoga já existente e colocá-lo de uma maneira didática nos Yoga
Sutras (o cordel do Yoga), que inclui um código de comportamento para propiciar a autenticidade. Fundamentalmente, ele
fala de atitudes que se reforçam em cada pessoa para conduzir a
vida de modo que seja bom para ela para todo mundo. Também
dá as dicas para lidar com aqueles momentos em que se fazem
perguntas essenciais do tipo: "o que estou fazendo aqui?" ou
"para que eu nasci?".

Patânjali reforça que cada um tem todo o instrumental e todas
as condições para perceber as respostas aos próprios questio-
namentos mais profundos. Claro que se pode conversar e pedir
ajuda a amigos e especialistas. Afinal interage-se o tempo todo. E
é bom que seja assim, pois na maior parte das vezes é por meio

do outro que cada um passa a se conhecer. A presença do outro é fundamental. Mas têm-se dentro de si todas as respostas de que se precisa. Elas surgirão na medida em que sejam buscadas. Para encontrá-las vale tudo: conversar, meditar, ler, estudar, etc. Patânjali sugere a prática do desapego, do bom humor e do esforço pessoal orientado. O desapego é essencial para perceber que todo mundo pode ser um grande mestre para quem lhe prestar atenção. Todas as pessoas têm muito a ensinar, a explicar e a dizer desde que se tenha a disposição de percebê-las como mestres. Se eu abrir mão da minha ignorância e onipotência e estiver disposto a aprender e perseverar nisso, farei com que a minha vida seja uma contínua oportunidade de desenvolvimento.

Os muito sábios dizem que a maior fonte de prazer do ser humano é a curiosidade. A descoberta de algo que desperta a minha vocação ou uma nova possibilidade é o que mais encanta. Então, quando me entrego e me aprofundo no estudo e na descoberta, já estou cultivando essa característica tão preciosa da felicidade humana, que é a satisfação da curiosidade superior para as coisas que dão sentido à minha vida. Como esse brotar de desejos é infindável, posso criar uma espécie de "moto contínuo" de autêntica felicidade. O melhor é que nem preciso comprar isso em lugar nenhum, pois já está disponível em mim mesmo. Custa só um pouco mais que sorrir à toa e prestar muita e bastante atenção.

Yogar-se

Vivo lembrando que Yoga é uma estratégia de vida. Por isso, praticar Yoga só tem sentido se eu fizer com habitualidade e de preferência em todos os dias. Os exercícios são alegorias ou artifícios para eu criar uma disciplina: a minha própria. Tenho um bom hábito, por exemplo, de aproveitar a hora do banho para praticar alguns dos exercícios físicos de Yoga. Vou-me alongando e praticando o que for possível fazer. Escovar os dentes é também uma oportunidade para praticar posturas verticais simultaneamente e perceber a musculatura, encaixar o abdômen e alinhar-me. Já início o meu dia desse jeito.

No trabalho, acomodo a curvatura natural da coluna vertebral ao sentar-me, mantendo-me sobre os ossos ísquios (aqueles internos às nádegas) para criar uma situação de estabilidade. Respiro com a musculatura abdominal expandindo ou recolhendo o diafragma e controlando o fluxo de ar nos pulmões; prefiro aprumar os ombros a apoiar os cotovelos e os antebraços nos braços da cadeira, sentando-me o mais confortável possível. De vez em quando alongo os punhos e os dedos, levanto-me, ando um pouco e vou beber um pouco de água. Pisco bastante enquanto leio ou escrevo. Alterno, de vez em quando, o olhar para longe, para a paisagem ou mesmo para fazer uma vista panorâmica da sala de trabalho. Coloco de vez em quando as mãos em concha sobre os olhos para relaxar a musculatura ocular. Os meus colegas ou já estão habituados comigo ou nunca repararam nesses meus hábitos; aliás, tratam-me com bastante amabilidade.

Antes de dormir, acrescento também a prática de meditação. Fecho os olhos e fico ouvindo os sons à minha volta, evitando julgar ou analisar o que estou ouvindo. Assim, vou acentuando o meu sentido de direção e equilíbrio. Percebo a minha respiração tranquila e vou prosseguindo, lembrando ou criando situações agradáveis em minha mente. Uma das formas de meditar é cultivar um estado positivo da mente; com isso, neutralizo certa tendência ancestral à negatividade, que acentuei numa época de exagerado envolvimento em situações sociais.

Enfim, vou inserindo ao longo do dia oportunidades de praticar Yoga, de sentir-me presente e consciente. Vou praticando a capacidade de desapego do mundo social, que é uma das atitudes que se estimulam em Yoga e deixo o mundo prosseguir sem a minha interferência pessoal (pelo menos por algum tempo).

Lembro-me sempre que a compreensão do Yoga inclui quatro atitudes básicas para agir. A primeira é dispor-me a compreender o dharma, a ordem de onde estou e como as coisas acontecem nesse contexto social. Essa ordem pode ser tão macro quanto a universal ou tão micro quanto à situação objetiva na qual eu estiver num determinado momento. A segunda atitude está associada ao meu posicionamento, à tomada de consciência, de perceber onde e como eu estou nessa ordem. A terceira atitude é render-me à realidade e desapegar-me de maus hábitos para fazer aquilo que é adequado a mim naquela realidade (sem delírios de onipotência). Fico atento e percebo a ordem, posiciono-me nessa ordem e entrego-me ao que é possível e adequado. Com isso vou desenvolvendo a condição da quarta atitude, que é a autoconfiança, aquela que me permite ser o que sou em qualquer situação.

Yoga no café da manhã

Todo mundo é muito educado socialmente para respeitar as regras e poder conviver de forma pacífica. Mas justamente por ser muito educado, eu crio camadas de estresse e de tensão que nem percebo. Quando chego ao ponto de ter consciência de que o estresse aconteceu, ele já criou situações muito negativas para mim como dores e doenças que surgem em consequência de algo que já se estabeleceu em meu íntimo.

Mas se eu me lembrar de alguns dos exercícios de alongamento ao deitar ou acordar como, por exemplo, movimentar vagarosamente a cabeça (ora para a direita, ora para a esquerda, ou girá-la), eu terei a oportunidade de soltar a região da musculatura que mais guarda tensões durante o dia. Do mesmo modo posso andar para o banheiro pisando atentamente para aumentar a minha consciência corporal ao caminhar; ir prestando atenção aos meus movimentos de colocar pri-

meiro o calcanhar no chão e sentir a planta do pé até o dedão, naturalmente.

No banho eu aproveito para massagear com movimentos circulares as
articulações e com descidas e subidas as partes longilíneas das pernas e
dos braços, indo das extremidades na direção do coração e assim posso
trabalhar a circulação e orientar o sistema muscular.

Depois do banho matinal, eu aproveito um bom momento para fazer a
"saudação ao sol", que serve para alongar as costas e as pernas, além de
aumentar o fluxo de sangue na cabeça e no rosto. Ao escovar os dentes
também faço posturas verticais, coloco os pés bem paralelos e flexiono
um pouco os joelhos. Essa é uma forma de ir praticando alguns exercícios antes que o dia exija demais de mim. O momento matinal é ótimo
para ligar-se ao corpo e chamar a atenção para si mesmo. De uma forma
simples posso exercitar a minha presença e a minha autenticidade para
ser quem eu sou antes que o mundo exterior solicite a atuação social.

Há quem prefira exercitar-se à noite, ao voltar do trabalho. O cuidado
então é para não forçar a musculatura nem tracionar os tendões, pois à
noite fica-se mais flexível e há sempre o perigo de se exagerar nos alongamentos e movimentos. No período noturno é preferível fazer exercícios mais meditativos e evitar grandes esforços e alongamentos. O exercício surte efeito com o tempo, com a habitualidade e com a repetição.
Assim o efeito é cumulativo, gradual e sem exageros. Vai-se aos poucos
aumentando a percepção da própria presença.

Yoga trata basicamente de ser autêntico, viver uma vida plena, integral,
feliz e capaz de estabelecer prioridades para lidar com os inúmeros problemas que sempre irão surgir e, também, aproveitar cada oportunidade
para o melhor agir, de modo atento ao contexto e a si mesmo; sem
estresses.

Memória e estresse

 No cotidiano vou disfarçando o estresse, porque fui educado socialmente para isso. Mas o estresse continua numa camada muito profunda. Todo mundo traz o acúmulo de estresse desde a infância e mesmo de períodos anteriores desde a era das cavernas. Quando se fica acordado à noite resolvendo os problemas do mundo, também se estão reavivando memórias muito antigas, cuja mensagem para o corpo é de ameaça. Diante das ameaças o organismo se estressa e é levado a limites para os quais teria que tomar uma atitude e agir.

Se eu ficar acordado à noite assistindo pela TV às desgraças do dia, meu corpo será levado a reagir, mas eu não sairei para combater os incêndios do mundo. Em vez disso, irei para a minha cama depois de submeter-me a todas as mensagens de ação. O resultado é que não conseguirei dormir bem, pois a mensagem recém-acumulada às que vêm por milhares de anos de existência é que eu tenho de agir diante das situações de ameaça (ou pelo menos ficar preocupado).

Ao longo do dia, posso passar por várias situações desse tipo. Quando me percebo ameaçado, o meu organismo cobra de mim um preço alto, que são os acúmulos internos de tensão com os quais de algum modo vou ter que lidar. A dica é trabalhar a emoção, perceber e reconhecer que situações são essas que chamam a minha atenção de forma tão exigente, tão estressante, para que eu passe a resolvê-las ou a evitá-las no cotidiano. Minha capacidade de lidar com situações ameaçadoras é limitada, portanto, tenho que tomar esses cuidados.

O sábio Patânjali afirma que a memória tem um processo muito prático de se constituir. Toda ação ou reação provoca um resultado. Este é percebido e traduzido num significado, com uma emoção associada, que fica registrada na memória e também vira registro físico (corporal). Ainda há as manifestações involuntárias das memórias, as reminiscências, que reforçam os registros das memórias e cujo repertório de lembranças vai também sendo alimentado pelas novas memórias. Os hinduístas dão às reminiscências o nome de sanskaras (hábitos) pelo fato de se repetirem frequentemente. As reminiscências provocam então os pensamentos e tomam-se decisões em função daquela memória que ressurgiu. A ação decorrente dessa decisão provoca um resultado e novamente vivencia-se o resultado com significado e emoção e registra-se uma nova memória. Esse processo, portanto, não tem fim, é permanente.

O processo de formação de memória se dá, esquematicamente, nestas quatro etapas: ação, resultado, percepção do resultado e memória. E assim prossegue o tempo todo. Então eu tenho esses impulsos de memórias recorrentes: estímulos que brotam sem eu saber bem por quê. De repente, começam a vir lembranças de algo e eu vou sendo envolvido por lembranças positivas ou negativas: daí a pouco posso ficar ou eufórico ou raivoso (ou em qualquer outro estado intermediário) sem ter ideia do porquê. A origem foi alguma coisa ou fato que nem existe mais, cujo registro pode ser da memória de alguns anos passados; ou até uma memória ancestral que nem me pertence verdadeiramente, mas que surge porque está no repositório inicial, no banco de dados que se herda dos ancestrais.

Ao praticar Yoga, uma das intenções é de perceber tudo como é de fato. Evitar julgar ou analisar os pensamentos, imagens ou sensações que não se apliquem ao presente e que, portanto, deveriam passar. Assim vou-me habituando a não dar muita atenção às reminiscências que a memória fica reenviando. Habituo-me a desprezar essas manifestações mentais que não têm uma conexão direta com a realidade presente, que são ou projeção de futuro ou apego ao passado. Há, portanto, um desafio recorrente de lidar com a realidade estando aqui no presente em vez de estar perdido nas armadilhas das memórias mal resolvidas.

A memória talvez seja a mais difícil de lidar dentre as manifestações mentais que se devem controlar. Ela talvez seja a fonte mais abundante das cinco causas principais para o sofrimento mental: a falta de sabedoria, o egotismo, a aversão (ao que não se gosta), o apego ao prazer e o medo da exclusão. Esses fatores de perturbação são ressaltados por Patânjali nos Yoga Sutras e podem ser reduzidos se eu ficar mais atento com a formação e o tratamento das minhas memórias de vida que criam o estresse. Posso, por exemplo, programar a televisão para gravar o noticiário noturno e ir dormir mais cedo e em paz. Se na manhã seguinte eu quiser estragar o meu bom humor, posso começar o dia assistindo àquelas gravações (melhor não).

O som primordial

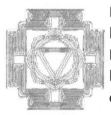 Na tradição hinduísta, o som prolongado da sílaba "OM" simboliza a invocação do nome do Deus eterno, infinito, origem e fim de tudo. Mas há uma enorme diferença na concepção usual do que é divino ou humano entre o Hinduísmo e as tradições ocidentais. Nestas há uma aparente separação intransponível entre a divindade e o ser humano, porque se faz de conta que Deus criou o que existe a partir de algo existente, o que não faz sentido algum em lógica. No Hinduísmo, a divindade se desdobra, ela mesma, em tudo que existe, embora também haja correntes hinduístas que digam haver uma separação intransponível e que precisa ser intermediada.

Mas, de modo geral na compreensão hinduísta, tudo o que existe é divino e a existência é a presença da divindade no mundo do tempo. Isso faz grandes diferenças no modo de perceber a vida.

Não haveria, por exemplo, pecado original e se existir o paraíso, a Terra Prometida e o Jardim do Éden, seria dentro de mim, de você e de todo o mundo que os encontraríamos.

Para representar a divindade que se infunde em todos que existem, os sábios hinduístas conceberam o som primordial, "OM". O fonema apresenta-se com um som que abrangeria todo o espectro sonoro emissível pelos viventes para invocar, solenemente, a divindade que é e determina tudo que existe. Um som que condensaria todos os sons, desde o emitido com a boca mais aberta, "A", àquele com a boca fechada, "M". A modulação do som aberto para o fechado feito com o fonema "U". A emissão desses sons ao mesmo tempo ("AUM") resulta e soa como uma única sílaba (OM) em que o som vai-se nasalando e se estendendo ao sair apenas pelo nariz.

A origem dessa elaboração se dá na Índia milenar, na região (hoje no Paquistão) do extinto rio Saraswati, quando se estabelecem os primeiros registros de textos mais famosos e considerados sagrados no Hinduísmo, os Vedas, a expressão revelada pelos deuses.

Assim, o "OM" está associado a uma linguagem e a um sistema de valores de compreensão do mundo, da vida e de tudo. Essa representação sonora é também associada a três instâncias do "eu" em cada indivíduo: o som de "A" ao eu do corpo, o som de "U" ao eu da mente e o som anasalado "M" ao som do eu do coração; de modo que os três sons em uníssono, "OM", façam com que os três eus tornem-se o Atma (a divindade dos tempos védicos que origina o universo, Brahma, em mim): o eu pleno e autêntico que cada um de nós é verdadeiramente. Ou seja, cada um de nós seria assim um "três em um" (e você teria que ter certa idade para entender essa expressão).

Portanto, este som de "OM" pode ser repetido ao modo regular de um mantra para criar uma sintonia e uma harmonização interior. Ele seria o mantra primordial e com ele busca-se a harmonização dos três eus no eu essencial. O propósito dessa harmonização é de eu estar em mim mesmo, exclusivamente. Quanto mais eu tornar-me autêntico, mais vivo a minha vida com autenticidade, muito mais terei a dar e a minha contribuição ao viver será original.

Então com essa narrativa, o OM pode ser também utilizado como um exercício meditativo para recolhimento em mim mesmo, sintonizar-me com o meu eu autêntico e prestar atenção ao corpo, à mente e ao coração. Enquanto o OM estiver vibrando dentro de mim, no meu íntimo, estarei com a atenção na divindade, esse algo tão sutil e espiritual que não pode ser percebido, mas apenas vivenciado.

A compreensão do fato de que uma forma tão sutil de energia não poder ser percebida, mas sim vivenciada, ganhou diferentes interpretações nas várias culturas e todas com alguma semelhança. Por exemplo, a tradição ocidental refere-se a um sistema nervoso, por meio do qual a energia é comunicada ao corpo físico. No exemplo hinduísta e no taoista perceberam-se vários caminhos sutis "dentro do corpo" pelos quais a energia flui e se manifesta. Tais caminhos são chamados de nadis pelos indianos, enquanto os chineses, por sua vez, os chamam de meridianos de circulação de energia (os mais citados são os quatorze meridianos popularizados pelo Do-in e pela Acupuntura). Esses precursores perceberam também que existem locais "dentro do corpo" (pontos e regiões) onde essas energias se concentram com certas configurações para atuar. Na tradição indiana, esses "anéis rodoviários" são os famosos chakras (rodas ou círculos).

Perceberam-se pelo menos sete chakras "principais". O primeiro distribui energia para o sistema estrutural (ósseo, muscular, orgânico) e fica na base da coluna (região do períneo); o segundo está associado à capacidade de concepção dos órgãos sexuais (fica na região pélvica), o terceiro é relativo às funções digestivas e de autocontrole (na altura do umbigo). Esses três chakras estão associados à manifestação mais substantiva ou mais densa da energia, à matéria propriamente dita. O quarto chakra é de transformação do material no sutil, ele é o chakra do coração, que é considerado a sede da emoção e dos sentimentos. O quinto está associado à garganta, à expressão do significado dos sentimentos. O sexto chakra fica localizado na região do cérebro (altura das sobrancelhas), sede dos significados e dos suprassignificados (aqueles culturais). Já o sétimo chakra estaria além do corpo, tangenciando logo acima da cabeça, na transição do mental para o mais sutil, o espiritual. Este é chamado de chakra das mil pétalas. Está associado à captação dos insights.

A ideia de emitir o mantra OM por sete vezes, um OM para ativar cada um desses sete chakras, teria o propósito de manter íntegro o ser individual numa sintonia plena, numa totalidade, para harmonizar-se e assim preparar-se para a atuação na vida social. Vibra-se com o som primordial, OM, para provocar uma dança interna e deixar os trilhões de células em harmonia divina. A intenção é vivenciar a própria realidade de um modo mítico e mais apropriado ao mistério da vida, sentir que tudo pode ser simplesmente extraordinário e transitório como deve mesmo ser.

Simplesmente Yoga

O Hatha Yoga surge ali pelo século XIV por um texto que tem por título apenas "Hatha Pradípika" e um autor, Svatmarama ou Ramanatha, da seita Natha, aquela que manteve viva a tradição do Yoga durante o período budista da Índia. O texto propõe um caminho de desenvolvimento espiritual e prática integradora de posturas, controles de energia e purificação, que seriam propiciadores da realização espiritual pela harmonização da energia Ha, solar e masculina, com a energia Tha, lunar e feminina em cada indivíduo.

Esse modo mais mítico de incorporar e praticar o Yoga tem raízes tântricas (as tradições familiares hinduístas que surgiram durante o período budista e prosseguiram com o Hinduísmo de forma difusa). Ele veio a tornar-se a principal referência do Yoga moderno, que o adotou com uma ênfase corporal, menos reflexiva, menos cognitiva e mais acessível em geral pela visibilidade que as posturas corporais que lhe foram atribuídas exibem.

Talvez com exceção das linhas devocionais (que incluem os Hare Krishna, a Siddha Yoga, etc.), quase todas as "escolas" de Yoga atuais ensinam alguma forma simplificada de Hatha Yoga (as práticas originais são bastante exigentes da introspecção que foi quase desconsiderada no ressurgimento do Yoga que se deu na virada do séc. XIX para o XX). Essas escolas vão acrescentando algumas características próprias pelas circunstâncias que as originaram, pela inserção cultural ou mercadológica pelas quais se instalaram ou por outras possibilidades de diferenciação mais eventuais. Mas a ênfase é, de modo geral, o esforço físico disciplinado com intenção de alcançar condições superiores de saúde física (e eventualmente espiritual, com a grande amplitude que essa palavra pode contemplar).

O Yoga clássico ou tradicional seria mais originalmente referido apenas como Yoga. Consolidou-se, como já comentei, na época do chamado período axial da humanidade, conforme a expressão do historiador inglês Toynbee para referir-se à simultaneidade de Buda, Zaratustra, Lao Tsé, Deutero-Isaías. O texto que lhe marca a origem é o dos Yoga Sutras do legendário Patânjali, que o escreve em versos, 196 deles, e expressa o que era tido como "o conhecimento de Yoga" à sua época. Portanto, mesmo sem ser originário ele marca o início da tradição doutrinal.

A transmissão do Yoga foi quase interrompida no longo período budista da Índia, mas foi aos poucos retomada, quase novecentos anos depois dos Yoga Sutras, a partir de textos de comentaristas tão legendários como o autor da doutrina e que acrescentaram interpretações facilitadoras e ampliadoras para a compreensão do contexto original na época em que o Budismo predominava no subcontinente indiano. Eles formaram contrapontos entre o Yoga e as escolas ortodoxas hinduístas, mais o Jainismo e o Budismo, de modo a referenciar os sutras de Patânjali ao conhecimento tradicional "védico" e viabilizar sua aceitação, prática e reinserção cultural. Esses comentários ora esclareciam e ora confundiam o significado dos versos originais, mas trouxeram o Yoga de volta ao interesse da época.

O Yoga original não traz nenhuma ênfase física; trata da compreensão da mente e suas manifestações, do lidar com elas para viver plenamente, do lidar com o mundo social para libertar-se dele nele vivendo. Trata da alma, "aquela que se liberta da cidade", como poderia dizer Platão, outro potencial contemporâneo de Patânjali. Indica para "exercício", um código de comportamentos e atitudes, o assentamento da mente, o controle de energia (por via da respiração sutil). Seu método prático acentua a atenção, consciência, introspecção, concentração, contemplação e transcendência das dualidades para que se perceba a realidade evidente de fato.

A inclusão de "exercícios físicos" se deu inicialmente em algumas escolas jainistas e budistas que predominavam naquele período de "baixa" do Hinduísmo védico e incorporaram bastante o Yoga aos seus ensinamentos. Isso bem antes de a seita tântrica dos Nathas ganhar destaque (séc. XI) e do surgimento do Hatha Pradípika (séc. XIV). Mesmo nesse texto que referencia o chamado posteriormente de Hatha Yoga, as posturas (chamadas de ásanas) eram meditativas, as práticas de limpeza e purificação enfatizavam o controle da respiração sutil (prana, pneuma ou espírito) e o foco era realizar a perfeição de ser quem se é verdadeiramente.

Seria apenas no séc. XIX que se estabeleceria uma cristalização denominativa de cinco caminhos de Yoga que, por um lado, destacaria o Hatha como algo maligno e inadequado socialmente e que, por outro lado, valorizaria apenas os caminhos devocionais (bhakti, karma e jñana) e se passaria a chamar o Yoga de Patânjali com a denominação de Raja Yoga, o ajustamento ao rei (uma clara intenção de contrapor-se ao "maligno" Hatha). Foi um período muito estranho e de muita conotação política (e conflitos entre mogules, ingleses e indianos) em que a seita dos Nathas (a que manteve a tradição original e a enriqueceu com o Hatha Pradípika e outros textos tântricos) foi perseguida pelos donos do poder político na Índia (o último imperador islâmico e seus apoiadores bramânicos, os Zamindares, e os britânicos).

Mas, na virada final daquele séc. XIX, o Hatha foi relembrado pelos que organizavam a luta pela independência da Índia (os chamados freedom fighters). Eles procuraram os remanescentes dos Nathas para aprender seus métodos de concentração, saúde e vigor para elevar o moral dos indianos e os preparar para a luta. Quem poderia imaginar, hoje em dia, que o Yoga poderia ter servido para soldados e combatentes? Mas foi exatamente isso que aconteceu. O Yoga passou a ser ensinado, de modo disfarçado das autoridades britânicas, e desenvolvido em quartéis de reis e marajás simpáticos à independência da Índia contra o domínio da Inglaterra.

Em paralelo a esse movimento de luta pela independência e com propósito autônomo para tratamento da saúde, no entanto, as práticas dos Nathas haviam sido retomadas e transmitidas por um homem santo do Gujarati (Paramahansa Madhavadasa Ji) um pouco antes dessa mesma época. Seu principal discípulo, Shri Yogendra, foi o pioneiro, em 1918, a divulgar a prática simplificada dos exercícios de Hatha Yoga, com ênfase na estabilidade, no conforto para meditar e na aceitação dos limites dos praticantes, de modo que os exercícios propiciassem saúde, vigor e desenvolvimento de atitudes com plena atenção e consciência. Seus métodos foram copiados e ampliados como ginásticas coletivas para adoção dos freedom fighters por iniciativa de um admirador daquele homem santo, mas que era muito bem relacionado com a aristocracia indiana interessada na independência. E assim começou a história do Yoga postural moderno.

Aquelas denominações do final do séc. XIX (Raja Yoga, Bhakti Yoga, Karma Yoga, Jñana Yoga) vêm ganhando ainda hoje inúmeras outras denominações (já são centenas de estilos e marcas), conforme as preferências mercadológicas atuais, mas talvez já se esteja passando da saturação nominativa. Melhor seria dizer como o destacado instrutor brasileiro Marcos Shultz: "simplesmente Yoga".

Devo dizer que a tradição, à qual tive acesso no Yoga Institute, do saudosamente respeitado em toda a Índia Shri Yogendra, de Mumbai, enfatizava o estudo e a prática do Yoga em sua aplicação simplificada do Hatha Yoga. O que bem caracteriza a atualidade do Yoga clássico. A fundação do The Yoga Institute em 1918 marcou o que se chama na Índia de o renascimento do

Yoga em completa inserção com o movimento de recuperação cultural, que veio a resultar na independência nacional e no reconhecimento internacional.

Para mim, foi uma grande sorte ter conhecido pessoalmente o sábio Yogendra e seu filho mais velho e prosseguidor de seu trabalho fundador, o PhD. Jayadeva Yogendra; os que me orientaram inicialmente nos fundamentos de Yoga.

De mente numa boa

 Vejo Yoga como estratégia de viver com a compreensão de que se vive interpretando a vida e a realidade de um modo intermediado por modelos mentais. Ao aprofundar-me nos sutras de Patânjali, vou percebendo que ele vai além de constatar a intermediação da mente e de modelos ilusórios para mostrar caminhos de aproximação da realidade com um mínimo de intermediação. Isso seria possível com a mente em estado de serenidade e percebendo-se a si mesma como intermediadora, mas de modo quase transparente.

Explico-me. É como se, na realidade em que vivo e com a educação recebida nas minhas circunstâncias eu fosse formando lentes para perceber a realidade. Com o tempo e alguma dedicação posso polir essas lentes a ponto de elas ficarem cristalinas e quase transparentes. Assim, terei uma visão da realidade para percebê-la como ela (quase) é em sua plenitude.

Quando o sábio Patânjali afirma que Yoga é controle mental pelo recolhimento dos turbilhões da mente, ele está indicando uma possibilidade de escolher-se a quantidade de atenção para a "realidade social", conforme a percepção "plena" da realidade. Ele sugere um modo de viver que considera a condição humana de escolher o modo de dedicar-se às circunstâncias e evitar ser apenas levado pelas circunstâncias.

Ele esclarece uma possibilidade de liberdade máxima nesta vida, por intermédio da própria mente, em relação às infindáveis e incessantes solicitações sociais; mesmo aquelas que brotam por si mesmas na mente.

Os gregos contemporâneos de Platão conceberam a alma como aquela que se liberta da cidade ou das pressões sociais. Mas eu não preciso esperar até a morte para curtir essa possibilidade. A minha mente pode ajudar-me a lidar positivamente com a realidade social, de modo que me percebam como alguém normal, mas com algo mais de tranquilidade, firmeza, bom astral e presença íntegra: capaz de sentir e transmitir veracidade e plenitude.

Meditação e nossos cinco corpos

Modelos explicativos da realidade como o Yoga trazem paz e segurança na medida em que oferecem certo ordenamento no qual todo mundo consegue localizar-se. A carência de organização é uma característica humana primária, talvez de origem. Modelos explicativos da realidade ajudam a atender a essa carência fundamental.

Um modelo hinduísta que eu aprecio diz que todo o mundo é constituído por cinco corpos, cada um deles abrangido pelo seguinte nesta ordem: de matéria, de emoções, de significados, de suprassignificados e da graça divina que está além dos suprassignificados. Trata-se de uma compreensão não propriamente de corpos determinados, mas de campos indeterminados visualmente como é, por exemplo, o campo gravitacional (exceto aquele de matéria, que de fato é denominado "de comida" nos textos que eu li).

Essa forma de caracterização ou de compreensão, que mistura matéria propriamente dita com aquilo que não é matéria, vem de uma antiga discussão dos pensadores da humanidade. Até hoje, de certo modo, procuram-se substâncias primárias, partículas fundamentais da constituição da matéria. Quanto mais se aprofunda a procura dessas partículas mais se percebe que elas se desdobram e a busca por elas continua indefinidamente.

Porém o modelo explicativo de que se têm vários corpos, desde o mais denso até o mais sutil, pode me ajudar a representar o exercício de meditação. E como praticar Yoga é também praticar meditação, de certo modo, o modelo acaba sendo muito útil. Mas como é mesmo o processo de meditação? A meditação se realiza em três etapas: concentração, focalização e transcendência (em relação às classificações daquilo em que me focalizo) para que eu tenha a compreensão intuitiva do meu foco de atenção.

Ao meditar eu desenvolvo a dupla capacidade de focalizar algo exterior e simultaneamente concentrar-me em mim mesmo (presente onde estou e sem emoções). Porém, ao focalizar-me em algo eu desenvolvo uma identificação com o objeto da minha contemplação. Os filósofos, os pensadores e os físicos também perceberam que não há total independência do objeto focalizado em relação ao observador.

À medida que continuo concentrado e focalizado, a identificação com o objeto continua, mas depois de certo tempo ela parece desaparecer. Essa é a chave da meditação, quando não preciso mais de esforço da minha atenção e quando não há mais racio-cínios para classificar o objeto de observação. Então, a percep-ção passa a evidenciar o que o objeto significa existencialmente para o observador. Percebo a mudança do esforço intelectual para o discernimento intuitivo em mim mesmo ao praticar desse modo. Esse é o chamado estado de samadhi, no qual eu não me disperso mais com racionalizações nem dualidades classifi-catórias e percebo com a minha intuição livre. Claro que estou falando de um modo esquemático para indicar a compreensão do que apenas a experiência pode transformar em realidade.

Mas qual é a relação dos cinco corpos com a meditação? Vou antes lá para o Livro Tibetano dos Mortos, conforme li nos textos do Amit Goswami, pois vi que o processo de meditar tem suas semelhanças com o de morrer. Segundo aquele texto, ao morrer eu passo por cinco estágios: nego a realidade, depois percebo que é real, então começo a me adaptar àquela realidade, aceito e prossigo com ela. Há, inclusive, inúmeros relatos de pessoas que passaram por experiências de quase morte correspondentes àqueles cinco estágios do Livro Tibetano dos Mortos. Curiosa-mente, elas também relatam que se percebem assistindo a um "filme em alta velocidade" com cada etapa daquela vida até en-tão e que isso seria uma forma de transição para uma próxima etapa, a qual aquelas pessoas não conheceram pelo fato de elas terem voltado à vida.

Agora sim quero fazer uma analogia desse processo com o de meditação por meio de transições entre os cinco campos ou cinco corpos. No primeiro momento do morrer, assim como no primeiro momento da meditação, vou-me afastando do corpo material, o corpo feito de comida. O emocional continua acontecendo durante algum tempo após a morte segundo os tibetanos. Percebo emoções e sentimentos confusos segundo os relatos. Apaziguados os sentimentos permanece a compreensão daquilo que está acontecendo: a transição. Passei pelo campo emocional para o corpo ou campo dos significados.

Quando saio da dimensão espaço-tempo (da matéria), o acesso aos significados torna-se completamente diferente. Já não faz mais sentido o tempo e a compreensão linear do universo ou da vida. Passo aos suprassignificados das imagens ancestrais e dos arquétipos que formam a cultura em que vivi. E o que acontece depois? Aí nem mais identidade há. Deságuo num campo espiritual, indeterminado e suprassutil. Quando finalmente chego a esse campo, não há mais identificação individual com significados, suprassignificados ou códigos específicos.

Os cinco corpos ou campos e a técnica de meditação fazem parte de um modelo explicativo que indica a possibilidade de eu me descolar um pouco mais de condicionamentos muito fortes para passar a ver a realidade de uma forma menos restritiva, na qual até mesmo o espaço-tempo seja percebido de uma forma relativista.

Nesse modelo cada um pode desenvolver a habilidade de transcender a dimensão do espaço-tempo e de lidar com o mundo que não é determinado por relações sociais para ir mais perto da essência espiritual (Purusha) que abrange todas as outras, não se modifica e está em todos e em cada um. Assim não preciso esperar morrer para libertar-me das inúmeras identificações que me prendem aos personagens sociais e aos corpos ou campos de sensibilidade e significação.

Desse modo pode-se contar com uma nova e agradável maneira de cultivar a felicidade e sem depender de muito poder aquisitivo ou de tecnologias complicadas. A ideia é praticar meditação como um exercício de identificar-se (e em seguida desidentificar-se) com cada um dos seus cinco corpos numa escala "crescente". De início, por exemplo, focalizando o próprio corpo, parte por parte, como num relaxamento; a seguir, focalizando algum sentimento que se revele importante no momento; depois, colocando o foco no significado daquele sentimento para mim; em seguida, perceber uma possível conexão desse significado com algum arquétipo (personagem mítico de histórias afins); e finalmente, conectar-me com uma percepção de beatitude espiritual que me dê sensação de paz e tranquilidade. Seria como um jogo de dificuldades e recompensas crescentes que cada um poderia jogar sozinho com o seu corpo e a sua imaginação.

No ritmo da respiração

No texto dos Yoga Sutras não se fala de exercícios ou atividades físicas. O que ele sugere mesmo é prestar atenção na vida e ter um comportamento adequado a si mesmo e ao ambiente social, de modo a prosseguir incluído socialmente e poder agir autenticamente ou não agir conforme as circunstâncias.

Patânjali chama atenção para que o meu comportamento social seja adequado para eu gastar o mínimo possível de energia, ser aceito e poder realizar-me. Entendo que sem um comportamento social adequado eu não terei paz, a minha mente não terá sossego e eu ficarei o tempo todo tendo que resolver conflitos. Eu já vivi essa experiência de ficar meio à margem e excluído (por nenhuma circunstância especial além das minhas escolhas) e ter de enfrentar algumas dificuldades pelo fato de estar com uma aparência "diferente" (e era apenas uma aparência de hippie meio fora de época nos anos oitentas).

Mas resolver-se externamente não basta, é preciso também resolver-se socialmente pelo lado de dentro e na maneira como se lida com as emoções. Não posso delegar meus sentimentos nem minhas emoções negativas do ponto de vista social. Só eu mesmo é que posso resolver ou controlar os sentimentos em mim. Isso faz parte da minha responsabilidade "kármica".

Os ensinamentos de Patânjali são de ordem comportamental pela compreensão da mente com atenção social e pessoal. Entretanto, a mente segue a respiração e a respiração segue a mente. Disso destacou-se uma atenção especial para a respiração, de modo que ela seja adequada ao ritmo da atividade. Respirar de modo silencioso, tranquilo, adequado à atividade que se faz; perceber a inspiração, a expiração e adequar esses movimentos respiratórios ao ritmo do que se está fazendo.

Para o controle mental, a única postura que Patânjali indicou foi esta: colocar-se mentalmente de modo estável e confortável. Com que propósito principal? Auxiliar o recolhimento ou assentamento da mente por meio de uma atitude de serenidade. Esse seria o quarto controle, que se adiciona ao controle social, ao energético e ao corporal. E como posso adquirir esses quatro controles? Por meio da sua prática e do meu convencimento de que eles são importantes para a minha vida ao ponto de fazer deles uma estratégia para eu ser quem eu sou autenticamente.

Muitos artifícios foram criados com esse propósito, entre eles os exercícios de Hatha Yoga, com aquelas posturas em que se sente estabilidade e firmeza; nos quais se percebe a respiração tranquila e a mente calma. Também os exercícios de meditação, em que se concentra a atenção em algo de nosso real interesse (ou em si mesmo) e assim se permanece tranquilo por algum tempo, apenas atento e respirando sem julgar ou analisar os fatos, as coisas e os sentimentos.

Cada um pode inventar seus próprios exercícios. Um bom critério seria "sentir-se bem, sem fazer mal a ninguém"; simples assim. Também valeria seguir a orientação de um instrutor que transmita confiança e assim continuar seguindo o mesmo critério do bem-estar consigo e com os outros. Agir como se você também fosse outra pessoa que se observa em cada ação ou não ação em cada situação da vida e vai sugerindo a si mesma a melhor opção para você, sua mente, sua energia, o seu corpo, os seus relacionamentos, os outros mais próximos e até os mais distantes, tudo no ritmo da própria respiração.

Agir ou não agir, eis a questão

Outro dia um amigo me perguntou: "O ego deveria ser encarado como algo prejudicial à evolução pessoal?" Para responder, quero antes recordar o que diz a pensadora Hannah Arendt em "A Condição Humana". Segundo ela, há três modos de agir na sociedade: labutar, trabalhar e atuar.

Labutar é o que mais faço: como, durmo e cuido da minha sobrevivência: o que é absolutamente necessário. A segunda atividade é o trabalho, quando transformo algo material em utilidade, um objeto que não existia ou um serviço. A terceira, a atuação, é o que faço o tempo todo ao interagir, ouvir aos outros, falar e articular meus pensamentos ou as ações coletivas. Todo o mundo vive assim, cada um com a sua história de vida pessoal e social. Essas três atividades exigem do ego, este sujeito que faz as coisas, que age e que atua. Esse sujeito, primeira pessoa de todos os verbos, é imprescindível na vida social. Sem ele nada é concretizado individualmente nem socialmente.

Além da ação existiria alguma outra possibilidade para o ego? Sim, haveria a não ação, que talvez seja tão importante quanto a ação, a depender do contexto. Na circunstância ou estado de não ação o ego não tem espaço, não tem oportunidade de interferir na vida e fica em paz (ou poderia ficar).

Só no estado de não ação consegue-se ficar fora do espaço-tempo, fora do mundo da produção social e assim ter acesso a insights. Se apenas a ação for vista como única opção necessária, eu estaria o tempo todo voltado para o lado de fora de mim e não teria oportunidade de captar quem sou eu e o que estou fazendo aqui. Na perspectiva da não ação ou da não interferência, deixa-se a vida seguir por si, abre-se mão da onipotência, do controle sobre tudo e todos e permite-se a receptividade.

Quando pratico Yoga e meditação, quando também estou atento à vida interior, eu consigo perceber tanto as oportunidades de atuação, de trabalho ou de labor como também as de não ação. Viver então pode ser visto como passear por essas quatro oportunidades em alguma ordem, conforme as circunstâncias e as percepções de realidade, de tal modo a ter-se uma vida plena e com felicidade. Tenho a clareza de que a fixação em apenas uma dessas oportunidades seria desprezar as outras. É óbvio também que não pode haver condições materiais de não agir por muito tempo.

O ego, no entanto, é fundamental. Dessas quatro dimensões, ele atua em três. Só não atua no estado de não ação, por estar entregue a essa condição de não interferência. Cultivar o ego virtuoso seria tão importante quanto dirigir um automóvel conforme os princípios de "direção defensiva", pois é ele (o ego) que "está na rua". O ego é o meu veículo.

Porém, nenhum ego nasce virtuoso, dizem há tempos os filósofos. Ele tem que ser educado para tornar-se virtuoso ou revelar suas virtudes. Além das circunstâncias e dos muitos educadores, todo mundo pode cultivar em si o ego virtuoso, quando ele é percebido na perspectiva da não ação. Aquela condição pessoal em que posso distanciar-me das pressões e exigências das ações e assim orientar-me pelas virtudes que escolhi.

Como o ímpeto de agir é muito forte, eu tenho que criar oportunidades para praticar a não ação em momentos de condições mais favoráveis e com menos pressões como, por exemplo, a hora de dormir. Outras oportunidades regulares são os exercícios diários de meditação e relaxamento. Então, pelo menos na hora de dormir, vale à pena fazer o condicionamento da não ação para criar o hábito de fazer o ego relaxar-se e entregar-se ao coração tranquilo.

Na compreensão hinduísta, que adoto aqui, já tenho a dualidade básica da ação e da não ação presente em mim desde o início. Como se eu fosse dois em um. À medida que vou conhecendo meus eus, chego à consciência do eu mesmo que está em paz e que não tem que tomar atitudes de interferência. Esse eu que não age, mas é "respeitado", que é a referência permanente e que é sem ter que agir. É ele que orienta o eu da ação, o qual labuta, trabalha ou atua.

O contraponto ao excesso de ação é o que me permite, em úl-

tima instância, estar em paz. Posso, no meio do caminho, perceber como é bom e importante abrir mão do exagero da ação.
Parece simples livrar-se de alguns condicionamentos e fazer as
coisas no cotidiano de uma forma diferente, mais agradável e
melhor ao dar uma reduzida na onipotência. Mas não é tão
simples assim. Porque sou formado por hábitos que impedem
mudanças e, portanto, o modo de mudar é iniciar e cultivar um
novo hábito na direção e sentido que eu almejar.

Cultivar o hábito da não ação tem sido um bom caminho para
aceitar a possibilidade de paz interior. Diariamente, antes de dormir, induzo essa paz em mim, sinto-a no meu próprio corpo e deixo-me dormir assim. A sensação de tranquilidade ainda está presente quando acordo no dia seguinte para a minha sorte.

Não agir seria uma forma de autoajuda

A dualidade do agir e do não agir é compreendida como algo primordial do ser na filosofia hinduísta. O agir é representado pelo nome Prakrti e atua para o exterior do eu. A característica do não agir tem o nome de Purusha e é interior ao eu.

Normalmente estou voltado para fora e fazendo atividades que focalizam os outros. Quase sempre fico atento ao que acho que pensam de mim ou porque quero agradar ou porque simplesmente não quero que me percebam. O fato é que nessas situações a minha atenção está voltada para o exterior.

Quem exerce essa atenção é o meu eu sujeito das ações. Mas há um sujeito mais anterior que nem sujeito está a nada: o eu interior que observa a mim mesmo e que não é o sujeito dos verbos. Poderia dizer que é o sujeito da não ação.

Ao longo da vida eu atuo, trabalho e labuto. Mas também tenho a possibilidade de não agir (o que nada tem a ver com preguiça). Trata-se de uma disposição de compreender e de não interferir. Por isso existe aí uma decisão envolvida.

A não ação significa abrir mão da minha onipotência, da capacidade intencional de controlar tudo e, portanto, posso deixar a vida acontecer.

Em resumo, eu sou vários "eus", várias personalidades atuando o tempo todo e também um ator fundamental que sequer nome tem nem precisa ter e simplesmente é.

Cultivo a não ação quando medito ou focalizo a atenção em algo sem ficar julgando ou avaliando. Quando isso acontece, sou beneficiado de várias formas. O fato de focalizar, ou de reduzir o leque de atenções para um único foco, só isso, já exerce um efeito apaziguador e mais ainda reforçador do meu sistema imunológico e da minha saúde.

O sábio Patânjali sugere como principal opção de meditação que se cultive o bom humor. Sorrir, lembrar-se de coisas boas, perceber o que está à minha disposição. Muitas vezes, no entanto, agi como aquele que diz: "eu era feliz e não sabia". Isso acontecia e por sorte não me acontece mais.

Então, ao cultivar o foco da minha atenção, posso sorrir e fazer de mim mesmo a razão de alegria. Isso socialmente também é muito benéfico. Afinal, quando estou bem comigo mesmo, é impressionante como todos se aproximam. As pessoas são naturalmente atraídas pelo bom astral. Quem vai querer chegar perto de uma pessoa carrancuda que trata a todos com patadas?

Não há bem material, status, dinheiro, loteria ou nada melhor do que estar bem consigo mesmo, do que estar normal. Nada é melhor do que estar saudável o tempo todo e cultivar toda potencialidade de felicidade que sempre tive em vez de ficar adiando a possibilidade de ser feliz para um dia mais especial que hoje (sobre cuja chegada eu não tenho nenhum controle).

69
O ser e o sono

 Minha facilidade para dormir chega a ser revoltante, mas muitas pessoas amigas me dizem que elas têm dificuldade para dormir. Elas acordam no meio da noite e não conseguem mais cair no sono. No outro dia pela manhã, acordam estressadas e cansadas. A causa da insônia frequentemente é a mesma: estão preocupadas, tentando resolver problemas na hora errada.

Muitas dessas pessoas acham que a sua existência só é justificada se elas estiverem sempre fazendo algo. Mas e quando não tiverem o que fazer? Aí pode vir a depressão ou a ansiedade, ambas associadas ao que comumente se chama de "vazio interior". Porém, se alguém sentisse de verdade o vazio, estaria no céu! O que é mais sentido é a falta do que fazer para quem se habituou a sempre ter que fazer algo (para merecer viver), como se o fazer fosse a única condição do existir. Se houvesse algum merecimento, seria mais razoável estar associado ao nascer. Afinal, o fazer ou atuar são oportunidades do viver, dependem das circunstâncias e são transitórios como elas.

Então, aqui vai uma boa notícia para insones: segundo os hinduístas, não é sempre necessário dormir para descansar (tirar o cansaço). Se por alguma razão você acordar e não conseguir mais dormir, pode manter-se consciente e condicionar-se a não agir (para que a necessária recuperação física e mental ocorra). Por exemplo, pode-se praticar o oposto do agir e do dirigir-se para fora e então dedicar-se à receptividade, ao receber, ao sentir-se e ao entregar-se.

Se por algum motivo (não grave, nem urgente) você não consegue mais dormir, que tal permanecer consciente e dedicar-se a simplesmente sentir o próprio corpo? Se você estiver acordado no "horário oficial da insônia", entre 2h e 6h da madrugada, pode experimentar ficar no melhor repouso que alguém poderia ter durante essas quatro horas. Você estará consciente, sentindo o próprio corpo, plenamente relaxado e entregue sem "pré-ocupação".

Sentir-se nesse caso é uma forma de meditar. Você pode até se programar para não dormir e ter uma noite ainda mais revigorante: meditando. Ao deitar-se vá sentindo o seu corpo da cabeça aos pés e em seguida dos pés à cabeça algumas vezes. Vá "mapeando" mentalmente todo o seu corpo pelo sentimento, percebendo cada parte do seu corpo, inclusive os espaços interiores. Perceba o seu coração a começar pela pulsação na ponta dos dedos ou qualquer outra parte do seu corpo.

O propósito é de uma mudança de hábito, embora não se mudem hábitos com facilidade. Mudar de hábito é a coisa mais difícil sem mudar nada. Para mudar é preciso, de fato, criar-se um novo hábito e cultivá-lo. Além de iniciar ou compreender é preciso também cultivar. O que sugiro, portanto, é um novo hábito: o de não agir, mas em condições bem favoráveis: na hora em que ninguém está agindo; na hora de dormir. A hipótese ruim desse novo hábito é que você pode perder a oportunidade de se sentir, de meditar e pode acabar dormindo.

Esse desejante objeto do viver

Qual é o propósito da vida? Afinal há algum propósito em viver? Esse é um tema desafiador. Para alguns, o viver está associado a missões. Outros usam a palavra propósito. A cada dia eu mais me convenço de que viver é criar ou aproveitar oportunidades de realizar motivações autênticas, mas há muita gente famosa que tira todo o drama e a beleza dessa história para torná-la mais "científica".

Um exemplo "científico" seria a compreensão de que a vida pode ser esquematizada como um "sistema aberto", que faz trocas com o meio ambiente, conforme o livro "A teia da vida" de Fritjof Capra. Essas trocas se destinariam à sobrevivência e ao crescimento do sistema. Aparentemente o sistema não teria propósito nenhum além da própria sobrevivência.

Ainda com o mesmo texto, todo sistema vivo caracteriza-se por três aspectos: estrutura física (as partes que se constituem dos elementos materiais), organização (que relaciona as partes da estrutura) e processo (que faz com que a estrutura organizada realize algo). Nesse modelo sistêmico, o viver seria apenas um estado permanente de desequilíbrio e de trocas realizadas por esse sistema com o seu ambiente.

A vida poderia ser vista assim sem nenhuma valoração teológica ou teleológica. Não haveria motivação ou propósito para a vida, nem o viver em si teria qualquer motivação ou propósito. No entanto, se eu ajusto um pouco mais o foco e olho para mim mesmo percebo várias inquietudes: muitas decorrentes do meio externo e também aquelas que não estão associadas a nada que esteja acontecendo fora de mim. Estas são inquietudes que brotam por dentro de mim. A motivação ou o desejo seria a principal categoria dessas minhas inquietudes que nada têm a ver com a mera sobrevivência do sistema.

Com essa percepção, a vida passa também a ser algo desejante e determinada pelo desejar. E aqui preciso diferenciar desejo de vontade. Vontade como uma reação a algo externo ou a um desejo; já o desejo brota a partir de mim mesmo, não é uma reação. Só para ilustrar: enquanto o marketing estimula vontades, provoca reações; a vida faz brotar desejos e iniciativas de seu próprio interior (que até podem ser captadas pelo marketing).

Dentro de mim surgem vários desejos. À medida que as circunstâncias permitem, vou atrás da realização deles. Claro, o desejar nem sempre é o suficiente. É preciso ter as condições (ou obtê-las). Mas o fato de ter a motivação pode levar-me a fazer. O desejo é a fonte da motivação. E para realizar desejos tenho que viver e aplicar a força da vontade.

Então, viver também é uma disponibilidade que crio a partir dos meus desejos. É uma pré-condição do desejar e exige vontade de viver para realizar desejos. Como os desejos brotam sejam quais forem, com que propósitos, objetivos ou formas de manifestação, portanto, a vida segue o desejar assim como "o caminho se faz ao caminhar".

Daí a importância da não ação para refrear o exagero da ação voltada para o mundo exterior das simples trocas com o ambiente. Esse exagero que acaba impedindo de brotarem os desejos e a vida interior com propósitos e sentido. Se eu ficasse apenas voltado para fora, para o que é exterior a mim, eu não daria espaço para os desejos autênticos surgirem; não haveria vida disponível para eles (nem para mim). Portanto, ao abrir mão de minha onipotência e do exagerar no fazer, à medida que cultivo a não ação, eu crio condições favoráveis para que os desejos brotem de dentro de mim, do meu íntimo viver e se revele o sentido da vida para mim.

Liberdade em jogo

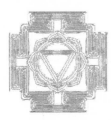 Muito do que eu vivo é resultado de ações anteriores por minha conta ou dos outros. Em ambos os tipos de ação vejo a noção de liberdade (moksha) presente. A minha liberdade também se relativiza com a noção de dharma e de karma: uma é a percepção da ordem e do papel de cada um nela; a outra é a noção da ação ou do ritual para obter-se um resultado objetivo.

Quando compreendo o dharma, a ordem, e o que estou fazendo em uma determinada situação ou instituição, o meu papel nessa ordem vai-se revelando para mim. E então, ao adequar o modo como lido com essa compreensão tudo fica tudo mais fácil e às vezes até agradável ou divertido. Quando demoro a compreender, percebo muitos incômodos pela minha inadequação ao lugar ou às pessoas ou às situações. Há vezes em que o melhor a fazer é sair fora antes que aconteça algo de ruim.

O cerne da compreensão das minhas atitudes é perceber-me na ordem, no dharma. A partir daí, vou vivendo os meus vários personagens e separando os personagens do ator em mim mesmo. Em determinados momentos não haverá oportunidade para o ator se manifestar, apenas os personagens irão atuar e tomarão decisões de foco em resultados circunstanciais, que para mim mesmo não terão valor, mas que poderão me tornar apegado a eles: é aí que mora o perigo "kármico"!

Nas organizações essas situações ocorrem quase sempre. Eu percebo que fico imbuído de certa aura que toda organização tem quando estou em alguma. As pessoas que não estão amarradas aos rituais da organização me ajudam a perceber que a aura do ambiente é apenas uma aura. Eu é que acabei entrando ou não no jogo do ambiente. Mas também posso ter a sorte de perceber quem são aqueles que não conseguem ser autênticos e com os quais só vou conseguir lidar de personagem para personagem. Outros conseguem ser autênticos e, portanto, os verdadeiros atores das ações. E você, dentro das instituições? O quanto você consegue manter-se ator (autêntico) ou personagem? Em que momentos, você consegue sair do personagem e exercer a veracidade do seu ator? Acho que essas questões são bem desafiadoras e ajudam a esclarecer o como se lida com os outros, com o mundo e principalmente consigo mesmo. Cada resposta pessoal pode ajudar a esclarecer e antever as sequências de ações e consequências.

Ao perceber o jogo (o dharma) eu posso optar por continuar a jogar ou sair dele. Se sair já não haverá necessidade de prestar atenção nele. Se continuar, vou jogar (dharma versus karma). E isso exclui o ficar brigando contra o jogo. Vou usar as regras, o território e até o blefe; vou jogar. Afinal, praticamente todas as atividades humanas são de algum tipo de jogo (estou com o Homo Ludens, do historiador Huizinga). Ao perceber que estou jogando a sensação de liberdade aumenta. Nesse caso eu tenho que perceber tanto melhor o jogo e os jogadores. Assim posso até me divertir. Ganhar ou perder é apenas circunstancial. O mais importante é a interação e a realização que o jogo proporciona se eu quiser continuar a jogar porque esse jogo tem a ver com o sentido da minha vida ou da minha vocação, ou seja, com o meu dharma.

No karma, a ação que visa a um resultado, a liberdade não está inteiramente associada à ação, pois ela faz parte de uma ordem (dharma). Ora, como posso trazer o conceito de liberdade para a minha ação? Dizem os sábios que a liberdade na ação é maior quando a ação independe do quanto se pretender aproveitar pessoalmente dos resultados dela: desapego! Ou seja, a liberdade da ação desinteressada. Faz-se, porque se tem que fazer, porque se quer, porque é necessário ou legítimo fazer. E se for para fazer, então é para fazer bem feito, com dedicação, de verdade e sem apego. O propósito é a ação em si mesma e não a vantagem ou a desvantagem pessoal do resultado da ação para mim, porque ela tem a ver com a minha vocação natural.

A minha ação, portanto, é também influenciada pela minha percepção do dharma (os meus deveres ou obrigações e a minha vocação ou destino), pois as minhas expectativas e atitudes ajustam-se, de algum modo, ao contexto que me contém e condicionam a minha labuta, o meu trabalho e a minha atuação. Por isso, gosto de lembrar neste assunto a compreensão budista do trabalho, que li no Small is Beautiful de Schumacher. Ela ilustra uma percepção bem distinta da ocidental para o significado do trabalho e me serve como critério de ação.

Nela, o trabalhar (uma das três formas "kármicas" de realizar o dharma) teria três utilidades, nesta ordem de importância: dar-me oportunidade para realizar algo em conjunto com outras pessoas, permitir o desenvolvimento e a aplicação das minhas capacidades pessoais e obter meios de sobrevivência. Nessa perspectiva, aquele que realiza a ação poderá até ser recompensado, embora aja sem estar obcecado pelos resultados dela. Esse é um exemplo de harmonia de dharma e karma (a compreensão do ambiente e da ordem com as ações correspondentes).

Compreender dharma e karma me ajuda a cultivar a minha liberdade e a minha autenticidade no cotidiano, sem ficar restrito às oportunidades de situações especiais, porque estas ocorrem poucas vezes, enquanto na maior parte do tempo vivo em ação: jogando o jogo do viver com a liberdade que a minha vocação percebe nas circunstâncias.

Ciclo essencial

Esta conversa surgiu ás vésperas de uma mudança de ano para pensar na lista de boas intenções para o ano vindouro, para um novo ciclo depois da festa.

Se existe algo que determina as condições de vida são os ciclos da natureza. Eles orientam, por exemplo, os ritmos biológicos humanos assim como o da migração dos bichos na direção em que o clima vai favorecer a alimentação e a sobrevivência.

Há uma grande variedade de ciclos e talvez o mais importante deles seja o da noite e do dia. Ele é o que mais determina as condições de sobrevivência da vida na Terra. O dia permite a fotossíntese, a captação de energia que vai ser comida em toda a cadeia alimentar. A noite possibilita a recuperação, o descanso e até o crescimento (que só acontece nos humanos durante o sono noturno).

Noite e dia, dia e noite, formam o ciclo mais importante e também o mais desrespeitado, atualmente, na medida em que se tem luz à noite graças ao domínio da eletricidade. Todo mundo fica acordado e ativo durante grande parte da noite e assim se bagunçam os ciclos biológicos. Pois o organismo continua controlado pelo relógio dia/noite, anterior à Idade da Pedra, apesar da energia elétrica disponível hoje em dia.

Ao trocar a noite pelo dia ou entrar pela noite e fazer tudo que seria normal fazer durante o dia, a saúde é seriamente afetada e vai ficando prejudicada cumulativamente. Evitar essa atividade noturna regular melhoraria muito a vida de cada pessoa e, portanto, valeria mudar alguns hábitos para voltar a dormir e recuperar-se durante a noite.

A época de mudança do ano, início de um novo ciclo de translação da Terra em volta do Sol, poderia incluir essa vontade de recuperar os ritmos naturais: agendar compromissos e afazeres de modo bem distribuído ao longo da semana e do mês para evitar acúmulos e "horas extras noturnas"; descansar um pouco antes de dormir; comer pouco e até pelo menos duas horas antes de ir dormir; acordar cedo, fazer uns exercícios de respiração e suaves alongamentos para logo tomar um bom "café da manhã", caminhar e fazer mais alguns exercícios leves de respiração depois do desjejum e só então arrumar-se e partir para realizar os compromissos externos com bom humor e entusiasmo.

Organização pessoal e suporte social

 Observo que nos últimos anos a população veio a concentrar-se nos grandes centros urbanos e que as pessoas ao saírem de suas cidades de origem perdem os laços com seu ambiente e sua cultura familiar. Observo também que é nas igrejas ou nos templos que muitos encontram estímulo para um código de conduta e para sentirem-se inseridos em comunidades.

As igrejas ou templos, de modo geral, podem ter um papel de harmonização social. De certo modo complementam a função da família na adequação do indivíduo à sociedade e ajudam a evitar a anomia crescente nos dias de hoje, ou seja, a perda do significado individual e da referência familiar. Essas duas condições de perdas entre outras são provocadoras de transtornos mentais e comportamentais.

Onde há estrutura familiar forte ou coesa, a quantidade de perturbações e complicações decorrentes do isolamento é muito menor. Talvez um dos segredos da longevidade social da Índia seja a densidade religiosa. Lá todo mundo é religioso e, apesar da miséria, há uma extraordinária integridade social. Com uma população que transborda um bilhão de pessoas – em que pelo menos 700 milhões estão muito abaixo da linha da pobreza – a Índia tinha tudo para viver em permanente convulsão social. Mas lá, tanto a estrutura familiar como o tecido social são muito fortes. Então, mesmo em situações inimagináveis de pobreza e miséria, tudo se mantém estruturado. Isso permite que as pessoas sobrevivam e evita que muitos conflitos se generalizem.

A natureza da vida é de contínua estruturação. A natureza tem uma necessidade fundamental de organização. A matéria em si mesma traz um ordenamento. Ela se auto-organiza. Observo que ao limpar-se uma casa, por exemplo, o que se faz é desestruturar a organização natural da sujeira para que ela não se estabeleça (evita-se que ela se organize ou reorganize como tudo na natureza).

Em termos sociais, quando a bagunça prevalece sobre o ordenamento, a sociedade se esvai. Também em termos pessoais eu preciso cuidar da minha organização e desorganizar aquilo que me prejudica. Quando percebo ter um comportamento que me está prejudicando, chegou a hora de desestruturá-lo. Se eu permitir que ele continue a se estruturar, em pouco tempo posso virar um joguete desse comportamento nocivo. O que me faz mal com regularidade está organizado e estruturado contra mim por mim mesmo em geral.

O que faço para desestruturar meus hábitos nocivos (quando os percebo) é radical. Primeiro pela interrupção ou restrição; depois pela criação de artifícios de mudança como: respirar profundamente algumas vezes, fazer ou pensar outras coisas, ir contando o número de vezes que respiro até passar de trinta vezes (se a contagem perder-se eu começo a contar de novo desde o início). Quase sempre funciona. Preciso impedir o caminho habitual do que me faz mal (ou pelo qual eu me faço mal). Assim a mente é levada a focalizar outras emoções, outras opções de comportamento ou outras possibilidades de sentimentos e ações correspondentes.

Também vale procurar ajuda, porque as chances de mudança são facilitadas por um ambiente de reforço afetivo de amigos, grupos de apoio, terapeutas, família, círculos religiosos ou o que estiver ao alcance e a falta de orgulho ou vergonha permitir. Aqui volto à organização familiar, religiosa e social, pois não se vive em isolamento. Porém, percebo como a tarefa mais difícil aquela de estudar e compreender a origem dos sintomas do que aparentemente me aflige em cada situação, pois em geral a origem do comportamento nocivo faz com que ele seja recorrente ("afinal, por que eu continuo agindo dessa forma que me faz mal?"). Para isso vale recorrer aos psicólogos, aos psiquiatras, aos mestres espirituais ou às pessoas em quem se confia pela sua sabedoria e bom exemplo. Não dá para enfrentar tudo sozinho. Pedir ajuda também é sabedoria de viver.

Cada um sabe de si, mas há uma pergunta que costumo me fazer – "preciso mesmo disso para viver ou para ser feliz?" – e ela quase sempre evidencia que tenho opções de caminhos de vida mais simples e com menos obrigações insuportáveis, menos pressões de prazos e tempos mal negociados, menos expectativas minhas e dos outros sobre mim.

Salto vital e fugaz

Todo mundo tem necessidade de um sentido de ordenamento, de sequência, de causa e efeito e também de propósito. Por isso, criam-se modelos de compreensão que ajudam a viver, embora eles não sejam a própria realidade nem substitutos para ela. O real mesmo é o "aqui e agora". Fora disso, tudo é representação, alusão, indicação no mapa e não no território.

Isso, de certo modo, ocorre em todas as nuances da vida. Conforme lembrava o historiador Arnold Toynbee, todo o mundo é um tipo de ser anfíbio com os pés na terra e a cabeça num oceano conceitual. Ou seja, vive-se ao mesmo tempo num mundo material e num mundo conceitual e este cria ordenamentos e modelos. Ao expressar um modelo de compreensão da realidade, reproduz-se uma mescla do que a natureza ou as circunstâncias oferecem ou impõem. É desse modo que a vida é interpretada (natureza versus percepção). O que se diz sobre algo é sempre uma referência, derivação de um modelo ou uma racionalização da realidade que pretende substituir o real.

Cada vez que me refiro à realidade eu tenho uma experiência concreta. Quando transfiro essa experiência para quem não a viveu, reapresento a minha experiência para alguém. Este, por sua vez, conta o que ouviu para outra pessoa. Assim a mesma história vai sendo contada ao longo do tempo com algumas alterações até constituir algo simbólico, que não precisa mais ter nada a ver com o real e com o material que deu origem àquela história. Desse modo, o simbolismo vai sendo construído lá dentro de cada um que foi contando a "mesma" história e satisfazendo à própria necessidade de ordenamento.

Eu conto com uma rede interna de bilhões de neurônios para a minha percepção da realidade. Percebo, interpreto, traduzo e transmito essa realidade em todos os momentos. E para tornar a convivência possível com outras pessoas vou-me acomodando e criando pactos. Foi dessa forma que os meus ancestrais conseguiram sobreviver num ambiente hostil, cheio de predadores, mesmo com um corpo extremamente frágil. Tudo graças à extraordinária capacidade simbólica de ordenamento e de acomodação social.

Têm-se, portanto, sequências narrativas simbólicas bastante antigas que prosseguem atualizadas conforme a mudança das épocas. Por exemplo, todas as atuais comemorações cristãs – Natal, Páscoa, São João e outras – são referências a cultos pagãos relacionados aos equinócios e solstícios. Isso tudo tem pelo menos dez mil anos. Os próprios evangelhos fazem referência à véspera da Páscoa para indicar o dia da crucificação. Portanto, a história transcrita neste exemplo atual de celebrações cristãs reproduz uma versão de símbolos anteriores às circunstâncias de sua citação.

Quase tudo com o que se tem contato hoje como costume estabelecido também foi circunstancial e surgido num determinado momento da história, num contexto político, social e econômico de poder e linguagem que permitiu seu surgimento. A partir de princípios como esses é que se criam condicionamentos, se estabelecem situações de poder e se chega a configurações de acomodação para a sobrevivência que interessam a quem está vivo.

Vão-se vivenciando as experiências possíveis, de acordo com o que a época e as circunstâncias permitem. O escritor brasileiro, Osman Lins, faz uma bela representação da vida como o salto de um peixe no livro Avalovara. Viver seria o salto do peixe que tem a experiência de estar sendo real: de individualidade. De repente, do indeterminado que é o fundo do oceano, surge de um salto um peixe que logo volta para as profundezas das águas. Surge o indivíduo e logo desaparece. Esse indivíduo que surge teve a experiência da existência. E pode acontecer de tudo com ele: raios, tempestades, pássaros que podem comer o peixe ou pode até não acontecer nada. Cada um que viver o seu salto do indeterminado até a volta terá sua experiência concreta de real existência.

Também pode ocorrer um cardume saltar e cada um dos seus peixes ter a própria experiência de individualidade simultaneamente. Posso chamar o cardume de "evento de uma mesma geração". Cada geração compartilha modelos de compreensão da realidade ao dar o salto do peixe na mesma época. As verdades que assim se compartilham são relativas de acordo com o histórico e a geração de cada um, com o cardume de cada um e com o que lhe antecedeu. Assim as experiências podem ser muito semelhantes e simultaneamente distintas entre si. A vivência de individualidade única está mesclada com o coletivo de cada geração e com a indeterminação que lhe veio a anteceder e virá a suceder-lhe.

Para alguns há, no entanto, a possibilidade de habituar-se a reduzir os excessos de informação e solicitações sociais e a compreender que os modelos de representação ou compreensão condicionam bastante o que se vive. Para esses yogues urbanos abre-se a possibilidade de perceber a realidade de modo mais direto e menos confuso. Para esses não é preciso morrer para que a alma se libere da cidade e do turbilhão social. Para esses é possível viver de modo socialmente responsável, humanamente feliz e espiritualmente em harmonia. E são pessoas iguais às que eu vejo no espelho todos os dias.

Todo dia é dia de Yoga

 É fácil compreender que vale praticar Yoga e meditação, mas pode ser difícil criar condições para praticar diariamente. Vejo que há duas opções óbvias: uma delas tem a dimensão que eu quiser e de preferência o dia inteiro, pois no fundo estou falando de um modo de viver sem estresse; a outra opção inclui os momentos em que sou tomado por alguma situação de sentimentos intensos, positivos ou negativos. Esses momentos extremos são os mais exigentes, pois neles eu até poderia me perder. E não há yogue que não seja vulnerável em uma situação dessas.

Por isso, a minha escolha é treinar, condicionar-me e exercitar a capacidade de concentrar-me, de respirar corretamente e lidar com a realidade de uma forma adequada em todos os dias. Assim vou aumentando a capacidade de manter a tranquilidade e o autocontrole diante das situações mais difíceis.

Não basta fazer um exercício apenas, por mais maravilhoso que ele seja num período curto e determinado. Afinal, tenho uma vida inteira de desafios. Essa "vida inteira" exige saber lidar com as circunstâncias, ser feliz, curtir, deixar passar e ser maleável. Para mim, o grande propósito de viver é simplesmente continuar vivendo para realizar minhas motivações, sabendo que o momento em que deixarei de viver está fora do meu controle. Se tudo é mesmo passageiro, prefiro lidar com as circunstâncias do melhor modo possível, porque elas também passarão.

No cotidiano habituo-me a sentir-me como um yogue e vou praticando o estado de tranquilidade. Reservo alguns minutos do dia para lembrar que o corpo e a respiração existem. Faço para isso vários intervalos durante a jornada diária tanto em casa como na empresa em que trabalho. No entanto, ainda é difícil admitir ficar sem fazer ou pensar absolutamente nada de produtivo. Não sou incentivado a isso de forma alguma a não ser por mim mesmo. No entanto, viver é realizar e também é "não agir" e deixar que a vida prossiga. Viver inclui a receptividade.

Essa capacidade de deixar a vida prosseguir me dá a consciência de que tudo é impermanente ou transitório. Assim, embora eu perceba que sempre há algumas tarefas a fazer, dou chance para que outras pessoas façam também a sua parte. Quero achar que sou muito importante para quem me ama, para mim mesmo e para a vida, mas já me convenci que de insubstituíveis o cemitério está cheio.

Então, reafirmo diariamente minha disciplina de praticar Yoga e mantenho essa disposição de fazer minhas atividades e de ser, ao mesmo tempo, testemunha do que eu faço. Presto atenção em mim mesmo para estar consciente e ser autêntico sem muito estresse. Só o fato de estar prestando atenção em mim já é ótimo. Reconheço-me como uma pessoa responsável e livre, mas estou percebendo que tudo passa mesmo, que nada é tão importante assim e que a minha felicidade é feita de "pequenas coisas" que estão ao meu alcance e fazem parte da minha vida.

"Dharma" de ontem e de hoje

O Yoga não surgiu do nada, pois foi sendo constituído ao longo da formação do próprio Hinduísmo, o qual é uma construção histórica, como qualquer outro "ismo", mas antecedida pelo cotidiano de uma sobrevivência ancestral. No crescimento de toda civilização é desenvolvido um ordenamento que garanta a sobrevivência da população. São estabelecidas regras, muitas vezes à força, por uma determinação de poder que cria uma ordem de convivência. Vão-se criando histórias, observando-se princípios e tudo o mais que for ordenador. Com isso, chega-se à sofisticação cultural, social e filosófica e cristalizam-se modelos explicativos da realidade.

O modelo de explicação chamado – pelos europeus – de Hinduísmo refere-se à civilização surgida na região entre os rios

Saraswati e Indo. Essa cultura parece ter-se estabilizado muito antes da era cristã, por volta de quatro mil anos a.C. Nessa civilização criou-se uma compreensão da realidade e construiu-se uma visão do universo que está na base das escolas de pensamento da Índia.

Cada vez que se volta na história, encontram-se modelos explicativos bastante complexos, mas todos eles vão-se acumulando e se acrescentando uns aos outros. No entanto, o que possibilitou a sobrevivência humana por milhares de anos foi sua capacidade de criar um sistema de regulação social dos comportamentos. Todos podem ter liberdade de fazer o que quiserem até o limite que a organização social estabelecer.

Talvez por isso, o sábio Patânjali tenha enfatizado o respeito social por meio de orientações restritivas (yamas) e o pessoal por estímulos (niyamas). Por um lado, os yamas: evitar ofender, evitar mentir, evitar roubar, evitar a dispersão do ser (que alguns traduzem equivocadamente como "evitar o abuso da sexualidade"), evitar a apropriação (que alguns traduzem como evitar a cobiça). Por outro lado, os niyamas: cultivar a limpeza, cultivar o contentamento, cultivar a purificação dos hábitos, cultivar o autoestudo, render-se à força da sua intuição espiritual (Ishvara pranidhana). Esses comportamentos propiciariam que todo mundo pudesse estar bem resolvido habitualmente.

Em outras palavras, fazer Yoga seria praticar atitudes e controles para agir bem em qualquer contexto: compreender a ordem, o dharma – saber onde se está e com que papel –; tratar o corpo com hábitos de autopreservação, cuidado e cura; adequar a energia com a atividade conforme as circunstâncias; controlar a própria mente; realizar a felicidade presente na sua vocação.

No entanto, é a mente que condiciona a percepção da realidade. Desde sempre ela percebe a realidade e a registra em memórias, essas memórias se conectam com as noções de tempo e espaço. Com isso, pode-se viver o tempo todo no presente, projetar o futuro, rememorar o passado e agregar essas três possibilidades. Para alguns esse processo pode ser fácil e tranquilo, mas para outros nem tanto. Estes precisariam desenvolver a prática do controle mental, por exemplo, por meio de Yoga.

Estudar é preciso, viver...também

 Já observei que em Yoga se dá ênfase ao culti-
vo de cinco estímulos: a limpeza, o contenta-
mento, a purificação, o autoestudo e o seguir a
intuição – "seguir a voz de comando do coração" (Ishvara pranidhana). Aqui vou destacar
o autoestudo para incluir o contexto em que
se vive. Patânjali estimula mesmo é o autoestudo para que eu
me conheça realmente. Mas entendo que é necessário estudar
também minhas circunstâncias neste momento, bem como as
origens da cultura atual para compreender como cheguei até
aqui e para onde estou indo (mais provavelmente).

Vale para tanto comparar as perspectivas culturais que me alcançam e me interessam. Por exemplo, na tradição hinduísta,
não há separação entre mim e Deus (ou princípio divino considerado). Todo mundo é simultaneamente matéria e divindade

desde a origem. Sou mundano e também sagrado, portanto. A minha vida surge como "matéria divina". Não haveria, portanto, necessidade de intermediação artificial entre mim e a divindade, mesmo que haja forte estímulo social ao culto da divindade, ao seu estudo e à sua compreensão.

Assim, eu poderia dizer que cada pessoa nasce divina, embora a vida possa levar a tantas direções e exigir tantas coisas, que essas não permitiriam perceber que se é divino e assim a pessoa viria a limitar-se ao ponto de tornar-se apenas alguém que mal conseguiria articular-se para sobreviver. Como podia ter acontecido naquela fábula da águia que vivia no galinheiro desde que nasceu e vivia ciscando como uma galinha até que um dia percebeu a sua verdadeira natureza e saiu voando para muito além do galinheiro.

Há tempos o sábio Patânjali chama atenção para a importância do estudo e do autoestudo para compreender e desvelar a natureza essencial em relação às muitas aparências que lhe são atribuídas.

A minha percepção da realidade é condicionada pelo que já tenho dela na memória construída pelo passado. Se a memória estiver sobre bases equivocadas, posso tomar decisões absolutamente inadequadas e lidar com a realidade de um modo que não vai dar certo; porque os princípios adotados não são adequados a essa realidade. E qual seria o princípio mais adequado a uma determinada realidade? Difícil responder! Posso tentar compreender o passado ao olhar pelo espelho retrovisor (que é o que de fato está à minha frente), mas para compreender o que uma tendência revela exige-se mais de atenção, de percepção do presente e de projeção de futuro.

As filosofias, as religiões, as escolas, de modo geral, são muito eficientes em oferecer as tecnologias de viver em comunidade e de obter sucesso coletivo, com as quais se cria a possibilidade de o indivíduo sobreviver no coletivo em que estiver inserido. É por essas razões que compreendo o porquê da prática de Yoga referir-se tanto ao coletivo social quanto ao essencial manifestado na individualidade. O propósito é o de realizar a condição de moksha – liberar-se do contexto social – para conseguir conviver com ele, sobreviver a ele e contribuir para que ele fique melhor para você. A pré-condição necessária é a "cessação dos turbilhões da mente", fazer o controle mental que garante a minha integridade (ser quem eu sou independentemente das circunstâncias). Nessa condição, que os yogues chamam de samadhi, eu posso perceber melhor as situações, com quem estou interagindo, qual é o meu papel a exercer, quais são as possibilidades de ação ou de não ação e assim realizar a minha existência de modo autêntico, conforme a minha vocação e sem deixar de estar integrado na ordem social.

78

O desafio de ser livre

Quase sempre as pessoas se referem ao Yoga de duas maneiras: como algo muito esotérico e com figuras que parecem de outro mundo a viver experiências fantásticas de iluminação; ou como algo restrito a pessoas com grande flexibilidade corporal e verdadeiros contorcionistas. Na verdade essas imagens são apenas caricaturas. O praticante de Yoga além de seguir as dicas do Patânjali é uma pessoa que resolveu prestar atenção em si, nos outros, na vida e no mundo, de modo que o seu viver seja bom para ela e para todos e que também lhe propicie ir além da mera sobrevivência cotidiana.

A prática de Yoga está bastante associada à meditação. A qual também poderia ser chamada de contemplação. Meditação faz parte de Yoga. Eu poderia dizer que Yoga constitui a orientação geral que tem na meditação o principal exercício. Seu propósito é mais do que buscar um estado de felicidade consigo mesmo e com os outros, pois focaliza a verdadeira vocação, a autenticidade e o sentido da vida que cada um veio para viver.

O maior desafio, no entanto, é conseguir harmonizar a própria vida com as pressões sociais externas. Ao longo da vida, cada um vai-se adaptando ao mundo e criando o próprio esquema de sobrevivência social. Consegue-se ser aceito socialmente. De algum modo, descobrem-se algumas fórmulas que dão certo. Mas isso acaba exigindo alguma conformação. Então, todo mundo vive a expressar essa conformação que adotou. Em raros casos ela é perfeita e na medida do bem-estar de cada um. Mas se eu perceber alguma medida de desconforto, isso já será uma indicação de que algo precisa ser mudado em minha vida. Perceber isso nem sempre é imediato, pois não fui ensinado em casa ou na escola a esse respeito (e também é cômodo continuar na "zona de conforto").

Às vezes começo a perceber intensamente o desconforto e me exaspero; quero mudar. O problema seguinte será compreender dentro da minha realidade pessoal o que poderei fazer para melhorar de fato (pois não se trata de mudar por mudar). Para seguir este raciocínio vou recorrer às atitudes que se cultivam em Yoga. Elas são úteis como tecnologias de trato social, pois quase sempre os meus problemas remetem a questões de relacionamento: como lidar com os outros de forma harmoniosa.

Então, a primeira atitude que cultivo em Yoga é perceber o ambiente. Assim, consigo harmonizar a minha liberdade com as restrições que o ambiente impõe. Em seguida vem a atitude de perceber-me não só fisicamente, mas principalmente perceber com que ou quem eu me identifico, de modo a cultivar virtudes, qualidades e características que sejam preciosas. Em contrapartida, vem a terceira atitude, a de desapego em relação ao que não mais necessito e a quase tudo com o que me identifiquei, de modo a cultivar a maior de todas as liberdades: a de simplesmente viver até morrer. Para tanto, ainda vou-me valer de uma quarta atitude, a da autoconfiança, a qual é gradualmente desenvolvida em conjunto com a prática das três anteriores.

Bem, essas atitudes são pré-condições e não bastam por si para que eu supere meus desconfortos, mas me predispõem a esclarecer, compreender e superar os sentimentos e comportamentos que fazem meus desconfortos. Os exercícios de meditação, respiração e também as posturas de alinhamento corporal dão-me oportunidades de introspecção para praticar aquelas atitudes e aperfeiçoar as condições de atenção e de viver com autenticidade.

Aprendendo a viver e a morrer na graça divina

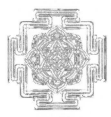

Em Yoga, volto a dizer, cultivam-se quatro atitudes essenciais que também estão associadas aos exercícios de postura física: consciência do mundo exterior, percepção do próprio interior, desapego e autoconfiança. Perceber o que é exterior é compreender o ambiente e o que ele exige para se estar ali; enfim, o modo mais adequado de se comportar naquele ambiente. Em contrapartida, na consciência de mim mesmo, eu me percebo e me referencio a um modelo com o qual me identifico. E isso sucede várias vezes ao longo da vida, continuamente.

Mas com quem, mesmo, eu me percebo identificado? Quem é este "eu" com o qual eu me identifico? Seria o "eu mesmo" que vejo no fundo da imagem refletida no espelho? Seria um personagem que assumi no cotidiano? Essas perguntas podem levar a uma discussão sem fim.

Os yogues procuram tornar mais objetivo esse processo. Na meditação, por exemplo, posso identificar-me com o que eu observar atentamente: uma pessoa, uma imagem, um objeto. Observar com a intenção de "querer ser" aquilo que observo. Haverá um momento em que mesmo ao fechar os olhos serei capaz de ver o que observava. Dá-se naturalmente uma identificação. Primeiro eu me concentro internamente no meu coração tranquilo (dharana). Depois passo para o estado de contemplação do meu foco de atenção externa (dhyana) – palavra que, por um processo de transição da antiga Índia até o Japão tornou-se a palavra zen. Nesse estado contemplativo o esforço de atenção vai-se reduzindo com a consequente identificação. Há ainda o terceiro estágio – samadhi – quando abro mão da identificação: eu com o que observo passo a formar uma compreensão completa para a minha percepção: um significado que eu consigo discernir e perceber intuitivamente.

A identificação pela observação frequente ou contínua ocorre com todas as pessoas, todos os dias. A gente se habitua ao ambiente e quando algo muda percebe-se a mudança, pois já se estava identificado com o ambiente. Também me identifico comigo mesmo, com o nome que me deram e com várias imagens com as quais me vejo continuamente ou várias vezes. No cotidiano, algumas coisas são mais percebidas do que outras e, portanto, com elas haverá mais identificação. Então, se eu quiser fazer um ritual de meditação com alguma dessas pessoas ou situações ou coisas ou imagens, poderei cultivar em mim o estado de samadhi em relação a elas. Desse modo, eu estaria seguindo o passo a passo da meditação (dharana, dhyana, samadhi) para superar a identificação por meio desse exercício clássico.

Seria como se eu abandonasse os pronomes possessivos e seus conceitos para desapegar-me deles, desidentificar-me com eles e passar a lidar naturalmente com a realidade do modo como ela é simplesmente. Essa desidentificação se daria em relação a um "si mesmo" ilusório, uma autoimagem à qual se está habituado.

Todo mundo pode também aperfeiçoar o seu modo de ser, de agir e de reconhecer a sua autoimagem, na medida em que cultivar identificações com pessoas exemplares, com as quais se tenha simpatia e admiração, assim como evitar exageros de atenção para encrencas, pessoas de baixo astral e ressentimentos (para evitar identificação com estas). Então, num propósito operacional, posso aperfeiçoar-me e superar desconfortos desse modo.

Porém, o propósito que o mestre Patânjali sugere é a liberação nesta vida por viver-se com autenticidade e, portanto, essa liberação também é a preparação para algo que é inerente à vida desde o começo: a morte. Morrer também seria um processo de desidentificação semelhante ao de meditação, no qual me vou fixar em único foco, abandonar o corpo físico, as emoções e os significados; vou sair, literalmente, do mundo e passar a um estado de graça e de não ação. A prática de meditação me habitua a um processo controlável de aperfeiçoamento e de abrir mão das identificações para colocar-me em um estado de liberdade inigualável, tanto para lidar com a vida, quanto para lidar com a minha morte.

80 De olhos abertos para dentro

 Já disse várias vezes que os exercícios de Yoga são oportunidades para praticar as atitudes de perceber onde se está, de estar em si mesmo, de desapego e de autoconfiança. O propósito é o de ser autêntico e verdadeiro para assim permitir o melhor agir e eu fazer com que o meu cotidiano atenda à minha vocação e ao meu papel na ordem cósmica.

Quero agora focalizar os artifícios de visualização como recursos de aperfeiçoamento interior. Pode-se treinar para que isso se torne habitual no ritmo de cada um. O ideal seria introduzir o hábito de visualizar no dia a dia a ponto de a percepção onírica ser tão real quanto a sensorial.

É perfeitamente possível integrar-se a vivência de olhos abertos com a vivência onírica. Assim exercita-se também um estado de não ação em que, internamente, se fica receptivo para deixar sensações oníricas também acontecerem.

A técnica é semelhante à meditação em que se focaliza algo de olhos abertos ou fechados até que se dê uma identificação com o objeto focalizado. Como já observei, quando me habituo com algo, deixo de percebê-lo como distinto de mim, ele passa a fazer parte de mim. O que passo a perceber é algo diferente daquele algo. Eu me torno uno com o objeto da identificação (que, aliás, não é propriamente o objeto e sim aquela propriedade ou qualidade dele que corresponde ao meu verdadeiro interesse).

Então, o processo de meditação poderia reduzir-se a um exercício de visualizar. Logo, posso apenas ficar vendo (na minha imaginação) um lugar de que eu goste ou uma pessoa que eu admire. O propósito é identificar-me com o que me é bom, positivo e que propicie um estado agradável para mim. O exercício será tão melhor e mais criador de hábito quanto mais condição ele tiver de propiciar algo agradável e que me dê vontade de fazer novamente. Por exemplo, escolho a imagem de alguém de quem gosto muito. Fecho os olhos e concentro-me nessa pessoa. Posso até me imbuir do desejo de incorporar as virtudes dela.

Os melhores horários para praticar esse exercício são antes de dormir e quando acordar. Nesses horários há menos interferências e solicitações externas. O importante é habituar-se a meditar na medida da respectiva realidade. Se você está vivendo uma realidade muita intensa, pode fazer uma visualização da realização positiva daquela coisa com a qual está envolvido (saúde recuperada, por exemplo).

À medida que se pratica a visualização, vai-se criando o habito de

transitar do corpo físico para o corpo das emoções, dos significados, dos suprassignificados culturais, até um estado de transcendência ou liberação. Essa é uma prática propiciadora de aperfeiçoamento pessoal que é muito semelhante à meditação.

A arte de não agir

 Viver é agir, mas não preciso exagerar no agir. O cansaço é um sintoma de que estou indo além do necessário ou pelo menos além do meu limite – senão eu não precisaria "des-cansar". O não agir também é necessário e a prática de Yoga também inclui o cultivo da não ação. Por exemplo, propõe-se o exercício de ficar sentado em silêncio e de olhos fechados, serenando a agitação mental. Essa forma de ficar sentado e com a coluna ereta (com a sua curvatura normal), as mãos uma sobre a outra e apoiadas à altura do ventre ou sobre as coxas também é comum nas práticas de meditação em que se cultiva um estado de contemplação, um estado "zen" como se diz frequentemente.

Porém, a meditação clássica vai além de ficar nessa posição física. Ela segue três estágios: o primeiro é dharana, concentrar-se no seu coração tranquilo; o segundo é dhyana, focalizar a atenção em algo que lhe interessa e que tem a ver com você e assim permanecer a contemplá-lo por algum tempo; e por último, pela continuidade da contemplação atinge-se o estágio de samadhi (em que se percebe intuitivamente o essencial daquilo que se observa, sem precisar de palavras ou intelecções).

Quem não estiver habituado a meditar, a cultivar esse estado consciente de não ação, pode sentir dificuldade de iniciar-se nessa prática. Algumas dicas podem ajudar bastante, como ir colocando a atenção em cada parte do próprio corpo, desde a cabeça até os pés e assim sentir, perceber, cada uma dessas partes; em seguida, sentir todas as partes do corpo ao mesmo tempo. Pode-se, ainda imaginar um espelho diante de si e passar a sentir cada parte do corpo cuja imagem se reflete nesse espelho imaginário. O espelho pode ir mudando de posição numa sequência previsível (à esquerda, à direita, por trás e por cima) e a gente prossegue sentindo as partes do próprio corpo que se vão refletindo no espelho em cada posição (muda-se cada posição do espelho depois que todas as partes do corpo refletidas naquela posição tiverem sido percebidas). Outra dica é focalizar os olhos fechados na luminosidade que se percebe entre as sobrancelhas e assim permanecer por um bom tempo. Todas essas dicas podem ser aplicadas isoladamente ou em seguida, uma às outras, de modo que o tempo total seja de uns dez ou quinze minutos ou o tempo que se quiser.

Enquanto se permanece assim nessas posturas meditativas, o mundo continua a se manifestar, os sons prosseguem a acontecer, continua-se a respirar e pensamentos ou imagens também podem surgir na mente. Tudo isso é normal e, portanto, prossegue-se sem abalos: percebe-se tudo, mas presta-se uma atenção focalizada, por exemplo, na região entre as sobrancelhas (pode-se notar uma luminosidade aí) ou num objeto de interesse pessoal que se tenha escolhido para mirar a atenção. À medida que o hábito de meditar vai-se repetindo, ele vai ficando mais fácil (apesar de alguma dificuldade eventual).

Esses são artifícios para focalizar a atenção em algo que não tem nada a ver com a vida social e, por isso, propiciam a não ação. Há vários outros, como alternar a atenção aos sons ao redor e ao movimento respiratório de ora inspirar e ora expirar. Entre outros benefícios, isso facilita administrar o estresse pessoal e estar mais presente nas situações da vida.

Além de cultivar a não ação por meio de meditar também se incentivam as quatro atitudes básicas que ajudam a enfrentar as situações estressantes: perceber o dharma (a ordem) do ambiente em que se está e perceber-se em relação a esse ambiente; perceber o quanto se desapegar em cada situação e manter a autoconfiança.

Destaca-se, em Yoga, a percepção social e de si mesmo no ambiente em que se está, de modo a manter um nível baixo de estresse, embora algum estresse seja inevitável e às vezes necessário. Também o desapego é enfatizado para cultivar-se a sensação de leveza e de liberdade. O propósito é perceber-se onde se está, como se interage socialmente e o quanto essa interação social permite liberação, viver em paz e ter leveza.

Yoga é para o indivíduo viver com veracidade e de modo autêntico, mas, no entanto, tem total relação com a prática social: observação, atitudes, revisão de comportamentos. E Isso pode vir a exigir uma mudança de hábitos pessoais, o que é muitas vezes bem exigente (ser quem você é e também respeitar os outros), pois naturalmente procuram-se manter situações de conforto e resiste-se às mudanças – mesmo quando aquele conforto não é tão confortável assim. Uma armadilha frequente é a de dar opiniões, mesmo quando nos pedem. Em geral as opiniões só criam ou aumentam crises de relacionamento (como esta minha observação, por exemplo, pode estar provocando).

No entanto, os exercícios preparatórios que foram indicados são tão fáceis e agradáveis, que basta começar a fazê-los para já sentir resultados positivos. Daí então é prosseguir diariamente e ir descobrindo prazer em fazer os exercícios. Também se vai perceber que há muitas ocasiões (em casa, no trabalho, na escola e até numa fila de espera) que são oportunidades para praticar alguma forma de meditação ou de não agir. Espero que você perceba e curta o não fazer nada!

Yoga básico

 Fazer e ser. Manter-se atento a essa dualidade é essencial em Yoga. Sou, ao mesmo tempo, o personagem que está atuando e o ator que testemunha o que faço. Observo e presto atenção a quem de fato sou. Assim evito atitudes que não tem a ver com o que sou e que são danosas a mim. O jogo é o de conseguir viver da maneira mais adequada a mim mesmo e a cada um dos demais de acordo com as circunstâncias. Isso não é pouco e pode ter a compreensão estendida ecologicamente de modo bem responsável.

Os exercícios, chamados de posturas, são voltados para o equilíbrio, a respiração, o alongamento e a tonificação. Na prática dessas posturas, são estimuladas as quatro atenções: perceber onde você está e perceber-se nessa circunstância, desapegar-se do que não tem a ver com você e manter a autoconfiança.

Eu sou muito cobrado a fazer, a agir. Mas a vida não é só fazer. Muitas vezes, basta a presença ou o exemplo que se dá. Então, abrir mão para deixar que as coisas aconteçam naturalmente também é necessário com frequência. Se eu parar para pensar, boa parte do que acontece comigo não depende da minha disposição de agir: o batimento cardíaco, a temperatura corporal e tantos mais são feitos pelo sistema nervoso autônomo. Por isso, enfatiza-se a terceira atitude que é deixar-se também seguir no piloto automático e ser receptivo.

O importante é que os exercícios sejam uma oportunidade para cada um descondicionar-se, perceber as próprias atitudes, respirar bem e recondicionar-se para agir melhor. Acertar o caminho pela minha autenticidade e por sentir-me bem comigo mesmo e com os outros.

Há quem busque a felicidade como um objetivo a ser alcançado, enquanto há quem prefira curtir feliz a sua caminhada. Qual dos dois vive mais feliz? Quem só faz para atingir os fins ou quem aproveita intensamente o caminho do seu objetivo? Provavelmente em algum meio termo desse intervalo entre o caminho e a meta deve haver um ponto, uma região de felicidade, que atende individualmente a cada um. Estar disposto a ser feliz pode condicionar positivamente a caminhada.

Yoga, sociedade e estado de graça não são gratuitos

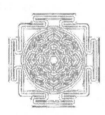 Na Índia, o movimento de desobediência civil potencializou o inconformismo e mais um todo de características socioculturais, políticas e religiosas próprias com as circunstâncias de enfraquecimento do poderio da Inglaterra na segunda guerra mundial. Tratava-se de um coletivo de enorme complexidade para qualquer tentativa de captura intelectual, mas que convergiu para a independência da Índia no meio do XX.

Shri Yogendra, ao fundar o The Yoga Institute, em 1918, exemplifica uma vertente das manifestações dessa época de reafirmação cultural: um movimento autodenominado "Renascença do Yoga". Ele e alguns outros contemporâneos dele (Paramahansa Madhavadasa Ji, Vivekananda, Kuvalaiananda, Shivananda, Yogananda entre outros) pegaram a onda do renascimento indiano e reapresentaram o Yoga à própria Índia de um modo mais inclusivo e extensivo que também atraiu a atenção dos ocidentais. Porém, já havia corrido pelo ocidente a alegoria do faquir, do sadhu, do eremita e de outras figuras exóticas. Atribuía-se uma aura de mistério e poder fantástico a indivíduos admirados ou temidos por suas extraordinárias capacidades físicas ou grande conhecimento e superior sabedoria. Essa figura individualizada, singular e lendária não é exclusiva do imaginário indiano. Ela espalhou-se pelo mundo, porque talvez preencha uma figura arquetípica da mente dos humanos.

Entretanto, da personalidade individual ao coletivo social destaca-se na sistematização do Yoga o necessário esforço de harmonizar a atuação do indivíduo com a dos outros e com o mundo (uma espécie de fórmula inescapável de autossustentabilidade). O que constitui um desafio e tanto para compatibilizar em todas as épocas.

Desafios e afazeres sempre haverá bastantes. Solicitações e demandas, então, nem falar. Porém, são os meus comportamentos pessoais que me colocam mais ou menos à mercê desses fatores externos. Embora, na maioria das vezes, seja possível evitar ou reduzir a minha exposição aos excessos de fatores externos, pois isso depende mais do meu próprio estado de atenção.

Acho que o caminho da mudança pessoal é semelhante ao que ocorre nos movimentos sociais de grandes mudanças que, embora só percebidos quando se agigantaram, eles têm origem e desenvolvimento em pequenas diferenças de atitudes que se foram reforçando até serem reconhecidas, respeitadas e firmadas. Ainda me falta muita sabedoria, mas percebo, talvez pela persistência na prática de Yoga, que estou mais atento para aproveitar os relances de lucidez que me estimulam a pequenas mudanças de comportamento, as quais vêm alterando a minha dedicação exagerada às solicitações externas a mim.

Por uma vida mais contemplativa

A palavra contemplação pode ser entendida de uma forma bastante ampla, como participação, inclusive, pois contemplar não é apartar-se, embora haja quem interprete desse modo restrito. Indo para o contexto de meditação dos yogues, o sentido de contemplar é o de tornar-se uno com o que se está observando. Como se o observador e o objeto da observação pudessem tornar-se uma coisa só e de essencial importância para o observador, ao ponto de o observador perceber intuitivamente esse aspecto essencial e de seu interesse. Parte-se do estágio de concentração em si mesmo para o de contemplação do objeto focalizado. A partir daí, supera-se a aparente dualidade (observador e observado) e também as dualidades classificatórias do objeto (grande-pequeno, feio-bonito, denso-sutil, etc.). Chegou-se então ao estágio de samadhi em que as dualidades já não mais importam e que o essencial é percebido (sem palavras descritivas) diretamente pela intuição. Isso é possível porque se ultrapassam os limites linguísticos habituais, que são muito úteis para a comunicação entre as pessoas e foram desenhados para se conviver segundo uma determinada ordem. Mas eles são apenas convencionais e bem limitados para expressar a totalidade do real. Eles formaram um valioso costume de compartilhamento e que precisa ser superado e transcendido para que a realidade seja captada pela percepção mais ampla dos olhos do coração.

O contemplar do qual estou falando vai além do verbo do código linguístico para alcançar o que era originalmente expresso por dhyana na história do Yoga e do seu modo de meditar. Dessa forma, o que caracteriza mesmo a contemplação ou meditação é o identificar-se com o que se contempla e em seguida livrar-se dessa identificação pela intuição.

O exercício de meditação é o de estimular a identificação, levá-la ao ápice e então desidentificar-se ou distanciar-se da identificação. Leva-se o próprio eu a colocar-se em algo, seja um objeto, um conhecimento ou até uma equação. Leva-se o eu a transportar-se para o objeto de observação até não se perceber mais nem o eu nem o objeto como individualidades distintas (isso é um tanto esotérico, mas eu não consigo me expressar melhor).

Na vida, em algum momento, todo mundo passa a perceber-se como indivíduo e ganha consciência de si próprio. Em seguida, percebem-se os nomes, as denominações que se ganham e também se percebem as várias identificações que são assumidas e que são os papéis circunstanciais – pai, mãe, professor, empresário, etc.. Vivencio esses vários personagens e vou-me identificando com eles e vivendo assim muitas personalidades.

No entanto, também posso (ou tenho que) perceber que além desses personagens existe alguém (eu mesmo) que assume esses vários papéis. Percebo, portanto, que sou capaz de tornar-me isso ou aquilo e de tornar-me também o objeto de meu estudo e de meu interesse. Porém, ao mesmo tempo, permaneço capaz de perceber que não sou aquele objeto. Portanto, posso tanto identificar-me quanto desidentificar-me.

Ao desidentificar-me, perguntas poderiam surgir como: "quem sou eu, afinal?". São perguntas que carregam uma série de intenções; trazem um princípio perguntador, que me quer levar a algum lugar. Já o oposto desse comportamento de análise seria o de contemplar, entregar-me e, ao mesmo tempo, integrar-me. Nesse outro caminho não faço perguntas nem me ocupo em identificar-me: eu opto por me concentrar a ponto de vivenciar aquilo que observo com atenção (eu mesmo, neste caso).

Desse modo, portanto, o contemplar dos três verbos da meditação – concentrar-me, contemplar e transcender – é um caminho sem perguntas e de entrega. Abre-se mão do agir e dos comportamentos habituais que se tornaram uma identidade.

Entretanto, o abrir mão dos muitos nomes que se têm, dos hábitos e desse "quem sou eu" é muito exigente. O caminho do não agir começa restringindo toda a personalidade que foi formada de fora. Deixo de agir e concentro-me com a intenção de entregar-me ao meu coração e transcender as minhas aparências. De repente passo a perceber a maravilha de estar vivo; tiro os óculos ou lentes da personalidade e deixo-me ver a vida prosseguir como ela também pode ser, se eu me permitir.

Mude de estação enquanto você pode

 A gente é um tipo de ser mental e por isso mesmo está sujeito às armadilhas da mente. Segundo o sábio Patânjali, essas ciladas podem ser evitadas ao controlarmos e recolhermos ao coração as atividades da mente, que ele agrupa em cinco: a evidência, a inventividade, a imaginação, o sono e a memória. Agora, vou-me atentar àquela mais misteriosa, a memória.

Sou um organismo criador de memória. Basicamente, o ser humano se relaciona e cria memórias. E aí é que mora o perigo, pois ao criar cada memória eu estabeleço mais uma referência para as decisões da minha vida. Por um lado, os acertos que eu consigo são baseados nos erros e acertos que já tive, mas, por outro lado, fico "preso" às memórias que criei. Com isso vem o medo e todo tipo de elaboração mental baseada em realidades que existiram (de fatos passados), mas que não existem mais, embora, orientem as minhas esperanças ou expectativas. Fico tão tomado pela vivência do passado que não consigo me desligar dele.

Todo mundo continuará a fazer isso de apegar-se ao passado. Os viventes são assim há milhões de anos, desde quando a mente surgiu. O que Patânjali sugere para lidar com essa característica mental é administrar melhor essa natureza. Afinal, na grande maioria das vezes, a memória é bastante positiva. O que é negativo é permanecer apenas fixado nela.

Nos exercícios de Yoga e meditação treina-se como lidar com aqueles processos mentais (evidência, inventividade, imaginação, sono e memória). A intenção é criar-se o hábito de neutralizar as perturbações dessas atividades naturais e prosseguir a desenvolver e manter os bons hábitos que ajudam a manter o coração tranquilo. Então, como eu estou-me habituando a controlar meus pensamentos, vou percebendo que não é tão difícil assim. Com a prática tem ficado mais fácil e assim vou ganhando algum domínio sobre os ambientes nos quais estou e principalmente sobre mim mesmo. Vou deixando de ficar refém dos pensamentos autônomos e perturbadores (embora eles estejam sempre tentando me perturbar).

Assim, venho também mudando a sintonia mental que me leva ao estresse e, portanto, tenho conseguido conduzir a mente a outras estações mais favoráveis ao bem-estar. Para isso, vale tudo: relaxar, ouvir música, desenhar, colorir mandalas, conversar com amigos e outros meios que surjam. O importante é criar (ou manter) hábitos ou rituais propiciadores da mudança de estação. Isso constitui uma pré-condição para evitar o estresse exagerado que acentua o sofrer.

Patânjali destaca ainda que também são cinco as causas de sofrimento perturbador das atividades mentais: a falta de sabedoria, o egotismo (a burrice que coloca importância ou identificação pessoal onde ela não se aplica), o apego ao que dá prazer, a aversão ao que causa sofrimento e o receio da exclusão (de corpos sociais, pela morte inclusive). Ele não discorda que viver é sofrer (para quem tem discernimento) – isso é uma unanimidade – mas ressalta que se pode evitar o sofrimento que ainda não surgiu se eliminarmos sua causa principal: a falta de sabedoria que é a origem de todas as outras perturbações.

Então, se você, eventualmente, começar a sofrer demais, o melhor é mudar logo de estação. Em seguida, pedir ajuda para lidar com a sua crise. Depois, desenvolver o hábito regular de esclarecer, compreender, aceitar a realidade e prosseguir de modo a tratar com atenção e consequência as causas e condições que propiciam o seu sofrer. Você vai descobrir (como eu) algumas condições ao alcance (às vezes com a ajuda de amigos) de tornar o sofrimento até superável como, por exemplo, parece ser o caso dos poetas, dos compositores e dos artistas em geral que cantam ou representam os seus males e prosseguem na vida produzindo beleza.

Yoga na "Prakrti"

A pronúncia correta de Prakrti é "prakârti" e ela é a matriz das transformações do universo. Na compreensão hinduísta da origem do universo diz-se que tudo começa a existir com uma dualidade essencial, que é constituída por um princípio espiritual (Purusha) que ativa a sua natureza material que, portanto, passa a manifestar-se, a transformar-se e a atuar: Prakrti.

As primeiras manifestações de Prakrti são Mahat e Buddhi. Este último é o equivalente na mitologia grega ao deus Hermes e na romana ao deus Mercúrio – o mesmo deus da comunicação. Mahat antecede a Buddhi, que é o princípio intelectual da inteligência perceptiva. Mahat equivaleria ao cérebro réptil e a tudo que forma a percepção dos sentimentos. Ele é aquele que sente e se emociona antes mesmo de raciocinar. Mas em geral esses dois também são considerados uma mesma coisa: a consciência. Por isso é frequente misturarem-se os seus atributos na literatura como eu faço nestes textos também.

Nos textos antigos e alegóricos Buddhi é representado como um cocheiro de uma carruagem de três cavalos: o princípio sutil (sattva), o princípio denso (tamas) e a transformação de um em outro (rajas); a realidade é rajas, movimenta-se e transforma-se. Esses três princípios seriam as três qualidades da matéria que estão sempre em manifestação e às vezes um sobrepondo-se ao outro.

Quando o sábio Patânjali afirma, logo de início, que Yoga é a cessação das atividades mentais, dos turbilhões da mente ("yoga chitta vrtti nirodha", como está dito logo no segundo sutra da doutrina); ele também poderia estar se referindo ao jogo interativo entre Buddhi e Mahat. Aquele tentando racionalizar intelectualmente este Mahat e controlar as movimentações materiais de sattva, rajas e tamas.

As posturas e a meditação em Yoga propiciam esse controle pessoal. Mas, ao longo do dia, podem-se também perceber em nós mesmos aquelas movimentações: às vezes mais preguiçosas (tamas) ou mais dinâmicas (rajas) ou mais contemplativas (sattva). A atenção a essas percepções é necessária para manter o equilíbrio pessoal. Se, por exemplo, vai-se fazer algo que exige muito esforço mental, não se vai exagerar na comida para não se ficar num estado "tamásico".

No cotidiano vai-se atuando com Buddhi para esclarecer e compreender comportamentos e situações e cultivar as quatro atitudes básicas: saber onde se está; perceber quem se é nesse onde se está; praticar o desapego; e manter a autoconfiança para agir do modo mais adequado.

Então Yoga é também exercer o controle mental que possibilite perceber qual é a energia mais apropriada – sattva, rajas ou tamas – alimentar-se e comportar-se de modo a seguir em frente e, portanto, agir em estado de permanente atenção à sua prática.

Vou-me transformando no que pratico

As pessoas me dizem que a maior dificuldade que elas têm para meditar é que a cabeça não para mesmo quando elas param suas atividades, pois a mente fica tomada pelas reminiscências e pelos pensamentos. Elas ficam dispersas, não conseguem meditar e assim a vida restringe-se ao lidar com os problemas ou com as dispersões mentais que acontecem o tempo todo.

Nessas situações as pessoas estão voltadas para o exterior de si mesmas, para fora do seu próprio controle e estão sendo reativas às solicitações que são feitas: do trabalho, da labuta e das reminiscências mentais. Por muito pouco elas não estão fora de si. Em contraposição, a prática de Yoga proporciona a oportunidade de agir e não apenas reagir. Agir num sentido de perceber, de perceber onde se está e de desapegar-se das solicitações para poder-se ficar inteiro e exercer a autoconfiança para viver plenamente.

Como o foco é prestar atenção a quem de fato se é e aos próprios sentimentos, então uma boa maneira de "virar o jogo" é partir das emoções que se sentem. Ao meditar, por exemplo, as emoções e sensações podem aparecer para serem reconhecidas, analisadas e tratadas. Eu posso sentir e registrar essas emoções que surgem. Será duplamente bom, pois estarei fazendo um afastamento das emoções ao registrá-las. Não serei mais o objeto daquela emoção, mas sim o sujeito que a observa. À medida que se vão retirando as emoções desnecessárias do passado, as idealizações e as projeções, mais a própria essência pessoal vai-se aproximando.

Um desafio a superar, entretanto, é conseguir a constância dessa prática e assegurar um horário regular de exercitá-la. A disciplina é facilitada se estiver marcada no tempo e no espaço. O primeiro passo é marcar no tempo para ter um horário que seja seu, um compromisso que tenha menos chance de ser sabotado. Esse tempo passa a ser sagrado, todo seu e à prova de interrupções. Em geral, antes do amanhecer e antes do adormecer são os melhores horários (com menor possibilidade de interferências). Outro cuidado é com o espaço: criar as condições de isolamento e conforto. É prático também ter ao seu lado um caderno e uma caneta ou um gravador para registrar os insights que ocorrerem durante a meditação.

A prática diária é fundamental, independentemente de qualquer propósito específico. O atleta que treina regularmente fica preparado para um desafio eventual. Assim também a pessoa que medita regularmente mantem-se num estado de potencial tranquilidade para lidar do melhor modo com as situações.

Porém, é nas muitas circunstâncias diferentes e nas surpresas que se demonstram as virtudes. Se eu pratico com frequência as minhas virtudes, será mais provável a virtude adequada brotar na hora em que surgir uma surpresa (fiquei convencido disso desde a idade em que comecei a praticar esporte; agora pratico Yoga e isso continua funcionando para mim). O exercício de Yoga, assim como qualquer outro, tem por característica deixar-me apto a improvisar diante dos acontecimentos e a incorporar as virtudes de tanto praticá-las.

Mas, então, surge aquilo que ainda não está tratado, o idealizado que ficou da infância e que há muito tempo me prejudica. São imagens distorcidas de mim mesmo às quais me apeguei (até inconscientemente). Acredito nelas ou as incorporei como virtudes (mesmo que aparentes) e como partes verdadeiras de mim mesmo. Mesmo que haja vezes em que eu me dê conta disso (ou porque percebi ou porque alguém me disse), a questão é de eu ser capaz de considerar o que me dizem ou o que percebi de mim mesmo, pois é difícil perceber e aceitar quem de fato se está sendo. Enquanto eu mantiver minhas falsas autoimagens ou pseudovirtudes, eu estarei me atrapalhando.

Como disse a escritora J. K. Rowling, pelas palavras do personagem Dumbledore, o diretor do colégio de bruxos do Harry Potter: "A pessoa mais feliz do mundo se olha no espelho e vê quem realmente ela é". A felicidade de eu ser mesmo quem de fato eu sou. Ora, isso depende de mim mesmo, exclusivamente. Sou eu que estou no comando desse processo pessoal e, por isso mesmo, posso perceber o que tenho de mudar e cultivar a disciplina da minha autotransformação.

A sabedoria da disciplina é estabelecer um ritmo que seja adequado e de forma tranquila para prosseguir em condições mais favoráveis. É desse jeito que eu estou indo, anotando, registrando meus insights e ouvindo o que os outros dizem de mim. O que surge é tratado com o que estiver ao meu alcance. A vida prossegue, eu erro ou "piso a bola" e tento errar menos na vez seguinte, porque a perfeição será mera casualidade e as novidades não respeitarão o que já passou.

Meditando as emoções 88

Nos momentos de crise, de sofrimento ou de tristeza, dificilmente consegue-se meditar. É mais fácil desviar a atenção para uma solicitação maior. Desviar o foco pode aliviar o sofrimento, mas quase sempre é apenas paliativo. O melhor é observar esse sentimento que incomoda tanto e que em geral é recorrente.

Posso me questionar sobre esse sentimento e responder a mim mesmo por escrito ou oralmente. Criei o hábito de registrar, porque à medida que tento reconhecer essa sensação, eu consigo me aproximar um pouco mais de mim mesmo, além de esclarecer do que se trata. E assim vou-me distanciando daquilo, do objeto ou situação do sentimento de desconforto. Torno o sentimento algo objetivo ou menos dramatizado. Já constatei que o melhor é registrar, escrever e questionar-me: O que estou sentindo de verdade? Qual é a situação que me está provocando isso? Qual é o sentimento mesmo que estou tendo? É a primeira vez que sinto isso? Se não, quando aconteceu pela última vez? Sempre reconheço um padrão que é meu. Mas já vi que isso não é só comigo. Todo mundo tem certa tendência a reproduzir os próprios comportamentos, pois cada um é coerente consigo mesmo. Esse padrão pode ser uma pista sobre como agir ao lidar com a tal situação que sempre se repete e sempre provoca esse tipo de emoção.

A ajuda externa é quase sempre limitada. Um amigo pode auxiliar se eu gostar muito dele e se ele souber falar comigo. Porém, o resultado é muito mais efetivo quando eu cuido de mim mesmo por meio de uma "autoanálise". Quem mais me ajuda, por me ouvir é a esposinha e o Badá (que talvez sinta sem escutar o que eu digo, enquanto passeio com ele pelas ruas do condomínio).

O que chamo a atenção aqui é para a importância de primeiro se equacionarem esses sentimentos, essas situações recorrentes, para depois meditar. Depois de me sentir e me ouvir fico mais tranquilo. E durante a meditação, pode até surgir um insight de como lidar com aquela situação incômoda ou recorrente. Podem ser medidas simples, pois nem sempre se tratará de uma solução espetacular. Chamo a atenção de que não se trata de resolver definitivamente a questão para somente então poder meditar, até porque ela pode não ter solução. Em muitas vezes, basta esclarecer o que se puder e anotar que se vai tomar alguma providência pelo menos. Isso já ajuda a distanciar-se para poder meditar.

No entanto, sempre valerá meditar para cultivar o estado de não ação em que os insights se manifestam. Os indianos chamam esse estado de ananda, "a graça divina de Brahma" (sem trocadilho ou patrocínio).

Emoção, razão e desapego

O viver é um permanente registro de emoções e significados do resultado das ações minhas ou de outros. Ao longo da vida, prossegue o processo de memorização dos significados e emoções. Isso não para.

Algumas experiências de vida foram tão significativas para mim – ou por terem sido muito boas ou muito ruins –, que elas estão sempre voltando em minha mente. São reminiscências, cujas repetições podem me atrapalhar no cotidiano. E às vezes essa coisa que ficou dentro de mim não é nem uma emoção boa ou ruim é apenas uma imagem idealizada de mim mesmo. Todo mundo traz do seu passado alguma autoimagem idealizada e cisma em ser do jeito dela até inconscientemente; mas o que foi útil em determinadas situações nem sempre é ou será o mais adequado por toda a vida.

Assim, a minha aparente trajetória (e as dos outros também) vai-se constituindo das experiências de aprendizado que permanecem. No entanto, há sempre a possibilidade do erro ou do acerto, porque a nova realidade não é necessariamente igual à anterior. Mas, muitas das vezes, o apegar-se ao que já deu certo pode me fazer fracassar na nova situação. Se de fato ela for nova, a ela não se aplica nada do passado. Na prática, uma experiência totalmente nova é rara. Como eu vivencio situações de realidades muito repetitivas (na família, no trabalho, nas relações pessoais), as novas situações não são tão novas assim. Portanto, quase sempre o comportamento habitual dá certo, o que faz reforçar esse modo de ser sempre do mesmo jeito quase inconscientemente.

De certo modo, vou-me apegando a certas práticas, certas atitudes ou certos costumes, embora nem sempre deem certo. Como preciso abrir mão de algumas dessas habitualidades para criar e lidar com algo novo que surgir, valeria cultivar a capacidade do desapego para ficar apto a vivenciar novidades.

Daí o porquê de frisar a importância da verbalização das emoções que me ficam monopolizando, como uma forma de me distanciar delas para poder tratá-las. Só depois eu passo a meditar, quando já estiver mais apaziguado dessas emoções que estavam muito fortes e recursivas para permitir, então, que novos insights e emoções mais suaves brotem.

E aqui vale chamar a atenção para o seguinte aspecto: não me estou referindo ao controle das emoções, mas à compreensão delas para não ficar refém das emoções exageradas. Afinal, posso até não controlá-las, pois em grande parte elas me controlam. Se as emoções não estão tratadas de algum modo, elas ficam mais fortes do que eu. Daí elas fazem o que querem de mim, pois me tomam ou me possuem.

Mas é claro que tenho de vivenciar as emoções, senti-las e percebê-las sem preocupação de racionalidade. Se por um lado é importante registrar a emoção e analisá-la para libertar-me de uma compulsão ou obsessão, por outro lado é essencial desenvolver a capacidade intuitiva de perceber-me. Na prática de Yoga, estimula-se tanto a apreensão natural, direta e intuitiva (physis) quanto a compreensão verbal (logos) do que foi apreendido. São dois caminhos que se complementam e que estão ao meu alcance desde quando o ser humano começou a pensar. Posso aproveitar o melhor de cada uma dessas direções: apreensão direta da realidade, em que não preciso sequer traduzir em palavras para compreender o que se passa; e racionalização, na qual utilizo as palavras para esclarecer o que sinto com o propósito de afastamento, de compreensão e de autodomínio.

A natureza primordial de todos os viventes é emocional. Por mais que alguém pretenda conseguir o controle da emoção só obterá vitórias parciais e instáveis. Em algum momento, quando se estiver com a guarda baixa, a emoção vai-se manifestar. A emoção é essencial, ela sempre irá aparecer e dará um jeito de manifestar-se. Melhor aceitá-la, vivenciá-la e tentar esclarecê-la até que se apazigue para que se possa, então, meditar e integrar-se emocionalmente.

A água na fonte dos símbolos e na Roda das Reencarnações

 Em Yoga não há qualquer determinação quanto à religiosidade. O que se verifica é uma compreensão da natureza espiritual da vida, da mente e da sociedade de forma subjetiva e objetiva. Percebe-se também uma reverência de inserção cultural à mitologia indiana.

São inúmeras as divindades na mitologia da Índia. Ao fazer referência a esses deuses, entra-se em outro rumo cultural: aquele que oferece as alegorias que tratam do simbólico. Como diz o historiador norte-americano Joseph Campbell, a humanidade por diversas razões físicas e culturais tem necessidade de representar o mistério e, por isso, cria as referências alegóricas para lidar com a sua realidade simbólica.

Então, essa capacidade de nomear deuses, mitos, símbolos e arquétipos, responde às representações desse simbolismo que está dentro da vida herdada dos ancestrais. Quando se fala de alegoria – seja religiosa ou mitológica – está-se tratando de uma representação que numa época, com seus recursos e com sua linguagem, serve para indicar algo mais profundo que existe ou se manifesta também na minha essência e na de quem me é contemporâneo. Essa essência não foi criada há dez, cem ou mil anos. Foi formada há milhões de anos e antes de surgir o ser humano na Terra, porque muitas outras formas de vida o antecederam, além do fato de o meu corpo constituir-se de muitas formas antigas de vidas consorciadas (algumas visíveis só por microscópios).

Esses mistérios, cujos símbolos são continuamente representados por estórias, desenhos e outras imagens, vêm reproduzindo alguns padrões ao longo da história da humanidade. Haveria padrões originais? Talvez.

Talvez a água os contenha, talvez, pois até onde se sabe a vida surgiu na Terra há uns 3,5 bilhões de anos com a água e com uma primitiva forma de pré-bactéria que se desenvolveu com a água. Todos os humanos também somos constituídos de água em grande parte, cerca de 70% do meu corpo é formado por água: algo que se emociona como já se sabe (vale ver os estudos da água por Masaru Emoto). Assim o emocional constitui a vida desde o seu princípio na Terra. Água é emoção, água determina a vida, a vida é determinada pela emoção e, portanto, todos nós somos essencialmente emocionais (o filósofo Tales de Mileto pode estar se divertindo com esta conversa).

Esta nossa essência emocional, no entanto, caracteriza tudo aquilo que se chama de formação cultural. Essa interação com algum outro princípio de vida, uma pré-bactéria ou pré-molécula determinada, constituiu a vida animal. À medida que se foram agregando os seres viventes, conforme programações misteriosas para a nossa compreensão, acabou-se chegando a esta variedade extraordinária e complexa de organismos vivos que se veem hoje.

De fato, os cientistas e os biólogos que estudam a origem da vida na Terra, com alguma profundidade, quando vão às origens encontram apenas isso de objetivo. Eles não falam em espírito ou alma (porque isso estaria fora do seu "recorte científico"), mas constata-se algo material que se emociona e que forma vida: átomos de hidrogênio e oxigênio combinados em exata proporção que se emociona (!).

Assim, os mitos e os arquétipos poderiam ser compreendidos, desde a sua origem mais remota na Terra, como um produto do relacionamento emocional da vida com o ambiente, no qual a vida está inserida. A vida emociona-se no ambiente em que se encontra e vai exibindo os seus padrões emocionais, que são até fotografáveis, conforme comprovou o professor Masaru Emoto com o reconhecimento da comunidade científica atual.

O Dr. Emoto conseguiu registrar alterações em cristalizações de água a partir de emoções que são oferecidas à água por meio de diversas representações (sons, imagens, palavras etc.). Seja porque se escreveu uma palavra no rótulo do recipiente da água, seja porque se disse algo ou porque se colocou uma música ou recitou-se uma reza, a água muda o formato de congelamento de seus cristais. Quando expomos a água a uma emoção, ela se transforma.

Se a água estabelece padrões (formas das cristalizações) que são reconhecíveis de acordo com determinado tipo de emoção, isso é muito significativo, pois a água está na origem objetiva e no prosseguimento da vida; ela caracteriza padrões relacionados à emoção. Podemos dar nome a cada um desses padrões. Ou seja, estabelecer o modelo primitivo de cada uma dessas emoções. E podem-se chamar essas representações como se quiser em cada época de: arquétipos, deuses, entidades, alegorias.

Denominar significa estabelecer nome, código ou padrão de representação. O que hoje é chamado de arquétipos são padrões. Existem desde quando? Quanto mais no tempo poder-se-ia recuar ou ir às origens para encontrar esses padrões, esses arquétipos? De onde eles vêm? Se alguém disser hoje que isso vem das partículas de água que constituem o corpo humano, da mesma água da origem da vida na Terra desde o início dos tempos, estaria coerente com tudo o que se diz que se sabe.

Às vezes, a linguagem estritamente científica pode estar falando a mesma coisa que a linguagem estritamente mítica ou a religiosa, já que todas essas tratam de representações da realidade para lidarem com a realidade. Na busca da origem cada uma pega um desvio do caminho, mas podem chegar a um mesmo ponto, embora com distintas denominações. Diz o Budismo: nome e forma (nama, rupa), tudo ilusão.

Quando em Yoga se fala de um princípio ordenador, se está referindo a um princípio que orienta basicamente a produção cultural. Alguém pergunta: "Existiria mesmo a Roda das Reencarnações?" A resposta poderia ser sim; ela culturalmente existe, porque cada geração reproduz um comportamento a partir das gerações anteriores. A roda está rodando. Mas não se está falando da mesma pessoa reencarnada ao longo da história. Há quem afirme que sim. Mas seja ou não o mesmo indivíduo a reencarna-se, isso seria irrelevante para a roda cultural prosseguir a girar. Com certeza existe a transmissão da contemporaneidade de cada época para a seguinte. Independentemente de haver a reedição dos mesmos indivíduos a transmissão acontece. Isso é indiscutível de tão evidente.

Todo mundo é assim herdeiro de várias tradições culturais que incorporam os simbolismos originais, os representam e os incutem nos relacionamentos e comportamentos sociais. Embora, cada pessoa, dentro dos limites que os seus contemporâneos aceitem, possa criar algo novo ou escolher qual das possibilidades herdadas seria melhor para si mesma (filosofia, religião, comportamento político).

O Yoga é um exemplo desse tipo de composição de tradições culturais no contexto indiano de sua formação, haja vista que o sábio Patânjali ressalta um ser especial na sua sistematização dos Yoga Sutras para corresponder ao imaginário, mítico, heroico de sua tradição. Esse personagem (muito antigo na cultura hinduísta) é o Ishvara, que é o comandante interno do coração e representa a vontade capaz do princípio divino da vida em cada indivíduo. Tal personagem não tem qualquer aparência corpórea ou figura a si associada e é considerado como um aspecto particular do Purusha, o espírito em cada indivíduo. Observo, no entanto, que a natureza material (Prakrti) em sua manifestação mais sutil (sattva) e próxima do espírito é exemplificada na capacidade de emoção que a água exibe.

Ao praticar o preceito Ishvara pranidhana eu estou exercendo a atitude de entregar-me ao comando do meu coração tranquilo, à minha intuição, à voz do princípio divino em mim. Trata-se de um dos cinco principais comportamentos estimulados em Yoga (niyamas): cultivar a limpeza, o contentamento, a purificação, o autoestudo e o render-se à vontade divina em mim. Ishvara é o ser divino ou a representação da divindade, do princípio divino que orienta o fluir da vida em cada indivíduo.

Eu poderia, portanto, arriscar que a fermentação cultural que produziu o Yoga incorporou a compreensão íntima e intuitiva das qualidades sutis do fluido da vida: a água. Não por acaso, a origem lendária do Yoga na tradição da seita Natha, diz que o deus Shiva transmitiu os ensinamentos originais do Yoga a um peixe (Matsia) que observava (de dentro d'água) os diálogos entre aquele deus e sua parceira feminina Gauri (uma das denominações da Shakti a força matriz da vida).

Viver o viver

 No Samkhya, a escola filosófica estruturalista que fornece alguns conceitos para o Yoga, a vida tem origem dual de não manifestação (Purusha) e de manifestação (Prakrti) da qual tudo se deriva. O não manifestado é um referencial imutável em relação a tudo mais que se manifesta e, por isso, é também absoluto. Na tradição, o Purusha é o homem cósmico que foi sacrificado para compor todas as criaturas. Purusha, o referencial absoluto, é o princípio espiritual em relação ao qual se manifesta Prakrti, a natureza material da vida.

Como as individualidades são manifestações singulares da divindade primordial, pode-se concluir, logicamente, que o mesmo Purusha também está em cada uma delas, pois a divindade primordial é absoluta, está em tudo e em cada um. A cultura

indiana cria também a palavra Atma para designar essa individualização do Purusha, Brahma em cada ser. A grafia e pronúncia
de atma lembra alma, cuja origem grega designa "aquele que se
liberta da cidade" quando morre. Observo então que ambas as
palavras (atma e alma) podem ter o mesmo significado simbólico: o absoluto em cada vivente, o liberto das manifestações sociais e materiais (e também posso observar que ele nem precisa
morrer para se liberar, pois liberto já o é).

Por consequência lógica, posso dizer que o meditar, o entrar
em si, é o aproximar-se desse referencial interno ou revela-lo.
Mas pouco importa se vou mesmo encontrá-lo ou não, pois a
intenção e o processo já trazem muito benefício. O que importa
é que, quando abro mão das iniciativas, do agir e do interferir e
me proponho a ouvir, a sentir e a receber, eu reduzo as manifestações. Assim vou-me deixando integrar ao referencial absoluto
que também está em mim. Esse seria um conceito bem simplificado do processo meditativo.

A tranquilidade, a harmonia e o bem estar são algumas consequências decorrentes do meditar, mas ainda há mais. Quando
falo em equilíbrio ou harmonia, o sentido é também de estar
em harmonia com o meu tempo, com o contexto social no qual
estou, enquanto a sintonia principal é com o referencial não manifestado e mais interno: atma, o Purusha em mim. Esta sintonia
é viabilizadora da outra que é a contextual e externa a mim.

O referencial absoluto fica em nenhum lugar ou em qualquer
lugar específico; onde ele estiver estará o lugar da referência,
porque é absoluto. A prática inclui, portanto, buscar em si mesmo esse referencial. Além do processo clássico de meditar, gosto

de fazer um exercício (alegórico) de imaginar uma luz dourada, pequenina como a cabeça de um alfinete, que surge no interior do meu cérebro: eu prossigo a expandir essa luz pela minha cabeça e sigo para o meu coração, daí para todo o meu corpo até as extremidades; fico sentindo a sensação de a luz expandir-se pelo corpo; em seguida faço o caminho inverso, de volta ao coração e ao cérebro. A seguir retomo a expansão da luz da minha cabeça para o espaço externo a mim, ampliando, ampliando até expandi-la por todo o universo. Fico então curtindo uma agradável sensação de pertencer a uma grande unidade cósmica; depois venho trazendo de volta a sensação de luz até novamente colocar o pontinho luminoso de volta no interior do meu cérebro.

Esse exercício é uma ilustração, uma alegoria do movimento ou da orientação. Como uma brincadeira de "iluminação", de diluir-se num referencial indeterminado. Para mim, o horário ideal para praticá-lo é logo quando acordo para ajudar-me durante o dia. A sensação de tranquilidade propicia a capacidade de ver a realidade com mais isenção, distanciamento e de modo mais direto. No cotidiano nem tento ficar em equilíbrio, porque logo surge alguém para tirar-me dele, seja por qual for o motivo. O estado de equilíbrio é o mais instável que existe. O que há de mais equilibrado é o movimento. A melhor imagem para mim é a de dançar conforme a música ou surfar conforme o mar e manter a intenção e o propósito de viver autenticamente o viver.

Cinco recursos de transcendência

Os exercícios de Yoga têm o propósito de trazer a atenção para mim mesmo e para eu ser quem eu sou. E o que sou nesta vida é um todo que tem o sentido da individualidade que é capaz de conceber, de dar direcionamentos e de promover transformações a partir de interações com os valores que tenho e com as demais individualidades.

Os meus valores são expressões dos meus sentimentos, os quais determinam o que faço e avaliam as minhas ações e as dos outros; eles direcionam em certo sentido e definem a reorientação dos conceitos que a minha individualidade cria ou nos quais acredita. É nos relacionamentos sociais que os valores são confirmados, transformados ou reorientados. Isso se dá no campo do afeto, dos sentimentos e das emoções. Todo mundo está sempre fazendo esse jogo valorativo no campo das relações. Já o processo produtivo, do trabalho e da labuta para a sobrevivência, está baseado na aplicação do tempo, da matéria e dos recursos. Neles se utilizam as habilidades de administração do tempo e as técnicas de manipulação de equipamentos, de instalações, de objetos e de estruturas.

São, portanto, quatro campos que se aplicam tanto ao indivíduo como às organizações humanas: da identidade (autoimagem e conceitos); do afeto e relações (sentimento e valores); do querer (motivações e processos de produção); da segurança (recursos físicos e estruturais). Ao desempenhar um papel na sociedade, no trabalho ou na família, estão sendo mobilizadas essas quatro dimensões ou campos ou níveis qualitativos do todo perceptível.

Quanto mais harmonizado estiver o funcionamento desses quatro aspectos, melhor será para quem estiver envolvido. Se eu ficar somente no nível conceitual, conseguirei adaptar-me apenas em ambientes não emotivos e frios em que as pessoas não se relacionam de forma afetiva. Se ficar apenas no sentir do afeto e das relações, poderei ter sérias dificuldades se não me sentir incluído, aceito ou amado. Um coração angustiado pode até chegar a um infarto. Se enfatizar apenas o sentir e o querer eu ficarei provavelmente refém das paixões. Num extremo, posso chegar ao pânico e em outro, poderei ficar compulsivo: por alegria, comida, sexo ou trabalho e por tudo o que apazigue a emoção superlativa. Nesses casos ficaria aprisionado nos remoinhos do querer impulsionados pelos ventos sentimentais. Desajuizado. Do mesmo modo, a ocupação excessiva com segurança e recursos poderia imobilizar-me ou petrificar-me com tudo o que tenho ou preciso manter (com ou sem a ajuda do mitológico rei Midas).

Pratica-se Yoga ao viver com essa compreensão: harmonizar essas quatro dimensões do agir para ir além (antes de ir para o além). O desafio cotidiano é o de harmonizar a atuação nesses campos do indivíduo e das organizações; mudar-me para melhor; querer ser eu mesmo e ainda melhor comigo e com os outros no mundo. Assim, de um modo bem didático, quando respiro, estou tratando o meu campo valorativo, pois é nessa dimensão que os sentimentos avaliam os resultados da realidade; quando faço um ásana, estou tratando a estrutura, o corpo físico e os recursos estruturais. Ao projetar a intenção, medito e me volto para mim mesmo, percebo a minha própria imagem ou a imagem da instituição em que atuo ou da família à qual pertenço. Essa projeção está relacionada com o sentido de individuação e com a minha identidade. Não existe imagem mais extraordinária para aceitar do que a minha própria (com ajuda de Narciso e da rainha malvada) ao vê-la refletida nos espelhos da vida.

Os gregos antigos associavam esses quatro campos aos quatro elementos: terra dos recursos (o corpo e as coisas), água dos processos vitais (o querer e a dedicação), ar do sentir (os valores e as relações), fogo da individualidade (a compreensão, os conceitos, a imagem). Ainda haveria um quinto elemento, que os quatro anteriores não seriam capazes de caracterizar, que os antigos chamavam de éter, o etéreo. No Hinduísmo, ele é chamado de akasha, o espaço mítico da criação do universo. Alguns cientistas usam a expressão "além do espaço-tempo" e são várias as formas de se referir à transcendência ou ao ir além dos quatro elementos. Estou falando, portanto, de um além, no qual é preciso viver intensamente. Trata-se de um caminho de acrescentar esclarecimento, compreensão e apreensão da realidade ao agir para harmonizar as atitudes e os comportamentos com os outros e com o mundo; aceitar os meus limites, os dos indivíduos, os das organizações, os da matéria e os das relações sociais; e dispor a meu favor o fazer material e a abstração prática.

Com essa intenção vou reorientando o meu viver de modo gradual: desenvolvendo o hábito de meditar de olhos fechados, sozinho e em lugares protegidos, enquanto vou testando a habilidade de abrir os olhos e também o coração e as mãos para lidar com os outros e com o mundo com a sorte que me ajudou até agora. Os desafios para a tranquilidade pessoal aparecem na hora de agir na realidade e nas circunstâncias, porque é bem pouco o que está sob meu controle (graças a Deus).

O velho fim do mundo

 A humanidade está sempre passando por ciclos de mudança e a ideia de fim está muito enraizada no imaginário coletivo, pois está associada não apenas a transformações, mas também à morte que está sempre presente entre os medos e as inexorabilidades da vida.

Mas nem todas as interpretações de mudanças acentuam aspectos fatais. Por exemplo, na tradição hinduísta há os ciclos de transformações chamados de yugas, algo como eras históricas. Basicamente seriam quatro e as passagens de uma para outra são calculadas com uma fórmula matemática progressiva. O somatório dessas transições de yugas dá algo por volta de 26 mil anos terrestres. Esse período de tempo também corresponde em termos astronômicos a um deslocamento de 360° de precessão dos equinócios (um dos movimentos do eixo vertical do planeta Terra), que é parecido com o movimento do eixo vertical de um pião. Devido a esse movimento, o equinócio da primavera (quando o dia tem a mesma duração da noite), embora celebrado no mesmo dia, a cada ano, mostra um pequeno "atraso" da posição do sol em relação àquela do ano anterior: algo imperceptível de ano para ano, mas que se acumula em trinta graus a cada dois mil e poucos anos até completar a volta completa de 360 graus. Por isso se diz que se passou da era de Peixes (da compaixão cristã) para a era de Aquário (da revolução tecnológica): um deslocamento de trinta graus de um signo, mas uma mudança acumulada de comportamento social em uns dois mil e poucos anos. Os indianos, que estudam a correlação entre o comportamento das sociedades e dos astros há milênios, fizeram uma descrição lendária desse movimento. Eles observaram essas transições e as chamaram de yugas. Para eles as yugas estão associadas ou a bem-aventuranças ou a desgraças e a intermediações entre as duas. Eles se referem a ciclos, em que nada é sempre bom ou sempre ruim, em que tudo passa, pois sempre há uma transformação a caminho tanto no universo como na vida humana sobre a Terra.

Quem melhor descreve para mim essa visão, didaticamente, é o sábio indiano Yukteswar, que era o guru do Yogananda. Ele mostra em um famoso texto seu, The Holy Science (a ciência divina), com referências ocidentais, os fatos históricos que marcariam essas yugas. São tentativas de explicação que se referem a sínteses de observações da história social mundial até a época do mestre Yukteswar.

Também os maias, cujas "previsões" ganharam a moda, em 2012, tinham seus registros associados aos movimentos astronômicos, cujas interpretações estimularam aqueles sentimentos enraizados no inconsciente coletivo que associam mudanças com tons de fatalidade ao fim. No entanto, além da constatação dos deslocamentos dos equinócios, parece que os maias acentuavam o evento da passagem do sol, no dia 21 de dezembro de 2012 (o solstício de dezembro), pelo "centro da galáxia" (uma região entre as constelações de Escorpião e Sagitário, a constelação de Ophiucus) do ponto de vista da Terra. Também observavam que nessa posição intensificam-se as explosões solares como de fato se observaram durante o ano de 2012.

Que o sol pode esquentar-se, até os maias previram, mas daí a prever-se o fim do mundo inclui-se algum exagero. Com certeza podem-se perceber fenômenos eletromagnéticos intensos, os quais podem perturbar o funcionamento do que depende de eletricidade em algumas cidades. Os governantes e administradores devem tomar algumas providências preventivas. As pessoas podem ter algumas surpresas superáveis e o mundo prosseguirá.

No entanto, quando se fala em fim do mundo, extravasam-se os medos coletivos, os quais são muito sedutores. O medo seduz, haja vista os filmes de terror que batem recordes de bilheteria. As pessoas fazem fila para "morrer de medo". No fundo é um desejo de superação da saga da humanidade: lidar com a inexorabilidade da morte.

Hoje em dia há muita aflição mental. Tudo está muito exacerbado nesta "Era de Aquário", que se caracteriza pela inexistência ou insuficiência de uma ordem controlada de forma evidente. Vive-se uma ordem não linear em que não se consegue o pleno controle das coisas e das pessoas nem no tempo nem no espaço. Portanto, prefiro muita calma nesta hora e nestes tempos.

A sabedoria oriental também oferece uma linguagem simbólica para lidar com tanta imponderabilidade: Shiva, o deus que representa o aspecto benigno de Brahma dentro de nós; Vishnu, que o ajuda a preservar; Brahma, que a tudo dá origem; yugas, que expressam os ciclos de mudança; Yoga, meditação e tranquilidade para agir com os outros no mundo. São muitos os recursos além da racionalidade e que podem estimular comportamentos adequados para lidar com a realidade incontrolável e parcialmente previsível. O fim dos tempos está simplesmente presente em mim, em você, em todo o mundo desde que se nasce ou até bem antes, mas prossegue-se.

De mim a mim mesmo

Nas situações do cotidiano tudo pode dar errado se eu não perceber onde estou e não me perceber nesse lugar e situação. Essas duas atitudes estão associadas aos exercícios de Yoga em que se fazem alongamentos na vertical, na lateral ou nos quais se fica sentado com a coluna ereta. Nessas posturas dá-se especial atenção à respiração e ao ritmo pessoal. Também se podem cultivar duas outras atitudes nos exercícios de Yoga: o desapego e a autoconfiança.

Pratica-se o desapego nas posturas em que se fazem inclinações para frente, mostrando a nuca ou nos exercícios em que se fica de cabeça para baixo ou ainda naquelas torções da coluna que se fazem com o corpo deitado. Em contraposição a essa atitude de abrir mão do agir praticam-se os exercícios de curvar-se para trás, inspirando de peito aberto e estimulando assim a autoconfiança.

Faço de tudo para incorporar essas quatro atitudes: perceber onde eu estou, perceber-me, desapegar-me e cultivar a autoconfiança. Elas são propiciadoras do agir com tranquilidade e eficiência para agir naquilo que estou sintonizado e para o qual sinto a minha capacidade e as condições de realizar num ambiente favorável.

Os exercícios físicos em Yoga também propiciam, por um lado, que eu me libere das minhas personas, as máscaras habituais, ao cultivar as quatro atitudes, pois elas incluem foco nos aspectos sociais e, por outro lado, as posições meditativas têm o objetivo de voltar-me ainda mais para mim mesmo em prol da minha integridade pessoal e da apreensão direta da realidade.

Segundo os sábios, quando a mente está serena – pela meditação, por exemplo –, ela torna-se espelhada como a superfície bem tranquila de um lago e reflete a realidade. A mente, nesse estágio, refletiria uma realidade de apreensão direta, pela intuição.

O sábio Patânjali faz precisas sugestões de comportamento em um minicódigo de conduta adequada ao praticante de Yoga em todas as circunstâncias. São os dois primeiros dos oito grupos de comportamentos: (1) restrições externas (yamas), (2) estímulos internos (niyamas), (3) controle da mente (ásanas), (4) controle dos movimentos (pranayamas), (5) introspecção dos sentidos (pratyahara), (6) concentração interna (dharana), (7) contemplação externa (dhyana) e (8) o estar em si mesmo (samadhi).

Os yamas e niyamas são regras bem simples. Basicamente, Patânjali afirma que o praticante de Yoga não ofende, não mente, não rouba, não se dispersa numa vida sem sabedoria e não cobiça nem se apropria de nada. Além desses cuidados é estimulado o cultivo da limpeza, do contentamento, da purificação, do autoestudo e do entregar-se ao seu comandante interior (que reside no seu coração tranquilo).

Assim, a prática de Yoga inclui uma parte de exercícios com ênfase em atitudes e uma grande ênfase no exercício de virtudes pessoais e sociais. Os dois conjuntos de práticas têm um propósito integrador de transcendência das aparências para o viver autenticamente e em harmonia com a realidade.

A imagem citada das águas plácidas de um lago que refletem a realidade traz um convite a deixar a mente tranquila para transparecer a natureza interior (o comando do coração tranquilo), talvez por ser lá, no mundo interior, onde mais tenhamos condições de cultivar a graça do convívio e da autenticidade que está sempre à nossa disposição.

Yoga Sutra Básico

Repito aqui o básico de tudo o que já disse. Os fundamentos do Yoga estão sintetizados nos Yoga Sutras do sábio Patânjali: uma espécie de livreto de cordel, no qual se sucedem cento e noventa e seis verbetes quase poéticos e cheios de sabedoria para viver-se bem. Em resumo, ele chama atenção para serenar a mente, ficar em paz, viver com autenticidade, evitar emoções exageradas e cultivar o Ser, em vez de cultivar aborrecimentos reais ou potenciais.

Como tudo o que é cultivado tende a crescer, se eu cultivar um problema ou ressentimento, daí a pouco ele tenderá a ficar insuperável. Se, em vez disso, eu focalizar alguma solução ou percepção positiva, mesmo que parcial e provisória, posso tornar-me capaz de superar as dificuldades.

O Yoga é um modo de viver em que se praticam quatro atitudes básicas: perceber onde se está; perceber a si próprio (onde se estiver); cultivar o desapego – no sentido de perceber o que me é adequado e suficiente ao momento, às circunstâncias e aos próprios valores –; e cultivar a autoconfiança. Essas seriam as quatro pré-condições para agir e atuar na vida com autenticidade. O sábio Patânjali reforça desse modo a autoaceitação, que é condição essencial para cada um relacionar-se bem consigo mesmo e com os outros no mundo.

A prática de Yoga trabalha os condicionamentos do corpo e da mente e propicia um modo de viver com tranquilidade para a superação e o autoaperfeiçoamento. As posições (ásanas), embora propiciem tonicidade e alongamento muscular, são mais importantes para aumentar as condições de atenção de cada um consigo mesmo; estar presente. Sente-se isso dentro de si mesmo em cada postura de exercício ou situação de vida e atua-se para o bem e para estar-se bem.

Também a ética está incluída na prática de Yoga, por um lado, com ênfase negativa (yamas), em evitar o surgimento ou a expansão de ofensas, violências, falsidades, dispersão do Ser, roubos e cobiça; por outro lado, e com ênfase positiva (niyamas), em cultivar a limpeza, o contentamento, a purificação, o estudo, e a entrega à vontade divina da sua própria vida.

Os controles da energia (pranayamas) se dão por meio do controle dos movimentos e da respiração, da percepção de cada etapa do respirar e dos seus efeitos na mente e no bem estar físico. Essa prática deve estar presente em todos os momentos em que se está consciente e não apenas durante os momentos de exercício.

Entretanto, a maior ênfase nos Yoga Sutras está nas práticas de introspecção, concentração, contemplação e transcendência do viver apenas social. Esses quatro estágios mentais, se praticados regularmente, levam ao estado ideal de liberação (moksha) para agir e viver com integridade e independência, que é o objetivo final do Yoga, chamado de kaivalyam (o isolamento da percepção em relação a fatores falseadores e que libera a força da intuição).

E viva o presente!

 Ao longo da vida cada um vai desenvolvendo habilidades para lidar com os outros e para ser aceito e compreendido. Isso desde muito pequeno. A gente tem que se adaptar às várias circunstâncias, ao grupo e a si mesmo para seguir sendo incluído. Mas, de algum modo, alguns desconfortos surgem.

Muitas vezes, eu tento esquecer ou encobrir um desconforto, mas ele prossegue me incomodando. As reminiscências também afloram independentemente de minha vontade. São lembranças de algo que não ficou bem resolvido e volta e meia ressurgem. Em Yoga, busca-se dar atenção a essas reminiscências, de modo que se possa compreendê-las, resolvê-las e liberar-se delas.

Há muitas possibilidades de se lidar com as reminiscências. A Psicologia possui vários recursos e as religiões também de certa maneira. Eu também vou aprendendo a lidar com as reminiscências recorrentes a partir das minhas próprias experiências e das orientações que apreendo. O sábio Patânjali destaca a prática da meditação para serenar a mente e assim lidar com as reminiscências.

No entanto, pode acontecer de algumas das reminiscências insistirem em aparecer enquanto se está meditando. Pode ser algo corriqueiro como um problema de trabalho para o qual eu tenho que dar uma solução. E de repente, para minha total surpresa, pode surgir uma solução para esse problema durante a meditação. Isto é bastante frequente e confirmado por estudiosos no assunto: os insights surgirem quando não se está agindo intencionalmente para captá-los.

No entanto, também pode ocorrer uma daquelas reminiscências para as quais se tem que dar especial atenção e que interessam tratar. Nesse caso, o melhor é deixar fluírem os pensamentos relacionados a essa reminiscência assim que ela aparecer. Vai-se puxando o fio da meada: os pensamentos encadeados que essa reminiscência pode produzir. Continua-se tranquilo e numa situação confortável, porque no momento em que se adota essa intenção, passa-se à posição de um observador de si mesmo. Cria-se, assim, um distanciamento que esvazia as emoções e permite prosseguir a observar.

Este é o artifício da meditação: criar um distanciamento que permita ser dual: ser aquele que vivencia a experiência e, ao mesmo tempo, observar a mim mesmo. Isso faz com que as emoções fiquem deslocadas e esvaziadas. Elas passam a ser percebidas sem dramatização, porque estão sendo observadas.

Porém, a reminiscência está assentada num terreno dual: significado e emoção. A emoção associa-se a um significado e essa junção pode não estar bem resolvida dentro de mim. Enquanto eu não a resolver ela volta. Então, a dica que eu sigo é atuar em mim mesmo sempre que ela voltar à tona. Eu tento responder a duas perguntas: qual é o significado dessa reminiscência e qual é a emoção que eu sinto em relação a essa recordação? Pode ser uma infinidade de coisas. Percebi o problema, paro e volto à causa até chegar onde tudo começou. Assim consigo chegar à origem daquele sentimento. Às vezes a origem pode estar bem distante na época em que eu era criança. Outras podem ser recentes, mas provavelmente têm alguma analogia com outra questão bem mais anterior.

O importante é perceber o que a emoção significa para mim. Seja lá qual for o significado, ele certamente estará associado a uma circunstância e a mim. Mesmo que outras pessoas possam estar incluídas, eu tenho que considerar a mim mesmo como o protagonista da minha própria história para resolver a minha questão emocional que provoca a reminiscência. Alguém pode dizer que isso não é meditação, que é autoanálise. Tudo bem, essa autoanálise faz parte do processo meditativo, porque eu é que sou responsável pela minha própria liberação. Na vida emocional, ninguém é súdito de ninguém mais.

As atividades da mente poderiam ser reduzidas a duas naturezas (não diga ao Patânjali que eu disse isso): pensamento ou reminiscência. Pensamento é quando ativamente estou maquinando, fazendo projeções ou equacionamentos. Já as reminiscências surgem independentemente da minha vontade. O propósito na meditação é serenar tanto os pensamentos quanto as reminiscências, porém, no caso de querer compreender as reminiscências recorrentes, posso analisá-las, fazer perguntas, anotar as minhas respostas e intercalar a análise com a meditação. Por habituar-me a fazer isso com regularidade (e com muita sorte) a minha vida vem melhorando e muito.

Relaxamento essencial

O relaxamento talvez seja uma das práticas mais fáceis, simples, agradáveis e efetivas de propiciar o estado de não agir que é cada vez mais raro na vida cotidiana, na qual se seguem receitas ou rotinas na maioria das vezes. Algumas delas estão profundamente instaladas dentro de mim, de você e de todo o mundo, como verdadeiros programas operacionais robóticos.

Isso também significa que essas receitas são formas de inteligência. No entanto, outro tipo de inteligência está em atuação quando se fica sem fazer nada nem pensar. O corpo continua a funcionar de forma perfeita, graças, por exemplo, ao sistema nervoso autônomo. Essa é uma inteligência vital e essencial, à qual todo mundo poderia acrescentar um aprendizado daquilo que é apreendido no cotidiano. A partir dessas experiências adotam-se outros modos de viver e de relacionar-se. Portanto, estou falando de níveis de inteligência: a inteligência essencial e todas as outras inteligências, às quais se acrescentam rotinas de eficiência.

Quando relaxo, de início uso um pouco da inteligência adquirida, a operacional, para comandar o relaxamento. Então, fecho os olhos, vou sentindo o corpo parte por parte até relaxar por completo. Nesse momento, não preciso mais comandar. A minha inteligência operacional pode descansar.

Isso é algo extraordinário e ao mesmo tempo tão comum. Deixo o meu corpo viver por ele mesmo. Os condicionamentos que eu criei com a minha inteligência operacional – preocupações, lembranças ou projeções – não têm então oportunidade de vir à tona. Eu assim me libero dessas maquinações, o que torna o meu dia muito melhor. Fico muito mais tranquilo e em paz.

Se o único exercício de Yoga que se fizesse ao longo da vida fosse o relaxamento, isso já seria a glória em termos de saúde. O relaxamento diário traz enormes benefícios. É possível dizer que quase 80% dos males que afligem todas as pessoas são doenças adquiridas. São adquiridas e se tornam condicionamentos mentais. Ao relaxar eu permito ao meu organismo não se submeter àquelas programações mentais de doença.

É por isso que os médicos dizem: "repouso absoluto". Durante o repouso o organismo cura-se. Então é bom que todo o mundo repouse bastante. À medida que se faz isso, cria-se o hábito de desligar a inteligência operacional e deixar agir a inteligência essencial que vai descondicionar as doenças. Assim recupera-se a própria vitalidade que, por alguma razão da vida, estava abalada. Essa boa prática diminui a permanência dos males adquiridos.

No entanto, sempre haverá algo mal resolvido da infância e que ficou reprimido dentro de mim. Conforme explica a psicologia, eu reproduzo comportamentos que me fazem vivenciar uma determinada situação ou emoção que reprimi no passado. Nem me lembro dessa sensação, mas a realizo. E tenderei a praticar inúmeras vezes, porque lá no meu íntimo tenho a esperança ou o projeto de desta vez sair-me bem daquela situação em que, por alguma razão, tenho sempre me saído mal. Até as relações que estabeleço, de algum modo, seriam com pessoas que eu (até inconscientemente) escolho, porque permitem que eu reproduza essas situações.

É claro que há várias armadilhas nisso; aquilo tudo já passou; talvez nem tenha sido assim tão grave – e se foi, já passou, faz tempo. Portanto, o fato em si mesmo "já era". Talvez o que me reste seja tomar consciência, esclarecer, compreender, aceitar a situação e fazer o que ainda houver de objetivo por fazer, perdoar e prosseguir vivendo. Assim, pelo menos eu me libertaria. Libero-me daquele comportamento nocivo e repetitivo que me faz sofrer. Paro de ficar encucando e de colocar culpas nos outros ou em mim mesmo.

Para mim, o modo mais eficiente para alcançar essa liberação é o de prestar atenção nos fatos que se repetem em minha vida. Por que eles acontecem com tanta frequência? Se sempre acontecem comigo, então não dá nem para colocar a culpa nos outros. Provavelmente, fui eu que me coloquei nessa situação em muitas e muitas vezes.

De algum modo, eu crio essas situações. Tento reproduzir a mesma experiência, inúmeras vezes para ver se desta vez resolvo-a bem. Mas a chance de me dar mal, repetidamente, é muito grande. Afinal, aquilo não está resolvido. O melhor é parar e prestar atenção em mim mesmo, em minhas emoções características e nos comentários que as outras pessoas emitem sobre mim. Talvez assim eu consiga mais condições de esclarecer e compreender o que estou reproduzindo inconscientemente.

Então vou tornando consciente algo que acontecia de forma inconsciente: os sentimentos associados às situações desconfortáveis e os próprios comportamentos que propiciam as situações desconfortáveis. Esse esclarecimento dá oportunidade de compreender melhor e aceitar ou não aquelas situações para rever e até mudar o meu comportamento habitual. Com certeza essa mudança de comportamento me dá uma condição de liberação e de paz muito maior do que aquela que antecedia à tomada de consciência. Desse modo, dou oportunidade para a minha inteligência operacional atuar para libertar-me daquilo que frequentemente me incomoda.

Depois de prestar tanta atenção, o que dá um trabalho enorme que não é físico, mas mental de perceber o que andei fazendo com a inteligência operacional (depois de tanta encucação), o melhor a fazer é um bom relaxamento, um trabalho físico de não agir. Dou então uma chance à inteligência essencial por simplesmente não fazer nada nem pensar, deixando-a atuar a meu favor como ela sempre faz naturalmente.

Um mergulho pelo rio do Hinduísmo

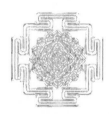 Estive revendo os Yoga Sutras (conforme os textos do pesquisador Carlos Eduardo Gonzales Barbosa) para compreendê-lo em sua relação com o Hinduísmo desde a época conhecida como a do conhecimento revelado (dos Vedas). O período védico estabeleceu uma base tão consistente que veio a determinar a principal corrente da cultura hinduísta. Essa base concretizou-se pelos textos revelados, os Vedas, cujo saber foi mantido e divulgado oralmente e por escrito. A linguagem dos Vedas seria anterior ao formato do sânscrito hoje conhecido.

No período posterior ao das revelações, surgem as upanishadas, que finalizam os Vedas. Já não se trata mais de revelação, mas de compreensão prática e aplicada da revelação. Esse período é também chamado de vedanta (literalmente, o fim dos Vedas)

e caracteriza o surgimento das escolas do pensamento filosófico hinduísta, entre elas o Yoga. Mais tarde surgirá uma escola que se autodenominará Vedanta e se dedicará ao estudo da tradição com foco principal nas upanishadas.

Os guardiões das revelações védicas eram os brâmanes da Índia. E como todas as tradições, os Vedas foram sendo transmitidos dos mais velhos para os mais jovens, de modo a alcançar toda a população. Porém, além do conhecimento fundamental dos Vedas, extensivos para toda a sociedade, cada família transmite o seu próprio conhecimento e também segue reverenciando a sua própria tradição, os seus segredos, receitas e os seus mestres ancestrais.

No contexto da sociedade hinduísta, há então aquela corrente principal originária dos Vedas e várias afluentes que são as das várias famílias com suas próprias tradições. Algumas dessas tradições familiares seguiram em paralelo, mas por vezes se chocaram com a tradição principal. Foi o caso do Budismo, cuja origem legendária surge de um príncipe de uma família de arqueiros e que segue seu próprio caminho, contrapõe-se à tradição principal em alguns aspectos, conquista multidões de seguidores e espraia-se para o mundo. Anterior ao Budismo e ao Yoga e uma das mais antigas religiões hinduístas, havia o Jainismo, que muito os influenciou e que ainda prossegue, embora com menos vigor. Seu adepto de maior exemplo conhecido no ocidente é o Mahatma Gandhi.

O tantrismo seria um nome genérico para as várias tradições familiares não tão extensivas e notáveis como as linhas do Hinduísmo citadas, do Budismo ou Jainismo. Quando se fala em tantra, fala-se das várias tradições que são familiares, que estão no grande rio do Hinduísmo, mas que também seguem por caminhos próprios e restritos. Assim, essa denominação, tantra, não se refere a uma escola apenas, mas a um movimento espontâneo de uma grande variedade de tradições familiares paralelas ou de origem singular que formam uma trama difusa de propostas distintas entre si, mas que propiciaram o ressurgimento do Hinduísmo ali pelo séc. IX e junto com este o ressurgimento do Yoga. O Yoga ressurge, no entanto, fortemente marcado pela tendência devocional (bhakti) que o trouxe de volta ao cenário indiano e praticamente assim vai prosseguir na medida em que o movimento tântrico o vai enriquecer com a sua literatura da Idade Média da Índia, poucos séculos a seguir.

O Yoga vem da tradição principal dos Vedas e das upanishadas. A situação político-social da época de seu amadurecimento era de contraposição às famílias brâmanes que tentavam extrapolar seu poder de influência por meio da exclusividade do conhecimento e ofício dos rituais. Essa contraposição foi crescendo com a produção literária das upanishadas e assim deu causa à reforma do Jainismo, ao surgimento do Budismo e à doutrina do Yoga. Mas, curiosamente, o surgimento doutrinário do Yoga é aceito e incluído pelos brâmanes do Hinduísmo tradicional, talvez pela sua aceitação popular e potencial de reação ao crescimento social do seu contemporâneo, o Budismo. Pois este se tornou muito forte e competidor com o Hinduísmo. O que causa um desconforto para os brâmanes que afinal vivem da arregimentação da sociedade que é influenciada por eles.

Na visão do Hinduísmo, o mundo existe, eu existo, mas a minha relação com o mundo é imaginária, principalmente porque a percepção individual da realidade é dada pela vivência pessoal de cada um. Cada um percebe o mundo de formas diferentes entre si e, portanto, o modo como se vê o mundo vai condicionando o modo como se continua a ver o mundo. Assim deixam-se de ver muitos aspectos da realidade por causa desses naturais condicionamentos. Ou seja, como a percepção da realidade determina a realidade para quem a percebe, qual das muitas percepções é a real?

Então, surge o Buda que também diz que tudo é uma ilusão, mas ele é muito mais radical: "Eu também sou uma ilusão, eu não existo". Sua concepção filosófica contesta a visão da tradição; para ele a individualidade do "eu" não tem sentido e é uma mera manifestação percebida do princípio divino da vida. Porém, a intensidade do misticismo oriental era e é tão forte que o Buda, que não era sacerdote e não queria fundar religião nenhuma, de repente estava cercado de fiéis e o budismo virou religião também e muito forte.

O Yoga de Patânjali, de certo modo, contrapõe-se a essa visão e afirma a tradição: "Eu existo, o mundo existe, a realidade existe; a minha relação com a realidade é que é ilusória". E ainda mais, ele enfatiza o ser especial que habita o coração de cada pessoa e representa a divindade da vida: Ishvara, o comandante interno do ser, o qual os yogues querem ouvir, porque ele é a voz do coração e da presença de Brahma. O yogue trata de serenar a mente para apreender a realidade e nela agir com o discernimento que somente a voz do coração tranquilo, a intuição, pode indicar.

Assim, a sistematização doutrinária do sábio Patânjali prosseguiu como uma escola que dá sentido a todo conhecimento tradicional dos Vedas e das upanishadas. Sabiamente foi incluído pelos brâmanes pela eficácia de aceitação popular, que poderia (mas não funcionou como os brâmanes queriam) frear a crescente aceitação do Budismo em sua época inicial. De fato, na Índia, com o reinado do rei Ashoka Maurya do séc. III a.C., o Budismo se estabeleceu por um milênio, embora depois tenha minguado no território indiano e prosseguido no restante do oriente.

Os Yoga Sutras de Patânjali, à semelhança do Budismo, propõem oito princípios para se agir adequadamente na vida: comportamento social adequado, comportamento pessoal adequado, controle adequado da mente, controle adequado da energia, introspecção dos sentidos, concentração interior, contemplação exterior e estado de samadhi. De modo que se possa perceber a realidade com clareza e nela agir-se com integridade e autenticidade (kaivalyam, que será explicado mais adiante).

A proposta de Patânjali, assim como a de Buda, era a de um comportamento individual e social em que se está tão íntegro que seria possível exercer os vários personagens sociais e também ser autêntico e livre para fazer o que de fato deve ser feito em condição de veracidade e com a mente serena.

Para fazer a natureza acontecer

Prossigo relendo os Yoga Sutras de Patânjali. No estudo, venho usando duas fontes: a tradução feita pelo Carlos Eduardo G. Barbosa e os quatro volumes de textos das aulas do Dr. Jayadeva Yogendra que eu trouxe do Yoga Institute. Nesse material, tenho tanto aquele com visão histórica e sintética como estes que se estendem em cada sutra com dezenas de páginas de comentários tradicionais. Agora vou focalizar o quarto e último capítulo dos sutras.

O nome desse quarto capítulo é Kaivalyam Pada. Kaivalyam é uma palavra-chave em Yoga e vale horas de conversa! Há várias possíveis traduções: aniquilamento, isolamento ou integração. O sentido é de estar tão íntegro consigo mesmo e tão próximo do "eu interior" (atma) que, portanto, o agir torna-se mais independente dos condicionamentos acumulados pela vida social. Assim age-se com esclarecimento e autenticidade.

Esse estado de kaivalyam é a síntese de um processo de discernimento para ver a realidade como ela é: serenar a mente, desenvolver atitudes de respeito social e pessoal e cultivar a capacidade de focalização e o estado de samadhi.

Kaivalyam também pode significar aniquilamento, no sentido de destruir os filtros com que se percebem a realidade. Então não se daria mais atenção às dualidades de bem ou mal ou de outros contrastes habituais que influenciem a nossa percepção da realidade. Seria um estado de isolamento da percepção, portanto, no qual se lida com os fatos como eles de fato são.

Para chegar a uma definição mais precisa de kaivalyam estou lendo e relendo os textos do último capítulo dos sutras. E dois aspectos se destacaram para mim: as reminiscências, que são aquelas memórias que sempre ficam na mente por mais que eu tente compreendê-las e neutralizá-las; e o outro aspecto é que o estado de samadhi também vem e vai, vai e vem. Ou seja, por mais que eu pratique a meditação, algumas memórias podem vir à tona e me retirar do estado de samadhi. Entre essas várias reminiscências, que vão estar comigo por toda a vida, algumas são muito antigas e podem até anteceder a minha existência, na medida em que sejam registros transmitidos de forma hereditária, por exemplo.

Patânjali diz que entre todas essas memórias que estão na origem de muitos dos meus comportamentos, principalmente defensivos, estão o medo e a negação da morte ou, de forma afirmativa, está a esperança de permanecer vivo e incluído socialmente. Então, seja no negativo ou no positivo, eu trago essa compulsão de vida que leva a todo de tipo de ações ou reações que possam promover a minha imortalidade. Isto é uma afirmação do desejo de permanência ou uma negação da morte e do fim.

Mas o fato é que estou me referindo a algo inevitável: se eu nasci, vou morrer um dia. Já que isso eu tenho que aceitar, pois não há como fugir, então seria melhor eu lidar com as razões do sofrimento mental, as aflições (ou kleshas em sânscrito): a falta de sabedoria, o egotismo, o anseio daquilo que me dá prazer, a aversão àquilo que me ameaça e o medo da exclusão (que inclui a tão temida morte).

Patânjali diz que a falta de sabedoria está na raiz das aflições. É ela que gera o egotismo, quando considero pessoal o que não é pessoal como, por exemplo, o sucesso ou o fracasso de algum projeto ou ação em que me empenhei. Ora, eu me empenhei e fiz com entusiasmo, mas a coisa não deu certo: tudo bem, isso é natural e não há mérito ou demérito nisso; as coisas são assim. Mas se eu estiver considerando o projeto como algo pessoal e identificado a mim, então ou vou me sentir vitorioso ou fracassado em vez de avaliar objetivamente o resultado do projeto. Sofro por conta do meu egotismo nesse caso.

Esse capítulo do kaivalyam explora também o fato de a nossa mente abrigar muitos personagens simultaneamente e que é necessário desprezar os núcleos mentais desses personagens para se concentrar no único núcleo autêntico que eu tenho e que sou eu mesmo, o ator e não um personagem circunstancial.

A falta de sabedoria pode me levar também à identificação com aqueles vários núcleos mentais dos meus personagens circunstanciais e enquanto eu estiver fixado neles também estarei afastado do meu núcleo essencial, no qual eu teria que me concentrar para meditar, agir conforme a minha vocação autêntica e perceber a realidade com a força da minha percepção intuitiva, que precisa estar isolada (kaivalyam) da influência dos personagens circunstanciais.

Eu comecei a falar pela parte final desse último capítulo dos Yoga Sutras por causa do seu próprio título, kaivalian, que é o objetivo operacional do Yoga para obter a força da percepção intuitiva (tema pouquíssimo ou não tratado no mundo atual do Yoga postural moderno).

Mas Patânjali começa o texto comentando o tema do capítulo anterior, o terceiro, que trata de possíveis resultados da meditação (as perfeições ou siddhis em sânscrito). Ele esclarece que essas perfeições, que alguns chamam de resultados extraordinários, podem ser obtidos naturalmente por uma herança genética (para quem já veio pronto) ou por sacrifícios de purificação ou por ingestão de substâncias ou por rituais com mantras ou por meio do samadhi. Porém, enfatiza que, desses cinco, o melhor mesmo é o samadhi, pois nenhum dos outros tem muita consistência ou continuidade e ainda podem estimular a ilusão de onipotência que leva a inúmeros desvios de personalidade. Enquanto o samadhi não tem nenhuma contraindicação. Na visão de Patânjali, o estado de samadhi – de assentamento da consciência no coração – é que é a condição mais consistente, perene e que vale a pena cultivar. Interessante, não?

Por isso esta releitura tem me chamado tanta atenção. E me agrada muito o texto se aproximar da psicologia e da filosofia. Por muitas vezes eu percebo que há uma fantasia de que o praticante de Yoga teria poderes mágicos, seria um ser especial, diferente e que dispensaria o estudo, porque o conhecimento chegaria até ele pela iluminação. Mas quanto mais eu leio Patânjali, mais eu percebo que ele é muito direto nesse aspecto.

Na verdade, ele se refere à estratégia de vida de autoestudo que Yoga é de fato. Ele fala, literalmente, que o único poder que o yogue tem é o de esclarecer a realidade para a sua compreensão e o que ele pode fazer é retirar alguns obstáculos para que a natureza possa acontecer. Uma boa imagem disso seria a de um lavrador que, com a sua enxada, abre caminho para a água escorrer do riacho até a plantação. Não é ele quem faz a plantação crescer, mas sim a terra, o sol e a água que contribuem para a natureza essencial de cada planta se realizar por si mesma (conforme foi dito há séculos por Vyasa, o primeiro e principal comentador dos Yoga Sutras).

E isso me faz lembrar os quatro verbos da prática da amorosidade: esclarecer, compreender, aceitar e prosseguir (que formam quase um método). O tempo todo, eu tenho que ser capaz de esclarecer e compreender como a natureza acontece para então perceber quais obstáculos eu poderia retirar para facilitar o que a natureza pode realizar. Para mim está implícita, assim, uma atitude de respeito e de aceitação de que é a natureza e não eu quem realiza. Tenho, portanto, a humildade de reconhecer que apenas colaboro, mas que isso faz toda a diferença.

Quantos obstáculos precisam ser retirados em mim mesmo para que a natureza humana se revele no seu melhor em mim? Que obstáculos nem pensar em retirar para não revelar o pior? Embora o que seja melhor ou pior dependa em grande parte das circunstâncias. Como eu disse, esta conversa pode render horas.

O ser e a roda

Em minha releitura dos Yoga Sutras prossigo pelo pé do kaivalyam – Kaivalyam Pada –, nome do último capítulo do texto de Patânjali. Vou revendo os sutras e os vários comentários. Basicamente, há um grande comentarista desse texto, Vyasa, que é quase tão lendário quanto Patânjali, e destacam-se também Vachaspati (Séc. X) e Bhikshu (Séc. XV) entre os históricos. Eles fazem uma discussão filosófica, conforme suas épocas. Quem me apresenta a interpretação deles é o Dr. Jayadeva Yogendra em textos que eram utilizados no Yoga Institute, na época em que lá estive como aluno residente (1983).

O Dr. Yogendra reproduz as palavras desses comentaristas e faz correlações com as outras linhas filosóficas hinduístas que tratam dos mesmos temas em seus contextos doutrinários. Então, para cada sutra são várias páginas de discussão. Os sutras que eu li nesta semana estão bem fixados na importância de serenar a mente. Alguém pode achar estranha essa ênfase no último capítulo, pois é assim que começa o texto dos Yoga Sutras, quando Patânjali diz que "Yoga é recolher as atividades da mente". É verdade; mas, nesse capítulo final ele discute o porquê disso e vai aos píncaros da filosofia indiana.

O mestre lembra que no cotidiano as minhas experiências geram resultados que são percebidos por mim com uma emoção associada a um significado (ou vice-versa) e que cada percepção associada à emoção e ao significado gera nova memória. O que os comentaristas tradicionais dizem em relação a isso é o seguinte: a tal da mente é a própria memória e ela é constituída por essas impressões que ficam registradas das experiências de vida. E essas experiências, por mais insignificantes que sejam, ficam para sempre.

Na compreensão poética dos indianos, elas ficam para sempre mesmo! Segundo eles, existe o Samsara, a roda das reencarnações. Tudo o que eu faço com um propósito é karma (uma ação ritual ou processual para obter um resultado almejado e não qualquer coisa simples) e este empurra a roda que vai girando. Então, tudo o que eu faço agora gira a roda e vai gerar consequências a seguir. A roda não para nunca, segundo os hinduístas. A dica deles é desvincular-se do anseio por resultados e fazer apenas o que tem de ser feito sem expectativas para não "gerar karmas" (no sentido figurado e popular de aprisionamento ao Samsara) e deixar de reencarnar por várias e várias vidas.

Se eu olhar de outro ponto de vista menos poético, também posso perceber que existe um componente genético nesse Samsara. Afinal, fui gerado por um pai e uma mãe, que também tiveram muitas experiências e memórias; e os cromossomos deles também fazem parte deste meu conjunto memorizado. O novo ser que surgiu da junção desses cromossomos traz, portanto, memórias ancestrais que desse modo remontam até a primeira coisa viva que surgiu na Terra, aquela cianobactéria que se juntou com uma molécula de água, há 3,5 bilhões de anos, e que iniciou essa propagação da vida por aqui. É uma visão mais calculista, mas também razoável, de que se traz uma memória permanente para a qual todo mundo vive acrescentando algo com as vivências pessoais. Talvez também por isso a roda do Samsara não pare de girar.

Nos Sutras, Patânjali destaca a conhecida fórmula: cessada a causa, cessa o efeito. Se eu consigo serenar a mente e neutralizar essas memórias que ficam pululando, então eu posso cessar o estímulo para ações que não teriam nada a ver com o presente, mas sim com as memórias. Na medida em que eu lidar com o presente sem criar mais complicações de apegos, eu diminuirei o movimento da minha roda pessoal.

Patânjali alerta que grande parte dos desejos e anseios (provocadores de ações) não é original; uma boa quantidade deles é das reminiscências das vidas passadas, das memórias que vieram para ficar e ficarão, mas que todo mundo pode neutralizar na medida em que serenar a sua mente e agir desapegadamente naquilo que tenha a ver com a sua vocação, com o que lhe indica a voz do coração tranquilo, pois isso é o que cada um de nós veio fazer da vida nesta vez.

E nesse ponto, o Dr. Jayadeva Yogendra chama atenção que há vários tipos de ação. Aquelas ações nas quais existe apego e que são as que vão criar problemas, porque se está apegado pela expectativa do resultado. Está havendo falsa identificação com o que não sou eu. Eu me identifico, fico interessado e me apego. Pronto, começam as complicações.

Ele também diz que, de todas as ações, a que "cria menos karma" é a mental sem consequências materiais. Compreender, meditar, desejar o bem para os outros, enfim, ação mental que condiciona o bem é a melhor ação. Quanto mais a ação for sutil e estiver longe da matéria, menos será propícia a criar apegos e interesses no resultado da ação.

Mas os hinduístas falam em quatro tipos de ação kármica, conforme criem dor, prazer, dor e prazer, ou nem dor nem prazer. O karma da ação que provoca dor é o pior caso, uma ação material e maligna. O karma do prazer é aquele em que se faz uma boa ação, mas interessada pelo prazer do resultado e por isso geradora de apego. O melhor karma seria o da ação desinteressada que eu faço porque é o que se deve fazer e sem me envolver pela expectativa do resultado dela, não sinto nem dor nem prazer, porque não há nada disso em jogo e não há nada pessoal.

Assim é a ação no estado de kaivalyam, é o agir com integridade, isolado da ação "kármica" e agir consciente de que a minha individualidade é mera circunstância, que nada é pessoal e que assim posso seguir nesse caminho, driblando naturalmente os karmas.

Acima de tudo o 101 coração

 Em Yoga, algumas posturas (ásanas) sugerem alegorias para estimular a compreensão da nossa vida por outro ponto de vista. Um exemplo é quando nos colocamos de cabeça para baixo. Nessas posturas a cabeça fica abaixo do coração, o que seria a ordem ideal da hierarquia: intuição / pensamento / ação.

Simbolicamente, a ordem de importância seria: a intuição, que é a voz do coração, ser escutada pela mente e a mente transmitir para o corpo. Daí a hierarquia seguiria na ordem do coração para a cabeça e desta para o corpo.

Portanto, nessa alegoria de nos colocarmos de cabeça para baixo teríamos a oportunidade de nos reorganizar, alegoricamente, nessa prioridade natural do coração no topo da hierarquia e abaixo dele a mente. Claro que ninguém precisa "plantar bananeira" para dar prioridade ao seu coração, porque as posturas invertidas e todas as demais são apenas representações.

Com o coração tranquilo podemos compreender a realidade sem os filtros que a mente nos coloca. Afinal ela quer o nosso conforto, mas para nos proteger sempre distorce um pouquinho (ou muitão) a realidade para que a gente ache que as coisas são do jeito que as preferimos ver. Ela chega até a colocar a culpa nos outros por quase tudo de ruim que nos acontece.

Mas é preciso ficar atento para uma armadilha relativa ao coração, porque quando a gente se emociona pode confundir emoção com intuição: emoção é muito diferente de intuição. A origem da palavra emoção é ex-motio, movimento que vem de fora. Somos, portanto, emocionados por algo externo a nós e que nos atingiu. Entretanto, a intuição não vem de fora, ela vem de dentro, brota e se revela como um sentimento que é totalmente nosso e que seria até capaz de neutralizar uma emoção (provocada por algo externo).

Conforme a Mandukya Upanishada, texto sânscrito anterior em alguns séculos ao surgimento da doutrina do Yoga e que a inspirou, nós temos um eu do coração, um eu da mente e um eu do corpo, de tal forma que nós somos uma quarta entidade: um ser que é a síntese desses três "eus".

Segundo aquele texto hinduísta tradicional o eu do corpo é absolutamente verdadeiro, porque faz sem discutir o que a mente mandar. Ele não tem intenção, não tem vontade nem bondade nem maldade; o eu da mente, porém, vive num mundo de sonhos da permanente interpretação das percepções que o eu do corpo tem da realidade. O eu da mente tem por missão proteger-me e dar-me conforto, mas conforme a interpretação que ele faz da realidade. Ele parece um diretor de televisão, todo poderoso, que vai dirigindo as cenas para o telespectador continuar no sofá.

Já o eu do coração, o eu intuitivo, é espiritual e absolutamente verdadeiro e pleno de toda a perceptividade, porque ele vive num mundo sem fantasias, num estado idêntico ao do sono profundo, no qual nenhum sonho existe nem emoção nem agitação externa. Nesse estado se encontra a pureza da realidade original sem a interferência da mente.

Conforme os textos sânscritos que inspiraram o Yoga o eu do coração traz consigo a essência do universo, a essência do ser que cabe a cada um realizar durante a vida. Então, se o ser essencial que está no meu coração é respeitado, se eu o escuto e se eu me habituo a ouvi-lo, então eu passo a perceber a intuição da verdadeira realidade.

Isso é para ocorrer de modo natural inúmeras vezes como, por exemplo, ao estarmos relaxados nós percebemos a intuição naturalmente. Às vezes seguimos, às vezes não. Quase sempre que não a seguimos nos arrependemos depois. E por que o coração saberia a verdade de tudo? Porque, como ele é uma instância do mesmo ser essencial em mim, em você, em tudo e todos no universo, ele não falseia a verdade para agradar ninguém.

Conforme a tradição hinduísta esse todo real está conectado e em comunicação com tudo que existe de verdade, pois somos instâncias do mesmo Ser, com diversas manifestações, sejam elas vistas como boas ou como ruins. Quando dizemos namastê, "a divindade que há em mim saúda a divindade que há em você", é a mesma divindade que se reconhece entre as pessoas. Esse Ser é uno, nós temos a oportunidade de vivenciá-lo porque estamos vivos; pelo simples fato de eu estar vivo. Quando eu morrer, morre a figura corporal do Thadeu que tem início, meio e fim, mas o ser único prossegue a existir. Neste lapso de existência, eu sou um evento físico, de carne e osso, que tem a sorte de estar aqui a conversar no Jardim Botânico de Brasília.

Essa é a narrativa na qual os yogues e os hinduístas acreditam. Sim, porque nós humanos somos seres de narrativa e precisamos de histórias que nos orientem. Particularmente, essa história me agrada bastante. Ela me alerta de que não dependo de ex-motio, das emoções, para ser feliz. Isso me é muito importante, pois se eu focalizo no meu coração o meu eu essencial, eu me sinto completo, sem precisar me emocionar nem desenvolver nada.

O que se desenvolve é para o viver social, o que pode até ser muito bom e suprir as carências materiais, mas para ser feliz eu preciso estar em mim, feliz comigo pelas minhas decisões, por seguir minha intuição e por estar em paz comigo mesmo. Para tanto, eu sou autossuficiente por princípio, porque sou manifestação em vida do ser essencial e não preciso de mais nada para ser quem eu já sou, até porque nada levarei quando eu morrer que possa acrescentar ao ser essencial nem ao Supremo que já é pleno e infinito. No entanto, eu me apego ao todo social com o qual me habituo. É uma condição confortável e agradável, talvez, mas a referência verdadeira da minha felicidade é o meu coração, é do meu sentimento que ela brota; não é daquilo que me emociona. Se a minha felicidade estiver condicionada ao que me emociona, terei sempre que tomar uma dose de emoção. Vou ficar dependente do que é externo a mim pela vida inteira.

No entanto, é ótimo desfrutar do que externo. Assim como é muito bom ser capaz de poder tanto aproveitar quanto desprezar. Mas isso não muda a minha felicidade, embora possa dar conforto ou desconforto conforme as circunstâncias. Essa compreensão faz toda a diferença, pois as emoções cessam de me dirigir de modo totalitário. Eu posso ter tranquilidade nas minhas decisões e posso ouvir minha intuição que não se ilude com falsas cobranças e promessas ou possibilidades irreais.

O ideal seria ao surgir uma emoção perguntar: por que me estou emocionando assim? E ponderar: não sou eu, não me pertence, vem de fora. Não posso virar refém do que vem de fora de mim!

Portanto, alegoricamente, o coração representaria a essência de cada um. Quando você medita, quando está em paz ou quando cai em si, você entra em contato com o seu coração, com a sua intuição, com quem você verdadeiramente é, com aquilo que de fato lhe pertence, com aquela ordem que é sua, com a sua vocação e com a verdade. Você pode seguir a sua intuição.

Nunca temos a informação completa da realidade para tomar decisões. Sempre faltará algo que não está disponível para a visão dos olhos. Por isso toda decisão sempre provoca algum estresse. Temos, portanto, que contar com a intuição para melhor decidir, pois ela está conectada com a verdade da situação real e não com a lógica da razão incompleta.

Daí a natural formação dos valores e das crenças ao longo da história pessoal, que nos permite registrar na memória os acertos da razão apoiada na intuição e a lembrança das decisões emocionais erradas. Houve até um "Nobel de Economia", em 2002, que bem demonstrou isso, o Daniel Kahneman, e ele nem é hinduísta, mas sim de outra tradição também antiga.

Por isso tudo somos seres complexos. Do ponto de vista mental somos seres narrativos, procuramos, aceitamos e somos influenciados por narrativas. Cada um de nós adota algumas narrativas inconscientemente ou não para viver com mais conforto mental. As narrativas são mais bem sucedidas quando são compartilhadas, pois somos seres interativos e relacionais. Somos de fato seres que compartilham narrativas.

No caso dos yogues, adotamos essa narrativa em que há uma hierarquia no ser: o coração, a mente e o corpo. Minha paz depende da harmonia e da ordem correta desses três aspectos. Para tanto, utilizo a meu favor os meus recursos, sendo o principal deles a capacidade de dirigir a minha mente, pois ela é a minha aliada na interpretação das histórias e da realidade. Porém, não posso deixá-la solta no comando da minha vida e, portanto, tento colocá-la a favor da verdade da intuição espiritual e não do meu aparente e imediato conforto material.

Assim, vou percebendo qual é a minha narrativa essencial, aquilo em que acredito mesmo enquanto convivo com as narrativas dos outros. Aproveito, entretanto, para dar mais atenção às aparências que me mostram sempre que a minha intuição se alarma (ela sempre me alerta, mas eu ainda erro bastante).

Percebo, desse modo, uma sensação de paz interior e até mais capacidade de aceitar e perdoar (a mim e aos outros), embora a vida continue animadíssima. Enfim, cultivar a aptidão para saborear essa felicidade essencial que já trago comigo, pois sou uno com aquele mesmo Um completo, íntegro, com você e com os outros no universo. Estou em boa companhia. O que diz a sua intuição?

Um caminho yogue de felicidade por atitudes

 O meu caminho começa com as atitudes que são de minha responsabilidade. São cinco as atitudes sugeridas em Yoga. A primeira é a de perceber onde se está. A segunda é de perceber a si mesmo no lugar ou na situação em que se está. Posso colocar-me sentado ou em pé, com a coluna e a cabeça na vertical, para desse modo me imbuir dessas duas atitudes básicas com naturalidade. Posso ficar por algum tempo percebendo onde estou e sentindo a minha respiração e, dessa maneira simples, aperfeiçoar a minha capacidade de lidar com o mundo e com as outras pessoas.

Se a sensação principal for positiva, eu permaneço na situação, se não, vou-me embora ou tentar resolver o meu desconforto na situação. O que evitarei é permanecer em desconforto, pois isso tende sempre a piorar.

Duas atitudes adicionais estão associadas à apreensão de valores e comportamentos e à ação propriamente dita. A primeira delas (o desapego) ocorre quando eu faço o meu corpo inclinar-se para frente, expiro o ar dos pulmões e desse modo entrego-me a não agir e desapego-me até do ambiente em que estou. Nessa inclinação torno-me vulnerável e abro mão da condição elementar de defesa da minha vida. Também quando me coloco de cabeça para baixo e com as pernas para cima fico igualmente entregue e vulnerável: exemplo limite de desapego.

Nessas duas posições, portanto, aproveito para desenvolver a atitude de desapego e deixar a vida seguir seu próprio rumo. Essas são condições preparatórias para eu agir com mais liberdade e leveza. A quarta atitude é a de autoconfiança para agir. Exercito essa atitude quando me inclino para trás, inspirando e expandindo a musculatura frontal.

Essas quatro atitudes têm como propósito o agir no mundo. À medida que as desenvolvo vou reunindo as condições para ser quem sou. Esta é a quinta e principal atitude em Yoga: ser eu mesmo com autenticidade e com liberdade. Ambas me constituem de modo complementar: a liberdade e a autenticidade de ser eu mesmo, apesar de todo tipo de pressão social para eu apenas exercer personagens.

Porém, no mais das vezes, isso é bem exigente e pode ser complicado, pois exige que eu faça um bom equacionamento do lidar com os outros, sem ofendê-los ou agredi-los ao mesmo tempo em que me preservo, de modo afirmativo e independente dos personagens que eu esteja exercendo circunstancialmente.

O limite da minha liberdade e autenticidade é dado pelos meus

deveres de existir e pelos outros, pois as pessoas mais importantes no mundo são pelo menos duas: Deus, que me deu o
direito de existir e aquela com quem eu estiver conversando ou
interagindo, pois são elas que dão os meus limites. Tenho de
ser capaz de perceber com quem estou conversando para poder
comunicar-me e, ao mesmo tempo, ser eu mesmo. Se eu não for
autêntico, em pouco tempo, nem eu mesmo vou me aguentar!

Além disso, ninguém quer amar uma pessoa falsa. A principal
virtude que um ser humano preza é a confiança. Como posso
querer que alguém me ame ou confie em mim se eu for uma
farsa, se eu não for quem eu sou e se faço de conta que sou
alguém que de fato não sou eu? Portanto, a aceitação de mim
mesmo é algo tão simples como a autenticidade.

Então, o que a prática de Yoga sugere é cultivar as condições
básicas de aceitação para ser capaz de conviver com os outros
em paz e ao mesmo tempo se aceitar do jeito que se é sem sofrimento. Esse é um grande exercício.

Portanto, coloque essa compreensão na sua prática de Yoga;
perceba-se onde você estiver, sinta o seu corpo; se houver um
desconforto, perceba-o sem moderação e recupere-se (pode ser
uma fraqueza muscular, uma falta de flexibilidade ou um medo
por algo ainda mal resolvido em sua memória). Sim, vale lembrar enquanto você estiver praticando que o seu corpo é também a sua memória e que você estará sempre entrando em contato com a sua memória além da realidade imediata e presente.

Porém, a mais importante de todas as posturas físico-mentais é
aquela na qual você consegue sentir-se em si mesmo e com a
mente tranquila. Mas, como eu, você e todo o mundo lida com

pressões o dia inteiro e muda um pouco a toda hora, há um trabalho permanente de autoajustamento para ficar-se bem.

O ser humano está habituado a fazer isso, de adaptar-se a si
mesmo e à realidade, por meio de inúmeras rotinas de manutenção. Então eu precisaria também de criar uma rotina de me conhecer, de me perceber, de me aceitar, de gostar de mim e de ser
autêntico. O importante será fazer isso todos os dias, na medida
adequada para mim (assim como você na sua medida). A dica é
fazer sempre para ir-se descobrindo cotidianamente e ir-se aju-
stando com a sua autenticidade.

Ao praticar Yoga e meditação precisa-se, portanto, de boa vontade
consigo mesmo, paciência e compreensão diante da realidade.
Não adianta nada ser especialista em si mesmo e ficar por isso
orgulhoso, vaidoso, cheio de importância e irritar-se por qualquer
bobagem ou ofender quem está por perto. A prática pode ser simples assim: qualquer coisa que me perturbe ou mexa com a minha
emoção é uma oportunidade de eu me conhecer melhor (aceitar-
me positivamente) e aproximar-me da minha autenticidade por
meio da compreensão daquela emoção. Ela sempre será da minha
responsabilidade comigo mesmo. Fugir dessa emoção é acumular
problemas e falta de autenticidade, será perder a oportunidade de
ser responsável pela minha felicidade.

A voz da sabedoria

Avidya, em sânscrito, é a palavra que designa a falta de sabedoria conforme os sutras do Yoga. Ela inclui a percepção de eternidade, pureza, bem-estar e individualidade naquilo que é (respectivamente) perecível, impuro, desagradável e não individual. Ela seria o campo fértil para as demais perturbações da mente, causadoras do desconforto e sofrimento, talvez porque essa falta de sabedoria faça confundir o falso com o verdadeiro e provocar as sequências de erros de percepção, decisão, ação e suas consequências danosas.

Dizem os sábios yogues que verdadeiro mesmo é o que diz o coração tranquilo de cada pessoa. Que o coração é a morada do Eu universal, que não precisa falsear nada e, portanto, é sempre verdadeiro. A mente é que faz a confusão por estar sempre buscando conforto e estabilidade numa realidade que não para de alterar-se. A prática de Yoga faz a mente serenar-se e aproximar-se do coração e da verdade. Ela propicia a sabedoria para todos que lhe dão atenção.

Tenho várias lembranças de tolices que cometi pela vida, embora, também possa recordar boas escolhas e decisões, mas eu gostaria de acertar com mais frequência com a ajuda dos ensinamentos dos yogues. Nesta reflexão, tento descobrir o comportamento mais eficaz para encontrar essa sabedoria de agir.

Sei que há em mim (e em muita gente) um tolo demente, um sábio silencioso, um eu que lida com o mundo e ainda mais outros tantos personagens que se revezam conforme o palco das circunstâncias e das narrativas que vou adotando.

Ouço a dica dos Yoga Sutras para encontrar a sabedoria dentro de mim de modo a eliminar avidya de minha mente (essas duas sócias das minhas ilusões e escolhas) para eu usar corretamente o recurso do discernimento (separar-me dos dramas) e aí sim ajudar-me e aos outros a trilhar o caminho da proximidade com o eu autêntico e verdadeiro.

Sinto que, sempre e antes de tudo, preciso mesmo é de ouvir (o silêncio, a intuição, o que me diz o coração tranquilo), habituar-me a ouvir. Seja em momentos gratuitos, de meditações descomprometidas com qualquer outra intenção, seja quando alguma decisão se fizer necessária e, a despeito da urgência, eu me permitir perguntar ao coração o que é mesmo que ele sente. Para então eu decidir a ação e agir confiante.

Certamente a sabedoria está no ouvir e na receptividade ao que diz o coração em mim e nos outros (já que se trata de um mesmo·

coração universal e de inúmeros ouvidos, ora ativos ora mou-
cos). Receptividade com um par de ouvidos primitivos e anteriores à minha tagarelice racional para perceber a tolice, o apelo
ao drama e à construção da tragédia e todos esses sinais que
antecedem as fatalidades. Receptividade como pré-requisito do
discernimento. Talvez por isso os sábios tenham aquelas orelhas
enormes e proporcionais ao seu desapego e à sua disciplina de
agir com a sabedoria de tanto ouvir.

104
Star Yoga

 Por falar em sabedoria e aproveitando a volta da série cinematográfica de Star Wars, recomendo a leitura do livro "Star Wars e a filosofia clássica" que tive a sorte de ganhar numa palestra da Nova Acrópole. É uma coletânea de artigos de diferentes filósofos atuais, cada um abordando o tema dos filmes na perspectiva de filósofos clássicos de suas preferências.

O diretor George Lucas, quando iniciou a concepção de Star Wars, assistiu a uma palestra de Joseph Campbell, estudioso americano dos mitos e se encantou com ele. Aproveito, então, para observar que um grande inspirador de Campbell era o historiador romeno Mircea Eliade, o qual tem bastante notoriedade pelos seus livros sobre xamanismo e também sobre Yoga. Mircea é o autor do livro "Yoga – Imortalidade e Liberdade".

Voltando ao George Lucas, ele ficou fascinado com a palestra de Campbell sobre mitos, símbolos e alegorias e em especial sobre a "jornada do herói" que perpassa todas as culturas. Esse é o tema do seu famoso livro: "O herói das mil faces". Desde então, Campbell passou a ser um orientador de George Lucas.

Campbell dizia que a atualidade não tinha mitos próprios e que não tinha reproduzido nenhum desses mitos da "jornada do herói". De certo modo, foi o que George Lucas passou a fazer, inspirado ou orientado por Campbell. E um tema que está muito presente nas três trilogias de Star Wars é o conceito da "força", o qual me parece corresponder a um campo como o campo magnético, o campo elétrico, o campo gravitacional e, mais do que todos esses: a consciência suprema.

Sim, pois a consciência paira, existe, está presente, podemos senti-la e invocá-la para exercê-la ativamente. Todos nós a percebemos e vivenciamos, embora, talvez não tenhamos a compreensão de que a consciência assim como "a força" seja também um campo como são os demais, cada um com as suas características presentes no universo. Vale, portanto, recorrer como George Lucas e Joseph Campbell às mitologias orientais para encontrar as origens desse conceito.

Vamos então para o Yoga nas estrelas. Com a mitologia hinduísta, para a qual, logo de início, antes mesmo de o universo existir já havia um útero reluzente chamado Hiranyagarbha, que é um campo infinito e pleno de possibilidades com dupla natureza – substancial (Prakrti) e espiritual (Purusha) –, do qual tudo se origina com a mesma dupla natureza.

Isso, "de dupla natureza", pode parecer estranho, mas todos conhecem um bom exemplo de algo assim, de dupla natureza, que é a luz, a qual é formada por partículas ou fótons e também por movimento ondulatório. Esse movimento ondulatório não tem nada a ver com fóton ou matéria e, no entanto, é o padrão de comportamento real e observável da luz.

A luz exemplifica a dualidade – substância e sutileza – e nós vivenciamos essa experiência diariamente com a nossa visão e até mesmo quando assistimos aos programas de TV ou interagimos com os celulares ou smartphones. Embora ninguém pare para pensar que a nossa vivência mental seja semelhante a essas experiências de comunicação virtual (matéria densa e virtualidade sutil) que conformam a própria realidade perceptível.

Então, voltando para a origem do surgimento da "força", da consciência e de tudo, aproveito para transmitir um pouco do que aprendi nesse tema com o professor Carlos Eduardo G. Barbosa em seu curso de Mitologia dos Ásanas do Yoga.

O tal campo reluzente, infinito e pleno por alguma razão sua passa a crescer. Mas o que é infinito não tem para onde crescer. No entanto, pela narrativa mitológica essa plenitude resolve crescer "dez dedos". Para tanto, o único jeito seria virar-se do avesso, pois o avesso do infinito é o vazio e nele seria possível expandir-se. Mas como? Primeiro estabelecendo um novo campo no vazio do seu próprio avesso: o campo da consciência.

Assim, a consciência surge como a primeira expansão do infinito no vazio do seu avesso.

A consciência, por sua vez, precisava de alguém capaz de exercer essa consciência. Dela, então, surge uma segunda expansão, que é o princípio que faz o eu, que faz o indivíduo capaz da consciência. Os hinduístas chamam de Ahamkara (aquele que faz o eu). Portanto, o campo da consciência (que os hinduístas chamam de Buddhi) produz o eu, sujeito da consciência.

Mas esse eu é consciente de quê; se ainda não havia nada nem meios de percepção? Esses teriam, portanto, de surgir.

Eles vão surgir a partir da terceira expansão, que é Manas, a mente capaz de criar os meios, os objetos e os sentidos da percepção e da ação. Então, esses três – Buddhi, Ahamkara e Manas –, a consciência inteligente, o eu e a mente viabilizadora da percepção de realidade enchem o vazio do universo, que é o avesso do útero reluzente, infinito e mitológico (Hiranyagarbha). Deu um nó na sua cabeça, amável colega desta conversa? Você nunca pensou que "uni-verso" pudesse ser o avesso do uno? Podemos continuar?

Observo que esse modelo de universo e surgimento da vida inteligente e perceptiva facilita a compreensão, pois não ficamos na indeterminação de uma crença de que o caos de modo fortuito ou ao azar junta fragmentos de uma matéria explodida (que ninguém sabe como poderia ter surgido originalmente) e cria a organização da vida consciente. Isso seria algo muito pouco provável. Seria mais razoável pensar que a organização original torna-se cada vez mais complexa pelas suas inúmeras possibilidades de interação.

Então, na concepção hinduísta preferida dos yogues, o universo surge a partir do princípio organizador do campo da consciência. Ele não surge do caos, embora surja num vazio como tudo que surge e preenche o espaço. Assim, portanto, é a expansão da consciência que cria tudo o que nós somos capazes de perceber.

A própria capacidade de percepção cria aquilo que é percebido. Nessa perspectiva, o universo já se inicia com a consciência e prossegue a partir dela.

Partindo desse princípio e mirando o "jedi" que eu gostaria de ser tenho uma consistente responsabilidade na medida em que acaba a exclusividade das culpas e desculpas alheias. Se a consciência cria a realidade percebida, eu também sou responsável pela realidade percebida por mim e na qual eu atuo e convivo com os outros, sejam eles "siths", "jedis" ou os demais.

Pelo menos pelas minhas escolhas sou eu o responsável. Isto é entusiasmante, pois eleva a minha capacidade de ser consciente e atuante na realidade com a qual eu me conecto, ligo-me e atuo por meio da força da consciência, das minhas escolhas e das minhas ações. Ótimo, pois assim posso progredir no rumo da verdade e da autenticidade por meio dos meus erros e acertos conscientes sem ter que esmorecer ou me decepcionar, eventualmente, com ninguém além de mim mesmo.

Reforço essa convicção em excelente companhia como, por exemplo, a do Dr. Bruce Greyson, professor de psiquiatria da Universidade de Virginia, EEUU, cuja apresentação na Conferência de Cosmologia e Consciência, em Dharamsala, 2011, surpreendeu por sugerir com inúmeras evidências que o fenômeno da consciência, embora seja captado pelo cérebro, é bem mais amplo e talvez nem precise dele. O que parece extraordinário à primeira vista, mas não num mundo mitológico como este em que vivemos nossas "Star Wars" terrenas.

Vale, então, assistir a esta apresentação que sugiro conhecer por meio do seguinte link https://youtu.be/sPGZSC8odIU

É muito bom compartilhar o conhecimento de que todos nós captamos o campo da consciência e estamos conectados a esse campo que sempre existiu antes mesmo de qualquer compreensão de tempo. Afinal, o tempo que tanto valorizamos surgiu como uma medida referencial e espacial que utilizávamos em relação aos movimentos siderais, da lua, do sol ou das estrelas. Trata-se, portanto, de uma abstração relativa a algo que se repete e que por isso nos inspira segurança diariamente.

No entanto, quando temos um insight, um vislumbre de caminho ou decisão a seguir, ou nos surge uma boa ideia, ou seguimos nossa intuição, está acontecendo algo absolutamente real e verdadeiro, pois nesse momento estamos tão disponíveis e conectados que captamos o que está disponível além do espaço-tempo e talvez além do nosso cérebro. Onde está esse algo? Nas nuvens? No campo da consciência? Ou na "força", como talvez dissesse o mestre Yoda?

Siga a sua intuição

 A principal atitude em Yoga é ser autêntico. Isso está na origem do Yoga para estimular cada pessoa a ser quem ela é mesmo, de verdade. E aí vem a pergunta: como é que eu descubro quem eu sou? É uma questão que pode não ser tão simples de responder, mas a chave para perceber quem somos é tentar ouvir o coração tranquilo.

No cotidiano podemos perceber lá dentro de nós se estamos nos sentindo bem ou mal com aquilo que fazemos. Isso é natural, todo mundo sente, embora nem sempre preste muita atenção a esse sentimento, principalmente quando é um sentimento de reprovação que contrarie o que se está fazendo ou querendo fazer. Talvez esse medo da reprovação nos faça preferir não ouvir, não sentir ou não considerar essa voz silenciosa e verdadeira, mas assim, infelizmente, nos afastamos da nossa natureza para evitar reprovações.

No entanto, podemos reverter esse hábito nocivo e contrário à nossa felicidade autêntica. Para tanto, vale criar um novo hábito: o de voltar a considerar e ouvir a voz da intuição. Essa é a principal prática em Yoga há milênios.

Volte a ouvir e a prestar atenção no que o seu sentimento diz. O seu coração tem sempre razão, pois ele não deforma o que é real. Ele é independente da mente, a qual tem a tendência de deformar a realidade para adaptá-la às nossas fantasias ou aos roteiros que traçamos para nos sentirmos confortáveis em nossas vidas pessoais, familiares, sociais ou coletivas. Nós, seres humanos, somos seres narrativos, adoramos uma historinha. Já a intuição não ouve história alguma, por isso ela não se engana. Portanto, o exercício de Yoga que se deveria praticar em todos os dias seria ouvir e seguir o coração, a intuição. Se eu exercitar isso, estarei sendo um verdadeiro praticante de Yoga, estarei sendo cada vez mais quem eu de fato sou.

Os sábios que escreveram a doutrina do Yoga, por volta do séc. V a.C., sugeriram ouvir a intuição e prestar atenção ao ambiente em que você está. Assim, eles propuseram um código de ética formado por cinco princípios básicos: (1) não ofender, (1) evitar a mentira, (3) evitar apropriar-se das coisas dos outros, (4) evitar a dispersão do ser nas emoções e (5) evitar a cobiça.

Porém, essa sistematização do Yoga surge em uma época fortemente marcada pela reforma do Jainismo (uma das mais antigas doutrinas religiosas da Índia e que prossegue importante a exemplo de seu famoso seguidor, no séc. XX, o Mahatma Gandhi). Aquela reforma jainista propiciou o surgimento do Budismo em oposição ao Hinduísmo dos brâmanes e curiosamente também incutiu no Yoga a mesma ética social originalmente do Jainismo e que focaliza as relações com os outros, mas o Yoga acrescenta uma orientação voltada para a pessoa relacionar-se consigo mesma, de modo a estimular um comportamento de autenticidade individual.

São estes os princípios de foco interno: (1) cultivar a limpeza de pensamentos, sentimentos e comportamentos; (2) cultivar o contentamento; (3) perseverar na purificação de si mesmo; (4) cultivar o autoconhecimento e (5) entregar-se ao comando do seu próprio coração tranquilo (que contém o espirito divino que há em cada um de nós).

Fica bem evidente que na compreensão do Yoga não faz sentido destacar uma vida espiritual de uma vida material. O que faz sentido é ter uma vida completa de desfrute espiritual e material com integridade e respeito.

Pode-se dizer, então, que a doutrina do Yoga prescreve uma orientação prática para que a autenticidade de cada um se revele, mas com atenção ao contexto social.

O Yoga Sutra (o texto tradicional doutrinário de Yoga) faz uma referência ao verdadeiro eu, aquele que você é, autenticamente, logo de início. Ele diz que Yoga "é o recolher das atividades mentais para que Aquele que vê possa revelar-se em sua forma autêntica". Observe que Isso não depende do nome que lhe deram ou lhe chamam nem do personagem que eventualmente você assume numa circunstância, pois "Aquele que vê" está sempre no seu coração: é você em si mesmo.

Isso é bastante orientador, além de ser muito bonito, pois se eu me comportar como esse ser ("Aquele que vê") que verdadei-ramente sou, então eu serei pleno e viverei feliz a lidar com as minhas circunstâncias.

Um dos segredos de incorporar Yoga na vida por essa compre-ensão é perceber a felicidade como um ponto de partida dentro de nós e por isso não deixar que uma situação qualquer derrube a chama original de entusiasmo da própria vida.

Desse modo, ao seguir a intuição, mantemos o contentamento e lidamos melhor com as emoções que vêm de fora. Isso muda tudo! Diariamente, portanto, recarregam-se as nossas baterias de autenticidade, felicidade e contentamento para lidar com uma realidade que nem sempre é do jeito que preferimos.

106

Os nove obstáculos ao "Samadhi"

 Nos últimos encontros, temos conversado sobre a essência do Yoga: permitir que dentro de cada um de nós se revele o ser autêntico e autor da sua própria história.

Mas que ser autêntico é esse que exerce tantos personagens em minha vida (professor, aluno, contribuinte, escritor, marido)? Será que existe alguém que sou eu mesmo e independente de qualquer personagem eventual ou mais frequente? Claro que sim.

Porém, o sábio Patânjali enfatiza que é preciso concentrar-se no intermediário entre o seu espírito e o seu corpo, para conseguir revelar quem você realmente é. Para então fazer esse intermediário assentar-se no seu coração e ouvir a voz da sua intuição. E quem é esse intermediário? É o que habitualmente se chama de mente e que fica o tempo todo fazendo a intermediação e a tradução do mundo social em busca de conforto e estabilidade para ela e para você (às vezes me parece que é mais para ela mesma).

A mente faz isso tudo como um piloto automático se a gente deixar ou se não colocar a própria intenção para comandar a mente ou se a gente deixar a mente agir apenas por ela mesma. Então o nosso eu do coração, que é o essencial, que é a vida em mim e também em você, fica meio apagado e sem ser ouvido.

Para ouvir a voz do coração tenho que ficar em silêncio para poder conectar-me com o meu próprio silêncio, para ser capaz de perceber uma inspiração, uma revelação ou a minha intuição. Pois ouvir a voz do meu silêncio traz isso tudo. No entanto, estamos tão envolvidos no barulho da cidade que o coração não é ouvido nem se percebem as silenciosas revelações dele. Enquanto isso a mente autônoma administra a nossa vida do jeito que ela achar melhor (talvez para ela mesma se sentir no poder). Portanto, poderíamos nos tornar alguém que vive apenas socialmente em uma vida projetada para fora e em reação ao que vem de fora. Levar uma vida ordenada pelas emoções que a mente administra e sem viver a vida que brota dentro de cada um de nós. Assim não viveríamos quem verdadeiramente somos e ficaríamos a interpretar jogos mentais às vezes sós e muitas vezes em coletivo.

Para mudar esse roteiro de dramas previsíveis Patânjali chama a atenção para a necessidade de dedicar algum tempo de cada dia para ficar em silêncio com firme intenção e propósito de deixar a mente assentar-se no coração. Assim, a mente assentada e, portanto, tranquila poderá comandar o corpo conforme a nossa intuição gostaria que o corpo funcionasse.

A intenção do yogue é a de o corpo realizar a verdade autêntica do coração e não apenas a interpretação que a mente faz da realidade e não apenas reagir às emoções (que vêm de fora para dentro). Essa é a essência da compreensão em Yoga.

Para praticar o assentamento da mente você pode criar uma disciplina como, por exemplo, à noite, antes de dormir, ou pela manhã, antes de se levantar, dedicar alguns minutos ao silêncio com a intenção de ouvir o coração. Basta silenciar com essa vontade (mesmo que de início você não ouça nada). Ao assentar a mente no coração você cria a principal condição para revelar quem você é. Esse estado em que você está sintonizado no seu coração, ouvindo a sua intuição, os iogues chamam de samadhi: quando você está em si de modo inteiro e autêntico.

Você pode praticar todos os dias, de tal modo que se torne agradável e habitual até se tornar parte da sua natureza. Dia a dia, você vai se habituando a cultivar o seu silêncio e a sua paz. Você vai gostar e vai começar a expandir a sua tranquilidade até se tornar naturalmente independente das emoções e do drama social como fazem os yogues.

Mas alguns obstáculos levam à dispersão da mente e podem atrapalhar a sua vivência autêntica ou samadhi como aqueles citados por Patânjali no capítulo 1, sutras de 29 a 32, em que se refere a nove obstáculos ao samadhi: doença, apatia, dúvida, torpor, inatividade, desinteresse, divagação, realização imprópria e instabilidade.

Para superar esses obstáculos é antes de tudo necessário perceber o imenso valor de se estar vivendo. Além de praticar regularmente o silêncio, para ouvir a própria intuição, vale seguir também algumas dicas do sábio Patânjali para sempre colocar a sua intenção positiva em tudo que fizer ou pensar de modo a aproveitar as circunstâncias como oportunidades de demonstrar: amizade nas situações de conforto; compaixão nas situações de desconforto; alegria nas situações de virtude; e indiferença nas situações de falta de virtude.

Será que com essas atitudes a gente vence os obstáculos? Quem pratica Yoga desse modo diz que sim. Pois não basta praticar os exercícios físicos que ajudam a manter a saúde e os de meditação para concentrar e assentar a mente. Por que a vida se exerce em todas as circunstâncias e por isso a intenção e as atitudes têm que estar sempre presentes.

Quase sempre há um lugar entre o tudo e o nada onde o possível se encontra. Já li em algum lugar que essa felicidade interior que os yogues vivenciam com o samadhi (a mente assentada no coração) vem e vai, vem e vai. Isso parece ilustrar como percebo em mim a vivência do assentamento da mente em meio às solicitações da vida social.

É claro que não fico o tempo todo em samadhi, mas ajo com bastante atenção e de modo a cultivar aquelas atitudes favoráveis para que elas se tornem cada vez mais espontâneas: demonstrar amizade, compaixão, alegria ou indiferença, conforme os tipos de situação tipificados nos sutras do Yoga (conforto, desconforto, virtude e falta de virtude).

O verbo cultivar me parece muito adequado ao modo do viver em Yoga, pois a vida é como um jardim que está sempre pronto e em desenvolvimento por mudar-se a cada instante. Portanto, vou aplicando as dicas do sábio Patânjali com atenção, disciplina, desapego e boa vontade, possíveis a cada circunstância, de modo que tem dado para eu curtir o sentimento cotidiano da felicidade que brota de dentro e ir corrigindo o meu rumo das inúmeras vaciladas no caminho.

E não estou sozinho. Percebo em vários lugares muitas pessoas que transmitem serenidade, capacidade de aceitação e bom astral na maior parte do tempo em que as vejo. Elas são de diferentes status e classes sociais nas proporções demográficas dessas mesmas classes. Presumo intuitivamente que elas têm grandes chances de vivenciar samadhis ao longo das situações do dia a dia.

Quantas vezes, por exemplo, pela total falta de opção além de esperar a sua vez, como numa sala de espera de atendimento ao público, uma dessas pessoas aproveita para respirar com tranquilidade, põe uns óculos escuros para disfarçar os olhos suavemente fechados, relaxa as mãos sobre as coxas e vai para cada vez mais dentro de si e prossegue limpando o jardim do seu coração e o vai tornando mais bonito e iluminado?

Autodescoberta de todo dia

A principal atitude ou intenção para um efetivo relaxamento é entregar-se, abrir mão do controle, deixar a mente descansar: entregar-se para o seu corpo e para a sua inteligência corporal. Dessa forma os condicionamentos que impomos mentalmente ao corpo ficam fracos. O corpo fica por si mesmo. Esse momento do relaxamento talvez seja o mais curativo para qualquer tipo de mal estar, seja afetivo ou físico. Isso porque nesses momentos o seu corpo se recupera por si mesmo. Ele assim tem condições de recobrar suas condições naturais.

Portanto, essa prática dá oportunidade ao corpo de tornar-se plenamente saudável. Então, sempre que você respirar, meditar, relaxar ou outra atividade, tente imbuir-se da atitude de entregar-se a essa atividade e você estará abrindo mão dos muitos condicionamentos a que habitualmente se submete.

Entregar-se a si mesmo, deixar o coração e o corpo se conectarem um ao outro sem intermediação mental. Além de ser muito bom, porque estará em sintonia com a sua natureza essencial e que reside em seu coração, você estará se livrando de uma infinidade de males potenciais.

O corpo se livra de muitos desses males por conta própria, mas você poderá ajudá-lo ao entregar-se a esse seu momento de respiração, de relaxamento ou de meditação. Você estará tratando a essência das encrencas provocadas pela sua própria mente e evitando que ela se fixe em remoer ou ruminar questões complicadas sem resolvê-las.

O papel do "eu da mente" é fazer a comunicação entre o "eu do coração" e o "eu do corpo". Então, a mente tem uma responsabilidade extraordinária, pois ela tem que prover o nosso conforto e a nossa tranquilidade. Mas, por isso mesmo, muitas vezes ela nos enrola para fazer a realidade parecer mais confortável.

Quando relaxamos e diminuímos a atuação da mente por meio da entrega, o corpo e o coração passam a se conectar diretamente. Ou seja, a mente sossega e para de influenciar o corpo ou pelo menos reduz bastante essa influência e seus condicionamentos. Principalmente, reduzem-se aqueles condicionamentos negativos que já criaram vínculos afetivos em nossa memória.

Todos nós temos uma história pessoal. E nessa história de vida houve certamente momentos difíceis. Alguns deles já estão bastante passados no tempo que nem lembramos mais, porém eles voltam quando estamos sozinhos ou quando estamos em situação semelhante àquela ocasião original em que o momento ruim aconteceu. São as questões não resolvidas afetivamente para cada um de nós. Todo mundo tem alguma dessas.

Tais situações se revelam em alguns comportamentos recorrentes que temos e que geralmente nos prejudicam, pois os repetimos frequentemente. E têm quase sempre a mesma causa afetiva.

Quando nos entregamos ao relaxamento, por exemplo, conseguimos neutralizá-las bastante. Mas você pode ir um pouco além nessa trilha pessoal e se perguntar: "Por que estou sentindo isso, outra vez? Qual é o nome desse sentimento? Está associado a quê? A qual situação passada? Com que tipo de pessoas?" Com essas perguntas, você pode ter um insight e chegar até a origem da sua questão pessoal ainda mal resolvida.

Patânjali, o primeiro mestre de Yoga, diz que essas nossas percepções são para sempre e não nos livraremos delas, mas que, no entanto, nós podemos conviver com elas de modo a conseguir neutralizá-las e nos libertar da nocividade que elas nos trazem.

Então podemos praticar exercícios de auto-observação para verbalizar (dizer para nós mesmos em voz alta) qual é o problema em uma frase bem sintética até se chegar a uma frase-síntese da questão pessoal que nos condiciona a não estar bem, a não sermos quem de fato somos ou que nos deixa fora da realidade. Você ficará bem impressionado com a melhora da sua vida depois de descobrir e verbalizar essa frase-síntese da questão que você isolou para tratar.

Você também em voz alta poderá dizer que se dispõe a sempre reconhecer as situações em que essa questão voltar a aparecer para não se deixar dominar por ela, para neutralizá-la e enfraquecê-la, porque a partir de então você será mais forte do que ela. Ela terá perdido o poder da obscuridade que faz os medos maiores do que suas verdadeiras causas.

Para orientar esse exercício, sugiro um livro preparatório que poderá servir de guia: "O caminho da autotransformação", de Eva Pierrakos. Então prossiga com os seus exercícios de relaxamento e com a auto-observação das suas percepções de modo a fortalecer a sua disposição de bem-estar.

Aprendendo a lidar com o medo

Há três características pessoais em que se evi-ta pensar muito, mas que são comuns a todo mundo: medo, orgulho e vaidade. Claro que estarão presentes em diferentes proporções, de-pendendo do dia, das circunstâncias e de cada um. Mas sempre estarão muito presentes, já que todas elas têm uma referência imediata com o que não é você ou está fora de você: com o outro ou com o mundo.

Porque é nessas relações com o outro e com o mundo que cada um de nós se reconhece, vai-se constituindo e se formando por contrastes e confrontos. E entre os extremos do desprezo e da des-truição há pontos em que essa interação é construtora de cada um de nós.

Porém, muitas vezes esse contraste é sofrido e complicado. Por isso podemos ficar receosos do próximo confronto. O que é natural. O medo em si não é um problema, pelo contrário, é um alerta de sobrevivência. Graças ao medo estamos aqui. Nossos ancestrais, quando ouviram um rugido, não pararam para pensar e saíram correndo.

Então, o medo pode ser algo saudável. O exercício de lidar com esse sentimento, que está dentro de nós é que é a questão. Muitas vezes o medo tem referência em um fato bastante significativo. Quando compreendemos essa origem do medo, fica mais fácil de lidar com ele. Não que ele vá deixar de existir, pois nossas memórias permanecem. Mas ficamos mais capazes de neutralizar aquele medo: o que já nos ajuda muito.

Ao longo da vida todos nós passamos por mudanças, muitas delas radicais. E a simples palavra mudança pode trazer um temor para algumas pessoas, principalmente aquelas que tiveram experiências de mudanças bruscas e que não foram bem tratadas. A expectativa de uma mudança indeterminada está sempre na ponta da agulha dos nossos medos.

E há um medo do qual nenhum de nós escapa: o medo da própria destruição ou de deixar de existir. É algo que deve estar lá no núcleo das nossas células. Assim, fisicamente. Por isso é necessário cuidar da nutrição adequada dos nossos órgãos que ajudam a lidar com as emoções (as reações àqueles movimentos que provêm de fora de nós). Afinal, o medo é uma dessas reações ao externo.

Tudo o que é emotivo é algo provocado de fora em vez de um sentimento que brota naturalmente dentro de nós. É uma reação. Por isso, em contrapartida, vale cultivar os sentimentos autênticos que brotam dentro de nós para ficarmos menos dependentes de emoções provocadas. Nesse sentido vem a importância da nutrição, tanto a afetiva quanto a orgânica.

Do ponto de vista afetivo, temos que nos nutrir com amizades, sinceridade e relacionamentos que sejam de bom astral. Enfim, precisamos sair um pouco do caminho frequente de reforço da tristeza, da reclamação ou de estar sempre colocando a culpa nos outros: no governo, na empresa ou na "Administração".

Esse é um reforço que nos destrói por dentro. Precisamos tomar alguns cuidados com essa nutrição. Por que fazer as refeições com a TV ligada e com exposição a todo tipo de violência? Você vai assim detonar o seu afeto. É evidente que a programação usual da TV é feita para incutir o medo e a excitação difusa. Então, afetivamente, é importante "sair desse canal" e passar a nutrir-se daquilo que eleva ou traz bom astral para a sua mente e o seu coração.

E do ponto de vista da comida mesma, precisamos nos alimentar daquilo que é nutritivo de verdade, daquilo que vai beneficiar os órgãos (rins e tireoide) que são os nossos aliados contra o medo e o estresse. Então, você vai evitar frituras e farináceos cozinhados com óleos refinados. Eles só fazem bem para quem os vende. Esses alimentos são causadores de inflamação celular que é causa silenciosa de doenças graves.

A humanidade sofreu uma verdadeira mutação no século XX em função do uso exagerado de farináceos cozinhados com óleos refinados (soja, milho, etc.). Use azeite, manteiga ou banha de porco que os nossos ancestrais usavam e não tinham as doenças modernas resultantes de inflamação celular.

Faça um prato o mais colorido possível e passe a consumir diariamente uma ou duas cápsulas de ômega-3 para neutralizar a inflamação celular que aqueles alimentos industriais já instalaram no seu corpo.

Então, do ponto de vista nutricional, a dica é sair das situações de estresse, para não destruir a tireoide e os rins e comer aquilo que nutre de verdade o seu corpo (e por consequência também nutre os rins e a tireoide).

Quanto às práticas físicas de Yoga, faça algumas vezes ao dia (manhã, tarde e noite) a postura da cobra, aquela em que se fica com o corpo deitado (de barriga para baixo) com os cotovelos apoiados, elevam-se os ombros acima dos cotovelos e olha-se para cima de modo a arquear a garganta e as costas; fica-se um tempinho assim e depois se descem os ombros e a cabeça. Assim você estará exercitando e nutrindo adicionalmente os rins, as suprarrenais e a tireoide.

Ainda do ponto de vista prático, os estudiosos do tema afirmam que o medo é uma forma de omissão, de não estar presente aqui e agora. Então, nos momentos em que não sentimos medo, valeria praticar o estar presente. Uma ótima forma para isso é se desdobrar, isto é, observar a si mesmo como se você fosse duas pessoas: a que está agindo e aquela que está prestando atenção na pessoa que está agindo (ambas são você).

Pergunte-se: "Estou me sentindo bem?" "Estou inteiro nisto que estou fazendo?" "Faz sentido para mim isto que estou fazendo?" Ou "estou atuando para fazer média com quem vai me avaliar?"

Faça de verdade o que está fazendo. Isso muda tudo! E sem medo de errar, porque você vai aprender na medida em que compreender seus erros. Arrisque-se, gradativamente, que nem você fazia quando era criança e sem fazer grandes besteiras. "Pequenas besteiras, grandes progressos!"

Muitas vezes (a maioria delas) o medo de errar está associado ao medo de não ser aceito pelos pais ou por aquelas pessoas a quem você está outorgando o poder de lhe avaliar ou legitimar. Essas pessoas talvez já nem existam mais, porque a situação original já passou há bastante tempo, mas criamos um complexo que inseriu a imagem do avaliador dentro de nós.

Instalamos um avaliador (em vez de um observador) de nós mesmos em nossa mente, ainda que o avaliador original nem exista mais. Idealizamos uma imagem de perfeição e seguimos rebocando um complexo avaliador cada vez mais pesado. Só vamos perceber a liberação disso nos arriscando aos poucos. Assim vamos aprendendo com o risco que podemos prosseguir e arriscar um pouco mais.

O medo, assim como a vaidade e o orgulho, é um aspecto muito primitivo e constituinte da nossa legitimação, da nossa autoaceitação. Muitas das vezes (quase sempre), a nossa referência de medo tem relação com a necessidade de ser aceito.

E o sistema social vai reproduzir essa aceitação condicional perpetuamente: são os crachás, as carteiras, os uniformes, os diplomas, os aplausos e a atenção dos outros. Então, ficamos o tempo todo administrando a aceitação. Precisamos estar sempre com esse passaporte em dia.

Portanto, o medo é uma condição existencial. A escala como ele vai se manifestar em cada um de nós depende de como lidamos com a nossa existência. Mas, certamente, quanto mais lidarmos com a clareza da origem do medo – que está relacionada com essa necessidade de aceitação original –, a situação objetiva poderá ser mais bem percebida em relação à nossa história pessoal.

Se a gente conseguir se lembrar da situação original que está associada com a atual situação, então as semelhanças e as diferenças ficarão evidentes. Ficaremos mais capazes de neutralizar aquele medo original para poder lidar apenas com o que a situação atual tiver de ameaçadora. Ela ficará bem mais fraca do que nós a idealizáramos.

E como trazemos isso para o Yoga? Será que em Yoga se trata do medo? Sim! Há muito tempo, o sábio Patânjali apontava logo no início do segundo capítulo dos Sutras do Yoga que há cinco causas mentais para o sofrimento: (1) a falta de sabedoria; (2) a egoidade – projetar o eu no que não sou eu como, por exemplo, os meios ou recursos que utilizo; (3) o desejo do prazer; (4) a aversão ao sofrer e finalmente (5) o desejo de estar sempre incluído ou aceito – também traduzido como medo da morte (a exclusão extrema).

Ali nos Yoga Sutras se encontra uma das mais antigas referências literárias ao medo social como a dificuldade primitiva de lidar com a exclusão, a qual decorre, assim como as demais quatro causas do sofrimento mental, da falta de sabedoria – tomar como eterno aquilo que é transitório, tomar como verdadeiro aquilo que é falso, tomar como bem-estar o que é desconfortável e tomar como o si mesmo individual aquilo que não é.

A criança que cada um já foi não tinha suficiência para superar a falta de sabedoria causadora disso tudo, mas o ser adulto em que a criança se tornou pode virar o jogo. Vale, para tanto, dedicar-se a compreender-se, conversar com pessoas amigas, fazer atividades de cooperação ou empenhar-se em terapias habilitadas e incluir a prática da doutrina de Yoga pela disciplina da meditação e do agir com desapego.

Meditação dos yogues tântricos

O Yoga deriva de uma tradição do hinduísmo que tem como rio principal a compreensão de sábios que ficou registrada em hinários de forma poética por volta de uns três milênios antes da era cristã. Eram e são chamados de Vedas ou revelações divinas aos profetas, os que nos fazem ver em todas as tradições. Aqueles profetas registraram suas compreensões em hinos muito expressivos, sendo quatro as principais coletâneas, cada uma com milhares de versos de diferentes autores.

Esses hinos orientaram os caminhos da cultura hinduísta. Com o passar do tempo, ao longo destes muitos séculos, foram sendo acrescentados vários outros textos com diferentes estilos literários, embora quase todos poéticos talvez porque assim a memorização seria facilitada.

No entanto, por uma forte adesão ao princípio da não violência, que caracterizava uma de suas religiões mais antigas, o Jainismo e uma filosofia surgida no século V, antes da era cristã, o Budismo, os indianos tornaram-se bastante suscetíveis a invasões. E de fato, a partir da época de predominância budista, a Índia foi muito invadida por outros impérios que traziam suas próprias tradições.

Como resultado, alguns conhecimentos ancestrais foram reduzidos aos ambientes de pequenos grupos, de seitas ou de famílias que se mantiveram seguindo a orientação védica com alguns acréscimos que posteriormente se transformaram em tradições familiares.

Enquanto a tradição védica era monolítica, as tradições que se foram adicionando eram difusas ou mais espalhadas como o estuário de um rio. E essa trama de tradições familiares foi fazendo um movimento cultural chamado de Tantra.

O movimento tântrico forma-se, portanto, de tradições familiares que foram brotando de um modo difuso dentro da cultura hinduísta e a transformando. Entre essas várias tradições tântricas do hinduísmo, uma delas se destaca para nós que gostamos de Yoga: a tradição tântrica dos Nathas.

Foram os Nathas que mantiveram o Yoga vivo, pois este quase havia acabado na época do Budismo na Índia, que durou cerca de mil anos. Nesse período, o Hinduísmo bramânico ficou meio apagado enquanto o Budismo brilhava em quase todos os reinos. Graças aos Nathas a tradição do Yoga se manteve e, por isso, nós a podemos praticar hoje em dia.

O Budismo e outras vertentes de pensamento, no entanto, absorveram muito do Yoga e passaram a se utilizar dos fundamentos e das técnicas do Yoga em suas respectivas práticas e compreensões filosóficas, o que resultou numa certa mistura de linhagens. Os Nathas, entretanto, mantiveram a tradição original do Yoga. E durante a Idade Média indiana eles produziram a literatura que mais influencia a prática de Yoga em tempos atuais, em que se destaca o famoso texto da Hatha Yoga Pradípika. Menos conhecidos, no entanto, ainda são os seus rituais de meditação, que estão bem descritos no livro A meditação dos Yoguis (de Carlos Eduardo Barbosa). Então você já pode adotar esse ritual em sua meditação diária e assim experimentar pessoalmente a magia dos antigos yogues Nathas.

Siga esta breve descrição: comece por estabelecer um centro – o local onde você estiver sentado –, depois imagine um plano como uma superfície líquida que vai até o horizonte a partir do seu coração; esse será o seu espaço metageográfico; na sua frente imagine o nascer do sol; por trás o céu ainda noturno; à direita, lá no horizonte, a lembrança dos seus ancestrais e mestres; à esquerda, lá no outro lado do horizonte, uma visão do futuro que você almeja.

Nessas quatro direções desse espaço imaginário você sente o despertar da consciência, a afirmação do seu inconsciente, a gratidão pelo conhecimento herdado e o entusiasmo para projetar o seu futuro.

Claro que você pode acrescentar o desejo de, simplesmente, o seu dia ser bom, de se sentir bem consigo e com os outros. Você pode até focalizar um objetivo específico, colocar a intenção de aquilo que você precisa vir a realizar-se.

Sinta a intenção positiva para que tudo seja bem sucedido para você e em harmonia com as pessoas do seu convívio. Ao fazer isso, você condiciona todas as suas células num mesmo propósito. E isso tem efeito e permanência (por algum tempo é claro). Talvez você tenha ficado com vontade de ler o livro que descreve por completo o ritual tântrico de meditação praticado pelos Nathas, um ritual que você pode incorporar ao seu dia a dia. Vá em frente.

Meditar com o coração

Há dois lugares em que meditamos: o lugar físico e o mental. Este é o mais importante em Yoga, pois a sua prática tem o propósito de re-condicionar as atitudes para viver melhor. En-tão, esse local imaginado e mítico possibilita assentar a pessoa nela mesma. Observo que a palavra indiana ásana (ássana é como se deve pronunciar), rela-tiva às poses de Yoga, significa primordialmente o assentamento mental (para cada um estar em si mesmo com tranquilidade).

O lugar mítico no qual eu me assento para meditar vai me re-ferenciar à minha história pessoal, à minha vida, ao que já fiz e ao que pretendo fazer. Não me estou referindo a algo esotérico, embora fale de algo mítico e que tem o propósito de condicionar mentalmente o que irei fazer.

Sugiro a propósito a leitura do livro "A meditação dos Yoguis" de

Carlos Eduardo Barbosa no qual há uma descrição fidedigna de uma tradição milenar da Índia sobre a preparação desse ambiente de meditação segundo a qual, primeiramente, eu me sentaria em um lugar confortável de modo a poder permanecer bastante tempo para em seguida criar imaginariamente o meu local de meditação.

Esse espaço virtual teria um formato esférico do tamanho do universo. O centro desse espaço seria o meu coração e a partir dele e com os olhos fechados eu iria derivar as direções dos oito pontos cardeais: os quatro principais e os outros quatro intermediários.

No ponto cardeal que está diante do meu peito surgirá o sol, a luz que caracteriza a minha consciência e com a qual sou capaz de esclarecer o que vejo. Atrás de mim, lá longe no horizonte, marco outro ponto cardeal para onde vai a minha sombra e onde está aquilo que não vejo; ou seja, o que aparentemente está inconsciente para mim. Desse modo e lá atrás estará o inconsciente que constitui também a história das minhas crenças, dos meus valores e também do que aprendi sem ter sido por alguma expressão verbal, mas que ficou no meu coração de um modo que eu não consigo verbalizar.

Muitas das vezes o que eu vejo não é tão confiável quanto o que não vejo, pois aquilo que eu vejo eu posso driblar com a minha interpretação. Já aquilo que eu não vejo, mas que é intuitivo, eu só posso aceitar ou tentar ignorar.

Assim, no meu local virtual de meditação já surgiram dois contrastes significativos: o consciente e o inconsciente.

Um deles refere-se ao que poderei esclarecer, mas com a certeza de que isso não é o suficiente para dominar a realidade, pois esta não se constitui apenas daquilo que sou capaz de ver. Ela também se constitui daquilo que não vejo, mas que posso intuir por meio do meu subconsciente. Pois são os meus valores e a minha intuição que me podem dar acesso ao que não visualizo conscientemente.

As duas outras direções principais são a que vem do sul e a que vai para o norte. No primeiro caso (sul) é o que vem da minha história familiar, das influências ancestrais e aquilo que aprendi com as pessoas que me possibilitaram ser quem eu sou. O sentimento associado a essa direção é o de gratidão, pois é fundamental acentuar os sentimentos envolvidos que trago no coração e que condicionam o meu viver. Afinal a meditação é também um processo de condicionamento para viver bem comigo mesmo e com os outros no mundo.

Então coloco lá no sul (à minha direita) a imagem ou lembrança de todas as pessoas que me educaram ou propiciaram que hoje eu estivesse aqui. Eu me lembro dessas pessoas e agradeço a elas.

Já na direção norte está o meu futuro, aquilo que construo a partir deste momento. É algo indeterminado, ainda pequeno, uma imagem de algo que ainda irá crescer e se realizar. Meu sentimento é o de entusiasmo para fazer o meu futuro.

Esse modelo tem mais de dois mil anos e ainda é genial! Permite-me o assentar na minha realidade com os meus recursos diante do que vejo e do que não vejo; permite reconhecer o mundo cultural que me possibilitou existir e me dá ânimo para construir o futuro.

Poderia acrescentar agora os pontos subcardeais: sudeste, noroeste, sudoeste e nordeste; mas isso dará outro texto. Por agora, seria mais produtivo fazer apenas uma mandala no papel para não se esquecer deste modelo (você poderia desenhar agora a sua mandala).

Prefiro então enfatizar como é agradável curtir o momento da meditação. Ouvir o silêncio, perceber o próprio corpo, alternar a percepção dos sons ambientes e da respiração e deixar fluir. Ficar o tempo que for confortável e sem preocupações. Se por acaso algum sentimento ou pensamento ocorrer, dá-se um pouco de atenção a ele; se for recorrente, pega-se um bloco de papel e anota-se qual é mesmo esse pensamento ou sentimento. Melhor ainda se eu puder descrevê-lo: o que é, quando surge, por que surge, com que pessoas, quando foi a primeira vez que surgiu, qual o motivo e o que ainda preciso fazer para essa "cobrança" sossegar. Na medida em que eu estiver nesse processo de escrever ou falar sobre a tal questão, já estarei criando a primeira chave da meditação: o distanciamento necessário para que eu possa dominar a situação (em vez de ela me dominar).

Prossegue-se então meditando e concentrando-se até não ser mais preciso esforçar-se para estar concentrado. Nesse estágio a gente deixa de concentrar-se e passa a contemplar e vai prosseguindo assim enquanto quiser.

Basicamente o processo meditativo é concentrar-se, contemplar e deixar transcender a relação com a realidade, ou seja, abrir mão da identificação que se faz com o real para ficar-se apenas em si, com a própria divindade que está em cada um. Isso pode parecer pouco, mas é bastante. Em termos práticos a meditação é um processo de distanciamento, de desidentificação com as aparências para estar em sintonia com a própria essência (sintonia com o que se é sem precisar agir para justificar a existência). Com a prática isso traz autoconfiança, segurança e melhor percepção da realidade, pois não se estará lidando apenas com o que se consegue ver. No momento em que eu deixo de apenas usar o racional eu permito que a minha intuição, a minha herança cultural e o meu entusiasmo de criação do futuro participem do todo que a vida é.

E como é só praticando que se consegue dominar e integrar comportamentos, o melhor mesmo é praticar habitualmente esse modo de meditar: com o coração impregnado pela intuição, pelo agradecimento e pelo entusiasmo.

No metaespaço da meditação

 Boa parte da prática de Yoga se dá na vida cotidiana, nas pequenas coisas do dia a dia, quando eu ajo de modo a prestar atenção ao que faço para estar em harmonia comigo mesmo, com os outros e com o mundo. Isso exige bastante concentração, pois preciso ficar atento ao que faço e a mim mesmo, ao mesmo tempo.

No entanto, quando tenho a oportunidade de me abstrair do dia a dia e ficar apenas comigo, sem estar dedicado aos compromissos diários, nesses momentos então tenho mais disponibilidade para preparar o meu local de meditação conforme a tradição Natha que aprendi nos textos do Carlos Eduardo Barbosa.

Nessa preparação, imagino que estou desenhando uma mandala (um yantra) enorme com um quadrado dentro de um círculo. O círculo representa o horizonte geográfico e é um metahorizonte, pois é uma abstração imaginária. De olhos fechados imagino diante de mim e no plano do coração esse grande círculo. Estou dentro desse círculo e também do quadrado, que se torna uma muralha de proteção. Sobre cada quina desse quadrado coloco um objeto especial.

Com a imaginação, na quina à minha frente e à direita ponho uma fogueira; na quina por trás e à minha esquerda faço uma fenda por onde passa o vento; ainda por trás, mas à minha direita coloco um braseiro que não ilumina, mas aquece; e de novo à minha frente, mas à esquerda coloco uma bacia com água potável.

Observo que na minha frente lá longe no horizonte onde nasce o sol está o leste, que representa tudo que me é consciente. Atrás está a minha sombra, o inconsciente, o oeste.

Então, no sudeste, passou a haver uma fogueira flamejante, que me acrescenta iluminação para esclarecer melhor o que me é consciente. O sol ilumina tudo indistintamente, mas a chama dessa fogueira é a minha lanterna. Lembro também que a seguir pela minha direita está o sul nessa mandala onde ficam simbolicamente meus antepassados e todos aqueles que me ensinaram ou ajudaram a ser quem eu sou.

Portanto, do lado direito tenho uma herança de conhecimento para ajudar-me a compreender o que me está consciente e a luz da fogueira para ajudar-me a esclarecer tudo o que está iluminado pelo sol da minha consciência. Somam-se assim as luzes do consciente, do esclarecimento e do conhecimento.

Já a sudoeste, embora sem luz, há o braseiro (colocado por mim), há o calor que se mantém ativo e que acalenta a minha herança ancestral: que preserva aceso o conhecimento, mesmo "inconscientemente" para mim. Tanto o sudoeste quanto o oeste estão por trás de mim nessa mandala. Aí tudo é "inconsciente", porém verdadeiro, pois não consigo mudar com as razões da consciência. O "inconsciente" é absolutamente confiável. É por isso que posso acreditar em minha intuição.

À minha esquerda está o meu norte, o meu futuro, que realizo com meu entusiasmo e com o auxílio do impulso irresistível que é representado pelo vento que sopra daquela fenda na muralha a noroeste. Por fim a nordeste, na esquina do muro está colocada a bacia com água doce para alimentar a minha vida, pois a água doce representa o sabor e o alimento vital.

É, portanto, com entusiasmo e alimento que construo o futuro baseado no que tenho esclarecido, do que compreendo do passado e dos valores que estão no inconsciente.

São esses oito sentidos ou direções da mandala que constituem o ambiente virtual do local de meditação. Em cada direção há um valor simbólico associado pelas representações sugeridas pela tradição dos antigos yogues Nathas. Os hinduístas usam alegorias míticas, idealizadas e imaginárias por compreenderem que temos uma natureza cultural cheia de narrativas. Essas representações ajudam na identificação daquilo com o que se está engajado. Eu, humano, ser cultural, embora não indiano, também preciso criar a aparência daquilo com o que me identifico e também do que constitui a orientação de meus valores.

Então, posso aplicar essa mandala, visualizar as oito direções e seus simbolismos. E como são lugares metageográficos, nem é preciso estar de frente para o sol, ao amanhecer. Onde eu estiver, diante de mim estará o "meu" leste. Esse é um recurso interior de firmeza e estabilidade, porque esse referencial é totalmente meu e independe de condições materiais.

A visualização do metaespaço virtual pode ser feita tanto de olhos fechados como abertos e a qualquer hora do dia ou da noite num lugar onde eu me sinta seguro. Com ela irradio a minha mandala a partir do meu centro afetivo, o coração, com o propósito de acalmar as paixões, tanto as negativas (de aversão) quanto as positivas (de prazer). Com essa mandala interior posso esclarecer e compreender o que me está consciente, agradecer aos que me antecederam, entregar-me confiante ao meu "inconsciente", projetar o futuro e me sentir mais tranquilo e em paz.

Todo dia é dia de autoconhecimento

A gente pratica Yoga para ser autêntico e feliz. E para isso sossega-se a mente, reduz-se o incessante interpretar do mundo e de tudo que se percebe. Esse é um bom desafio de dirigir-se para dentro de si, pois quando se interpreta o mundo, a gente tem que se dirigir para fora de si.

Então, como tudo que se faz na vida é um jogo de ação e reação, que tal jogar percebendo-se a si mesmo nas próprias ações e reações ao que se faz ou se diz ou se sente? Só para ver se você está jogando a seu favor no jogo de viver ou está fazendo gol contra. Além do mais, toda ação ou reação é memorizada inconscientemente. Os yogues dizem que memorizamos assim: guardamos a emoção – movimento que vem de fora – e atribuímos um significado a essa emoção. Assim, criamos um registro duplo. Nossa memória é uma mistura de emoção e significado. Mas quem dá o significado é a mente conforme a sua interpretação do ocorrido.

Cada um de nós percebe a realidade de um modo e dá a ela um significado particular e, provavelmente, diferente do de outra pessoa. A interpretação que cada um dá a um fato depende da história pessoal, da circunstância e da sintonia em que se está no fato ocorrido.

Se conseguíssemos em algum momento ficar tão apaziguados que as nossas mentes ficassem assentadas no coração, que é universal e nos une a todos, talvez percebêssemos uma mesma realidade, pois nenhuma de nossas mentes naquele momento estaria interpretando a realidade conforme a sua história pessoal apenas.

Então, a chance de compartilharmos uma mesma realidade seria muito maior. Esta é apenas uma observação de que a realidade mesma não depende da minha mente nem da de ninguém, embora cada um a perceba de um modo pessoal.

E uma forma prática de estar feliz é não precisar contrapor as diferentes interpretações da realidade com os outros; é simplesmente ficar em si. Viver quem eu sou, simplesmente, como se eu estivesse num contínuo estado de meditação e compreendendo que a realidade é o que ela é sem depender da interpretação de ninguém nem de mim.

Talvez por isso, o principal exercício da prática de Yoga seja meditar e prestar atenção em si mesmo, de modo a ficar mais imune às emoções e aos seus significados que exigem demais da nossa energia (para lidar com o que é externo a nós).

A intenção é de diminuir as importações de emoções, porque se passa grande parte do tempo a atribuir significado a emoções das personagens de cinema, televisão, noticiário, dramas, tragédias e fofocas, para poder sobreviver com elas.

Às vezes são umas coisas que nem suporto, mas que tenho de dar um colorido a elas para poder conviver com a emoção, que vem de fora, que exportaram para mim e que não faz parte real da minha vida.

Por isso é necessário ir para um lugar tranquilo, fechar os olhos e ouvir os ruídos de fora, mas sem dar muita atenção. Assim você cria as pré-condições para a meditação: conforto e pouca perturbação. Daí você passa a incorporar essa prática no seu cotidiano (de pelo menos cinco minutos em todos os dias).

Se você se habituar a isso será maravilhoso, pois será um autoconhecimento que você mesmo vai descobrir e construir. O simples fato de você ficar com você mesmo por cinco minutos, diariamente, cria um caminho de autoconhecimento – a melhor autoajuda que há! São cinco minutos em que você está com você, algo que raramente nos permitimos, pois estamos o tempo todo interagindo com o mundo externo a nós.

Claro que à medida que você vai praticando esse autoconhecimento vão começar a surgir desafios, pois conhecer-se é desafiador. Nós não estamos habituados a olhar para dentro. Então, se começarem a surgir pensamentos que incomodam, lembranças recorrentes (as reminiscências) ou fatos do dia a dia que lhe aborreceram e ficaram remoendo, aproveite para analisar-se na mesma hora (precisa ter à mão caderno e caneta ou outro modo de escrever).

Se surgir uma dessas reminiscências, tente perceber qual é a emoção que ela provoca em você. Descreva a emoção associada àquela situação reminiscente em uma palavra apenas. Registre essa emoção, anote no papel: "ódio", por exemplo.

Mas não se envergonhe, pois todo mundo sente de tudo um pouco. Sentiu? É verdadeiro, é digno e não há problema em sentir! Esquisito é querer bater em alguém porque você sente ódio (o sentimento não lhe dá direito sobre ninguém). Mas o fato de sentir raiva é verdadeiro e é normal.

Às vezes só isso é o suficiente, registrar a emoção já pacifica a alma e a emoção já perde a força. Quando você é capaz de verbalizá-la, você não fica aprisionado a essa emoção, pois conseguiu criar um distanciamento.

Mas se isso não for o suficiente, é porque se trata de um sentimento ao qual você deve dar mais atenção, caso contrário ele permanecerá incomodando. Quantas vezes essa emoção aconteceu? Você se pergunta e responde. Quando foi a última vez? E a anterior? Registre, esclareça.

Se a reminiscência continuar a insistir, pergunte se há ou não algo a fazer. O passado já passou e nada desfaz o passado, mas se há algo a fazer para você se sentir em paz, então faça. Porém, se não há, só lhe resta perdoar, que é a melhor forma de resolver. Perdoe a si mesmo e toque a vida pra frente de modo mais leve e bem resolvido.

Perceba que agora você é outra pessoa, já evoluiu muito e que apenas não estava preparado para lidar com aquela situação. A partir de agora, no entanto, é preciso ritualizar esse perdão e o luto da perda daquela emoção para poder superá-la. Invente um ritual: faça uma oferenda, jogue pedrinhas no lago, acenda uma vela, compre uma roupa nova ou o que você preferir fazer, e agradeça a Deus.

As reminiscências sempre voltarão, mas você estará mais forte. Eventualmente acontecerá um retrocesso. Fazer bobagens outra vez é da natureza humana. Insista, porém, no seu perdão e na sua determinação de ser feliz. Mesmo com retrocessos a sua prática de autoconhecimento e a boa-vontade consigo mesmo vão neutralizar essas questões recorrentes.

Assim progredimos com a prática da meditação. Cada vez que se faz a nossa mente ficar mais independente das influências externas e com mais facilidade de assentar-se no coração (é no coração tranquilo que reside a nossa fonte de felicidade autêntica).

Para além da meditação

 Na meditação dos yogues trabalhamos a mente para nos aproximarmos de nós mesmos e isolarmos a percepção das interferências que perturbam a força da nossa percepção autêntica.

Assim, a meditação pode ser entendida como um processo de isolamento da percepção, de modo a nos distanciarmos das solicitações externas e das perturbações internas para nos aproximarmos da unidade essencial da vida em nós, ou seja, o si-mesmo, o eu.

De início você pode até usar o artifício de se identificar com algo ou alguém inspirador. Então, você pode se identificar com um objeto do seu interesse, com uma pessoa que admire ou com uma situação que quer compreender, mas logo em seguida você vai se afastando dessa identificação como se ela fosse se tornando apenas uma paisagem.

No início do processo há uma etapa de concentração no seu coração tranquilo. Este é o primeiro dos três estágios de meditação, em que estando concentrado eu me identifico com algo – material ou abstrato – de meu verdadeiro interesse e com a intenção de isolamento de tudo o mais.

Assim, primeiramente, você se concentra apenas para parar de atender às solicitações que o ambiente traz. Mas você continua a se perceber e a sentir tudo, mas quanto mais afunila a sua atenção, concentra-se e deixa de considerar tudo o que está percebendo, então você se focaliza apenas para perceber o seu objeto, que agora é o seu foco de contemplação.

Em seguida você se distancia até mesmo desse objeto. Gradativamente vai se distanciando também do seu corpo, das suas emoções, dos seus pensamentos, dos significados dos seus sentimentos e das emoções.

Mesmo assim restarão ainda alguns significados muito antigos; que são os arquétipos, imagens mitológicas muito antigas e anteriores ao nosso tempo, mas que conformam o nosso inconsciente. Então, você prossegue se distanciando também desses arquétipos.

Esse processo vai-se sucedendo sem muito esforço (basta manter a intenção e o foco da atenção), basta simplesmente deixar passar tudo o que vier à sua mente como se fosse uma sessão de cinema tranquila a que você está assistindo despreocupadamente. Depois de atingir o distanciamento quase completo, você parecerá nem ser mais você mesmo. Você se distanciou do corpo, das emoções, dos significados e dos metassignificados (aqueles arquétipos).

O que resta então? A graça divina da vida em você. Você desaguou no "Lago da Memória", na fonte espiritual da vida.

Esse processo de distanciamento é bem semelhante ao da morte natural, segundo diversos estudiosos no assunto, porque a morte é também um processo de distanciamento, de "desidentificação" com o existir no espaço-tempo.

Afinal, é no espaço-tempo que faz sentido falar em corpo, sentimento e significado. Quando se está além do espaço-tempo, tudo é relativizado em potencialidades. Esse conceito é bem explicado por pesquisadores como, por exemplo, o pesquisador Amit Goswami.

Os distanciamentos que acontecem pela meditação ou pela morte natural são obviamente distintos pela intencionalidade presente numa e ausente na outra, porém, são dois processos bem parecidos segundo a compreensão dos yogues.

A vivência da meditação é sempre a própria pessoa quem conduz, conforme o processo que descrevemos acima, no entanto, pode parecer surpreendente que a vivência do gradual distanciamento na minha morte natural também possa ser conduzida por mim mesmo, do mesmo modo que uma meditação.

Seria o caso de uma pessoa tão tranquila, com tanta paz de espírito, a ponto de perceber e de viver conscientemente seu processo de morte natural sem precipitações e em plena felicidade de bem completar um ciclo de vida.

Quando morremos naturalmente, nós nos distanciamos integralmente das percepções e passamos a um estado de plena inconsciência (ao que parece).

Algo semelhante acontece num relaxamento profundo ou meditativo, em que quase atingimos esse limiar de distanciamento, embora a vida esteja a prosseguir e a nos fazer voltar por si mesma ao estado de vigília ou consciência, pois ainda não chegou a hora do encerramento do nosso período de viver.

Suavemente estamos respirando e pulsando com a vida nos trilhões de células que vivem e interagem dentro de nossa pele, embora não tenhamos muita consciência disso tudo, pois de fato a vida não é somente minha, ela é simultaneamente das trilhões de células que o meu corpo abriga e isso é independente da minha aparente consciência e onipotência presumida.

Extraordinária, embora essencialmente trivial, é a possibilidade de eu bem viver aqui, livre de perturbar-me pelo excesso de vigília ou consciência e ainda mais sem a necessidade de ter que morrer para isso: sem ter que ir além da meditação.

Yoga, o recolhimento ao coração

O sábio Patânjali, logo no início do texto dos Sutras de Yoga, afirma que Yoga é o recolhimento das atividades da mente ao coração, de modo a ser quem se é verdadeiramente. Então, cada um de nós com essa intenção e o exercício de assentar a mente no coração vai tranquilizar-se naturalmente e assim prosseguir em sua plenitude: sendo quem verdadeiramente é. Mas, fica a pergunta: como se recolhe a mente ao coração?

Conforme ensina o sábio Patânjali, a mente é expansiva em suas atividades. Os pensamentos, como normalmente se chamam as atividades mentais, são expansões da nossa mente – algo semelhante às ondas provocadas por uma pedra no instante em que cai num lago ou às ondas sonoras e tridimensionais que se ouvem. As ondas mentais se projetam para fora de nós e para tudo o que lhes for perceptível.

O nossos núcleos mentais ou as nossas personalidades estão sempre se expandindo, procurando encontrar a si mesmos em tudo que se vê. Isso pode ser um alerta importante como, por exemplo, quando eu me fixar em reclamar, repetidamente, de alguém, é porque a mente expandiu-se e grudou naquela pessoa; uma das minhas personalidades está reconhecendo naquela pessoa algo de mim mesmo e que me faz reclamar; desagrada- -me, embora eu não perceba isso em mim e só perceba no outro. A nossa mente se fixa naquilo em que encontra alguma sintonia com ela mesma, então o melhor é compreender a situação e resolvê-la para mudar logo de estação, em vez de se ficar "amarrado" em encrencas, que talvez nós sejamos a principal causa (não intencional).

São cinco os tipos de atividade ou expansão mental citados nos Yoga Sutras: a evidência, a inventividade, a imaginação, o sono e a memória. Elas se expandem e grudam em tudo a que damos atenção no nosso mundo perceptivo. Mas essas atividades mentais tanto podem estar em seu estado natural, em que não nos incomodam, quanto em estado perturbado, a nos incomodar e trazer desconfortos.

Patânjali aponta cinco estados que perturbam as nossas atividades mentais: a falta de sabedoria, a egoidade, o desejo do prazer, a aversão à dor e o medo de ser excluído (de não pertencer a um grupo a que damos importância afetiva, por menor que seja ou o grupo ou o afeto). Essas seriam, portanto, as cinco principais causas do sofrimento mental.

Lembrando que essa egoidade nada tem a ver com egoísmo.

Egoísta é apenas a pessoa que não pensa em mim. Já egoidade é quando, por exemplo, faço uma atividade não pelo fato de ela ser necessária, mas sim porque eu poderei me orgulhar de a ter realizado, se ela der certo, ou porque me envergonharei se ela der errado, i.e., eu, que sou o agente da ação, me faço mais importante do que a atividade necessária. Eu coloquei ego onde ele não precisava existir. A egoidade também se dá quando me identifico com a minha aparência corporal, por exemplo, e não me conformo com as transformações naturais do meu corpo.

A falta de sabedoria é um conceito um pouco mais sutil. Basicamente, é confundir quatro conceitos básicos com os seus opostos: o eterno com o transitório, o puro com o impuro, o conforto com o desconforto e o si-mesmo com o que não é o si-mesmo. É tomar algo pelo que ele não é.

Mas alguém poderia se perguntar: como o prazer seria causa de sofrimento? O sofrimento passa a ocorrer quando ficamos dependentes de doses diárias de prazer; assim como de inclusão ou mesmo da possibilidade de dor.

Porém, a "dependência química" do pertencimento é talvez a mais complicada, porque ninguém quer sentir-se excluído. Desde criancinha aprendemos a fazer algo para sermos aceitos. Podemos assim ficar sempre dependentes da avaliação das outras pessoas. Esta criança carente (eu ou você) que precisa ser incluída vai nos acompanhar por toda a vida. Então, adote-a e cuide da sua criança para ela livrar-se dessa dependência da permissão para ser feliz.

Embora essas perturbações que levam ao sofrimento possam ocorrer a qualquer tempo, nós podemos nos livrar delas com o auxílio do nosso coração. Sim! Os yogues sentem a presença de si mesmos no coração. De modo que somos ao mesmo tempo dois "eus": um operador e um supervisor, aquele que atua e aquele (tranquilão) que observa o operador em ação e que pode orientá-lo para o melhor. Assim as perturbações atingem apenas e temporariamente o operador, não o supervisor que tem o papel de preservar a calma, a tranquilidade e a possibilidade de o operador sair das perturbações.

A chave do sucesso para lidar com as perturbações é o recolhimento ao coração. Esse é o propósito dos exercícios de Yoga: cultivar o estado de interiorização (também chamado de Samadhi), em que você se recolhe ao seu coração habitualmente no dia a dia dos seus afazeres cotidianos. Assim, quando uma perturbação ocorrer, você estará treinado para apoiar-se na sua tranquilidade interior e poder lidar com a situação perturbadora. O Samadhi é um hábito a ser cultivado. O desafio é você exercer todas as suas atividades habituais, mas em si (e nunca fora de si), de tal modo que você seja o tempo todo o operador com o supervisor que habita o seu coração. No estado de recolhimento mental dos yogues, o operador e o supervisor ficam em harmonia um com o outro. Assim, o coração pode orientar a percepção da realidade do operador e ela passar a ser vista como ela é realmente e não distorcida por emoções e outros fatores.

Na compreensão dos yogues, o eu do coração está em tudo que existe e, por isso, ele não depende da percepção do operador, ele não precisa interpretar as percepções do mundo; ele é a própria verdade do que existe, porque ele é espiritual. Embora a voz que vem do nosso coração, a intuição, nos dê a sensação de individualidade, o espírito está em todo lugar e nos outros também. Um bom exemplo desse estado interiorizado é o da total concentração, em que um médico cirurgião se encontra ao fazer uma operação de alta complexidade; ou um equilibrista, ao atravessar em uma corda bamba por cima de uma cachoeira; ou nós mesmos, "andando de bicicleta". Vivemos em um equilíbrio precário e instável, mas em que o nosso movimento nos dá uma extraordinária estabilidade. Podemos fluir pelo mundo, inabaláveis e percebendo as coisas como elas realmente são e não apenas com a mera aparência que elas possam apresentar.

Você pode praticar esse hábito de estar em contato com o seu supervisor interior que está no seu coração. A maneira mais fácil de criar esse hábito é respirar com atenção. Sim! O respirar que fazemos o tempo todo. Quando você inspirar, sinta o ar indo até o seu coração com a intenção de você ir até o seu coração, onde o sangue é reciclado para levar o oxigênio para os trilhões de células do seu corpo. Continue a fazer tudo o que faz habitualmente, mas respirando dessa forma, com o propósito de ser plenamente você mesmo. Ao expirar sinta o ar saindo do seu coração até as narinas e delas para o espaço.

Perceba o seu corpo como um caminho para chegar ao coração e harmonizar-se com o seu supervisor espiritual que nele se manifesta. Você pode espalhar essa sensação de harmonia do seu coração pelo seu corpo todo, como se estivesse a sorrir para você mesmo e dirigir-se para as atividades que têm a ver com você; seguir a sua vocação de felicidade e harmonia no mundo. Dessa forma, você estará praticando o principal hábito de Yoga: o recolhimento ao coração.

Yoga: o sentido da vida plena com felicidade e sem depressão

(O texto deste capítulo foi agraciado com o 1º lugar no Concurso de Redação da Embaixada da Índia em comemoração ao Dia Mundial de Yoga, 21 de junho de 2017.)

A tradição do Yoga se vale tanto de textos épicos extraordinários, como a Canção do Ser Divino (a Bhagavad Gita), quanto de textos doutrinários, como os Sutras do Yoga de Patânjali.

Essas duas principais referências são anteriores em séculos à era cristã e precedidos pela extensa literatura védica, notadamente a do estilo das Upanishadas, que estabelece os fundamentos do Yoga com o foco no sentido do viver, no significado da existência e na divina e espiritual natureza da vida.

Embora o Século XX tenha enfatizado as práticas de Yoga postural, de fortalecimento e vigor, aqueles fundamentos originais com foco em atitudes e virtudes permanecem, na medida em que aquelas referências citadas de início são estudadas, compreendidas e aplicadas tanto em conjunto com as práticas posturais quanto e, principalmente, na vida do dia a dia dos praticantes de Yoga.

A tradição focaliza o sentido da vida, por meio do isolamento da percepção em relação à dispersão aparente da realidade. Ela orienta o recolhimento da mente ao coração para que a natureza espiritual prevaleça e a pessoa individual possa ver a realidade com visão do ser essencial que ela é, sempre foi e sempre será.

Desse modo, com a tranquilidade assentada na natureza divina da vida que pulsa em seu coração, a pessoa passa a perceber em cada circunstância o que deve fazer ou evitar. Mesmo sem palavras, ela percebe o que é importante a destacar, ela sente de modo evidente o sentido instantâneo da sua vida.

Portanto, ninguém precisa dizer ou dar um propósito de viver ou uma missão a cumprir para quem está em sintonia com o sentido da sua vida: o seu dharma, ou a sua vocação essencial, como se diz na tradição do Yoga.

Pois quem está assim sintonizado com o sentido da sua própria vida, percebe a realidade além da visão operacional e social, orienta-se com desapego, sem egoidade e percebe claramente o seu papel na vida, entende a importância do que deve ser feito e tem o valor da vida, do bem e da verdade como guias de ação.

Com essa percepção e o comportamento dela decorrente, a pessoa passa a sentir o valor da sua vida e a confiança na sua intuição, para dissipar as dúvidas, vencer a imobilidade, curar-se, agir sem preocupação de vitórias ou derrotas, porque ela está a fazer o que é para ser feito: o resultado será da ação e não dela. Ela não precisa mais de reconhecimentos externos. Ela já é plena em princípio e feliz, porque está a agir conforme o seu dharma e não o dharma de outra pessoa, por imitação ou imposição.

A chave comportamental que previne e ajuda a curar a depressão, conforme a mais atual compreensão da psiquiatria nesse tema, cujo destaque é dos conceitos publicados do famoso psiquiatra austríaco, Viktor Frankl (fartamente disponível em livros e na Internet), é exatamente a percepção do sentido íntimo e espiritual da vida de uma pessoa e a própria dedicação da pessoa a esse sentido.

A linha terapêutica dessa orientação trabalha com o diálogo que capacita o paciente a verbalizar o sentido íntimo da sua vida. Não necessariamente um sentido de longo prazo e sim o circunstancial, aquele percebido quando o paciente traz a sua mente para o coração, para o interior dos seus sentimentos, para a sua espiritualidade natural e desfaz a confusão provocada pelo excesso ou desequilíbrio emocional em situações de desconforto acentuado e insuportável.

A cura da depressão exige, evidentemente, bastante atenção e até medicação específica por um tempo adequado, mas a exemplo da reconhecida terapia do doutor Viktor Frankl, a prática da tradição do Yoga, conforme se descreveu neste texto, focaliza exatamente o mesmo alvo: o dharma individual, o sentido pessoal da vida de cada um que se revela em todas as circunstâncias, nas quais se recolhe a mente ao coração, se isola a percepção da aparência ilusória da realidade e se passa a ver com os olhos espirituais do coração.

Em mais de três décadas da minha observação pessoal como instrutor de Yoga (conforme os ensinamentos do The Yoga Institute, Santa Cruz, Mumbay, Índia) tenho observado com alegria os resultados positivos de prevenção e redução de tendências depressivas (e de inúmeros casos de mal estar habitual), que são obtidos pela prática do recolhimento mental e do cultivo das atitudes correspondentes ao dharma individual dos praticantes que orientei conforme a tradição do Yoga.

Para tanto, se esclarecem, em todas as aulas, aqueles fundamentos e se associa cada postura às atitudes que elas podem propiciar para sintonizar a pessoa com o seu dharma, do seguinte modo: (1) a percepção do ambiente em que se está, nas posturas verticais; (2) a percepção de si mesmo (o seu coração espiritual), nas posturas meditativas; (3) o desapego, nas posturas de inclinação anterior com expiração; (4) a autoconfiança, nas posturas de inclinação posterior com inspiração; (5) ser quem se é autenticamente, em todas as posturas e nas circunstâncias do dia a dia. Muito antes do atual progresso da compreensão da psicologia para o tratamento fundamentado da depressão, há mais de vinte e cinco séculos, os pensadores hinduístas sistematizaram de forma elegante e comunicativa os fundamentos e a doutrina para se vivenciar o sentido da vida com integralidade e autenticidade, plenitude e felicidade, em que os males como a depressão poderiam ser evitados ou ter suas causas mentais eliminadas. Os que transmitiram aquela sabedoria até nós são involuntários merecedores da gratidão dos tempos atuais.

116

O significado espiritual surge no espaço da meditação

 Um aspecto que eu quero chamar atenção hoje é sobre a meditação dos Nathas que comentamos em vários artigos baseados no livro do Carlos Eduardo Barbosa. O espaço meta-geográfico da meditação só é importante para quem está dentro dele; e mais importante ainda é quem está nesse espaço, aquele que está meditando: você! O que os sutras do Yoga enfatizam é a essência divina, especial, que cada um de nós é por toda a vida. Assim, quando você serenamente traz a mente para o coração, você está se dando a oportunidade de ser quem você é verdadeiramente naquela circunstância em que você está.

Afinal, nesse momento em que você está meditando dentro do seu espaço pessoal e virtual, você está sozinho consigo mesmo. Isso é pouco usual, pois raramente temos essa oportunidade, já que estamos sempre em contato com alguém, seja um estranho ou um conhecido. E às vezes acontece de estarmos sós, mas pensando no noticiário do dia.

Então é raro esse momento de meditação em que você faz o recolhimento, cria um espaço que é só seu e vai se concentrando em você mesmo. E ele pode ter o dom de abrir para você um hábito de perceber o significado da sua vida. Talvez esse seja o ponto principal e não tanto o espaço em si, não tanto a alegoria das oito direções ou do que cada uma delas representa.

Claro que a circunstância em que você está meditando é muito especial por ser única. Portanto, o que vai se revelar para você naquela hora provavelmente vai ser diferente do que vai se revelar em outros momentos do dia a dia. Afinal, cada circunstância em que você está oferece uma nova oportunidade de percepção de significado.

Assim, quando você faz esse recolhimento ao coração é como se você tornasse aguda a sua capacidade de percepção do que é essencial. Sua mente fica isolada, sem precisar ficar interpretando a realidade. Então, é como se você estivesse em um estado apurado de percepção, porque a sua interpretação intelectual ficou recolhida.

Então, você fica lá no seu núcleo essencial, aquele que não precisa interpretar nem perceber nada para compreender o que está acontecendo. E você, nesse esse estado de espírito, também pode perceber os estados de espírito das outras pessoas.

Você, enfim, passa a perceber a realidade com esses olhos mais internos, que não dependem de analisar, atribuir valores ou fazer contrastes para tirar alguma conclusão. Nesse estado de capacidade aguçada, você vai descobrir quem você é, o significado da sua vida, a sua vocação, tudo sem palavras. Simplesmente você vai se sentir impregnado desse significado.

Mas como fica o cotidiano, já que não passamos o dia inteiro meditando? No dia a dia, cada circunstância vai permitir a você a sua vivência nessa circunstância. Logo, você terá uma oportunidade maravilhosa de compreender os muitos significados que as situações lhe propõem.

E se você tiver se habituado a esse recolhimento mental ao seu coração, de tal modo que você mantenha essa capacidade aguda, focalizada de perceber a realidade sem a necessidade de interpretá-la, a sua vida ficará bem mais interessante e plena de significado.

Você continuará sendo você mesmo, porém, fazendo as tarefas com desapego e entusiasmo, sem tornar nenhuma delas personalizada. Faz porque tem que ser feito, sem se preocupar com o resultado da ação.

Assim, você vive de forma plena, com a mente recolhida ao coração o mais possível, pois parte dela sempre é operacional. Você passa a ser duas pessoas ao mesmo tempo: aquela que está participando das circunstâncias e aquele ser essencial que percebe o significado das próprias ações, mas sem ter que agir e com o desapego de um ser espiritual que observa e orienta.

Se, de outro modo, abrirmos mão desse significado espiritual da nossa vida pelo poder material que podemos ter, passamos a exercer poder sem significado. Seria o mesmo que ter o espaço metageográfico perfeito, todo arrumado, e colocar um ser vazio no meio, fazendo de conta que está meditando.

A essência da meditação em yoga

Praticar yoga significa sinteticamente você praticar a si mesmo. Esta é a essência do yoga: praticar quem você verdadeiramente é. Então o propósito de praticar é desenvolver um modo de ser quem você de fato é. A grande motivação é a de você descobrir o seu autêntico modo de ser.

A meditação dos yogues oferece um método seguro para aperfeiçoar essa prática de si mesmo. Entretanto, estamos habituados a pensar em meditação como uma forma de reflexão, de pensar sobre algum assunto. Essa é uma visão do senso comum, mas que podemos aproveitar para nos aproximar do conceito de meditação dos yogues.

O método da meditação é composto por três momentos, que fazem parte dos oito componentes descritos na doutrina do yoga escrita pelo sábio Patânjali, no séc. V a.C., na qual se define yoga como o recolhimento das atividades mentais ao coração, de tal modo que você, assentado no seu coração tranquilo, seja quem você verdadeiramente é.

Os oito componentes (ashtanga) do método indicam atitudes e comportamentos que devem ser praticados habitualmente e que seguem uma gradação: desde o que está mais para fora de você para o que está mais para dentro de você. Assim, antes dos três componentes da meditação, que são os mais próximos de você, do seu si-mesmo, há outros cinco mais distantes, mas igualmente necessários.

Tudo começa com a atenção ao seu modo de se relacionar com quem não é você, ou seja, com os outros. São as atitudes chamadas yamas, uma palavra em sânscrito que enfatiza o controle e o respeito ao outro. Pois em relação ao que é externo a você (o mundo e os outros) é preciso agir com respeito.

As atitudes complementares relacionam-se ao modo como você se relaciona consigo mesmo. São chamadas de niyamas, referem-se ao respeito que se deve ter consigo mesmo. Partimos assim do mais distante para o mais perto de cada um de nós.

Depois vem o ásana, que modernamente é chamado de postura, mas que na tradição doutrinal é o assentamento de você em você mesmo, da sua mente no seu coração. Em seguida vem o pranayama (prana: o movimento da energia divina que faz tudo acontecer; yama: respeito, controle). Em yoga pranayama significa a atenção à sua energia e também aos seus movimentos, de modo que você respeite a energia divina que há em você e aja de acordo com ela. Está muito associado à respiração, porque esta reflete a atividade de cada pessoa, mas tem um sentido bem mais amplo, no entanto. Um exemplo bem simples: quem pratica pranayama não fica batendo com o pé no chão nem tamborilando com os dedos da mão enquanto conversa ou assiste a um filme; em vez disso permanece estável e tranquilo nessas situações comuns.

Há várias maneiras de se perceber se uma pessoa está no controle da sua energia, pela postura do corpo ou pela respiração, por exemplo. Essa pessoa tenta superar os eventuais desconfortos que a perturbem. Quando estamos tranquilos, vivenciamos o estado de pranayama, em que purificamos o nosso movimento, desde o nosso espírito até os gestos visíveis.

Temos, então, o quinto componente. Ele raramente é comentado, porque no yoga moderno só se fala em ásana (como postura) e pranayama (como respiração). Trata-se do pratyahara, que significa desligar os sentidos dos seus objetos usuais e dirigir a sua percepção para dentro de você mesmo, por isso é traduzido como introspecção. Em outras palavras, trata-se de reduzir o excesso de estímulos externos à sua percepção.

Ao praticarmos pratyahara vamos ganhando maestria em interpretar intuitivamente as percepções ou em nos livrar delas, o que nos permite administrar melhor ou reduzir o estresse do cotidiano. Então praticar pratyahara é muito eficaz para nos aproximar cada vez mais de nós mesmos e nos distanciar do exagero de atenção às solicitações do mundo.

Esses foram os cinco componentes do yoga que são considerados externos, mas que nos aproximam de nós mesmos conforme a doutrina de yoga. Agora chegamos aos três considerados internos e que são o fundamento do que chamamos de meditação restritiva. Em conjunto são chamados de samyama e compostos por três momentos: o primeiro momento da meditação é a dharana, que é fazer o assentamento da sua mente no seu coração tranquilo, o qual é o primeiro foco meditativo; logo a seguir, vem dhyana, que é colocar a atenção no segundo foco meditativo, aquele para o qual se quer obter uma convicção intuitiva; por fim, o mais interno, chamado de samadhi, é a condição na qual você está intensamente em você mesmo, sem depender de interpretar percepções, está plenamente intuitivo, o seu eu espiritual em sintonia com o Eu eterno.

Então, esses são os três componentes doutrinários da meditação restritiva dos yogues: dharana, dhyana e samadhi. Restritiva porque nela se restringem os focos de atenção. É para notar que essa meditação em yoga tem dois focos! O primeiro foco é interno e estabelecido com dharana, enquanto o segundo foco é o tema da sua reflexão, algo que desperta o seu interesse e você quer compreender melhor.

Assim, primeiro você entra em estado de introspecção, para fazer o assentamento da sua mente no coração. E por que isso? Porque se você estiver intranquilo, agitado ou sob forte emoção, com raiva de alguém ou fora de si, poderá assentar-se num foco interno errado, o qual não é você de verdade, é apenas um você circunstancial e fora de si.

Essa condição inadequada é perigosa, porque provocará uma compreensão absolutamente diferente da que é adequada a você. Para evitar esse perigo, você precisa estar com o coração tranquilo, como ele é normalmente, como o da pessoa que você verdadeiramente é.

Então, estabelecer o foco no coração depende primeiro de você fazer o pratyahara. Isolar-se das percepções, colocar o espaço sideral no coração, sossegar, respirar, ficar tranquilo, para você se despojar das emoções que levam a atenção para os "eus" circunstanciais; para você então ficar no seu núcleo mental essencial.

Ocorrem três transformações no samyamaha. Há uma transformação associada à primeira etapa do processo meditativo, que é o recolhimento. Algo que Patânjali fala no início do texto doutrinal, Yoga Sutra: "yoga é o recolhimento das atividades da mente". Esse recolhimento ao coração é a primeira etapa na dharana. Ela em geral é chamada de concentração. É a concentração no seu eu, no eu que constitui o núcleo do seu coração tranquilo.

Daí você passa a dar atenção ao segundo foco da elipse que constitui, graficamente, a sua meditação. Você passa a criar uma convicção no objeto da sua meditação enquanto fica focado nele. Ao focalizar esse objeto que representa algo de seu interesse, você vai abrindo mão do conhecimento intelectivo sobre esse objeto, desfazendo-se das aparências, deixando passar as descrições perceptivas para chegar à essência presencial do objeto.

O que interessa na meditação é conectar o seu eu com o eu essencial do seu foco de compreensão. No momento em que você deixa de verbalizar e de fazer quaisquer sequências de conexões, acontece o unidirecionamento com "algo superior": surge a compreensão intuitiva.

Essa forma de meditação, portanto, é um processo que exige disciplina, mas com a prática habitual vai se tornando instantâneo e intuitivo. Primeiro você faz a introspecção, depois a concentração no seu coração, depois passa a focalizar no que pretende meditar, seja esse objeto concreto ou abstrato, mas sempre algo do seu genuíno interesse.

O essencial é centralizar em você (na condição tranquila de samadhi) e olhar para o mundo além das aparências das coisas; ou seja, é acreditar no seu coração, se ele estiver verdadeiramente tranquilo.

O tema principal em yoga é o perceber e agir do eu individual, não é o coletivo social nem alguma sociedade. Yoga focaliza o indivíduo em sua essência divina, uma individuação do eu universal, da consciência universal. Trata-se do isolamento da percepção (kaivalyam), de modo a se poder intuir para além das aparências sociais e agir conforme a vocação individual, que desse modo estará apoiada na ordem da consciência universal, aquela consciência divina que cria o universo e se desdobra em individualidades inteligentes com plena capacidade perceptiva.

Como este livro surgiu

Sempre gostei de conversar, ouvir histórias, compartilhar o que a vida me ensina. Nas aulas de Yoga as pessoas me perguntavam se podiam gravar o que eu dizia antes de iniciarmos os exercícios de alongamentos, respiração, posturas e meditação. O jornalista Ricardo Borges passou a gravar essas conversas, transcrevê-las para revisarmos juntos e em seguida publicá-las na internet. Ele criou o www.yogaclassico.com para divulgar esses textos e essa página da web apresenta os resultados em parceria da comunicação com o Yoga e a meditação desde então.

Minhas palestras seguem a tradição do The Yoga Institute, o mais antigo centro organizado de Yoga do mundo, fundado em 1918 pelo pioneiro do Yoga postural moderno, Shri Yogendra, como parte de um movimento de renascimento cultural da Índia. Cheguei ao Instituto no outono de 1983, por indicação do professor Paulo Sales Guerra, o qual, como eu, tinha sido aluno do Victor

Binot, um ícone de Yoga no Brasil dos anos 1960; ambos haviam passado algum tempo naquele ashram da família Yogendra.

Para minha sorte e surpresa o diretor do Instituto, Dr. Jayadeva Yogendra, depois de ouvir minha história pessoal, que incluía o estudo de toda a obra escrita pelo pai dele, o fundador, e minha prática desde 1968, convidou-me para ficar lá como aluno residente do curso de formação de instrutores. Era muito mais do que eu poderia querer: conviver com a família do fundador e com ele próprio; estudar com a orientação direta dessa família; atuar como aluno e instrutor naquele ashram histórico que era a referência das minhas referências em Yoga.

Foi pouco mais de um mês de total imersão, uma intensidade de estudo e dedicação que me proporcionou a sensação de plenitude. As práticas individuais de meditação chegavam com facilidade ao estágio de samadhi e às vezes transformavam-se em "viagens astrais". Ao fim do ano, conclui com o Dr. Jayadeva que havia chegada a hora de voltar para o Brasil e para a minha vida normal. Essa, no entanto, nunca mais pode ser inteiramente "normal" depois dessa experiência extraordinária, embora eu tenha cortado os longos cabelos e a barba, passado a vestir roupas ocidentais, voltado a trabalhar numa grande empresa de tecnologia de informação e comunicação e, depois de demorada busca e com muita sorte, casar com a mulher que me propicia ser o melhor de mim mesmo.

Observo, desde então, como dizia o Bernard Shaw, Nobel de literatura, que andar na moda dá menos trabalho do que viver explicando porque se é ou se está diferente dos outros neste mundo de vida social. Desse modo incorporei Yoga e meditação à minha vida de modo regular e em paralelo às minhas outras atividades. Amigos, amigas e colegas aceitam-me como sou e me estimulam a prosseguir aplicando esses conhecimentos e atitudes.

Assim, estes textos das palestras foram surgindo até que veio a vontade de reuni-los como um livro de reflexões, não de yogues recolhidos a um lugar distante das cidades e meio isolados do mundo em algum recanto dos Himalaias, mas sim dos yogues urbanos como eu e tantos outros que vivem no turbilhão das metrópoles e seguem transmitindo a tranquilidade como um modo de viver ou caminhar; cada um com os seus trabalhos e atividades e, aparentemente, normais.

Agradecimentos

Para minha sorte, os alunos e as alunas manifestam curiosidades e eu me arrisco a respondê-las. A generosidade do amigo jornalista Ricardo Borges e sua iniciativa na captação e transcrição das conversas originais viabilizaram este livro.

Para responder às perguntas e ser coerente com a tradição eu continha meus primeiros impulsos de modo a pensar qual seria a resposta do Dr. Jayadeva Yogendra, meu orientador no The Yoga Institute, à qual eu acrescentava minha compreensão influenciada por minhas demais referências.

Delas, a que faz o contraponto ocidental à visão "yóguica" é tudo o que pude apreender das conversas e dos textos da Vera Felicidade de Almeida Campos, psicoterapeuta gestaltista, que tive a sorte de conhecer pessoalmente em Salvador e quem literalmente me levou para a Índia em 1983.

Minha história com Yoga, de 1968 até agora, vem sendo bem influenciada por pessoas generosas: Vera de Magalhães foi quem primeiro me apresentou os exercícios e a bibliografia de Yoga; com Victor Binot compreendi o que era meditação e o bom humor que deve preceder e estar presente nessas práticas de vida; os irmãos Francisco e Jacinto Laissue, com sua livraria próxima ao Mercado das Flores, no Rio de Janeiro, é que conseguiram os textos do mestre Yogendra vindos da Índia; Paulo Sales Guerra, yogue com a boa vontade de um irmão, convenceu-me de ir estudar no Yoga Institute; onde tive a sorte de ser colega da Lídia Pita, antropóloga criada em Brasília e professora de Yoga residente do Institute, que me ajudou a entender e aceitar por suas palavras e conduta cordial os códigos de comportamento dos indianos.

Meus primeiros alunos no Brasil foram minhas vizinhas do condomínio carioca Equitativa, no bairro de Santa Teresa quando voltei da Índia. Uma delas, a Arquiteta Assunção Rodrigues, veio morar em Brasília e para minha sorte testemunhou a minha experiência em Yoga ao Conselho Regional de Educação Física juntamente com a Professora de Educação Física Tânia Reis para viabilizar minha inscrição nesse Conselho, o qual incluíra a instrutoria de Yoga no alcance de sua fiscalização. Em 2010, a professora Elizabete Carneiro convidou-me a participar com ela das gravações do programa "Mundo Yoga" para a TV-SUPREN; desde então, todos os dias, alguém me diz sorridente: "vi você na televisão". E eu contente também sorrio sem saber bem o porquê. Em 2012, Helder Martins, meu primeiro irmão, fez o pré-lançamento dos textos avulsos no jornal O Ericeira, em Portugal, com uma coluna exclusiva para mim, e fez também o belo projeto gráfico da primeira e da atual edição deste livro. Muita generosidade a meu favor.

Sou também grato ao Arquiteto Jeanitto Gentilini, diretor do Jardim Botânico de Brasília, que me permitiu utilizar as agradabilíssimas instalações desse único jardim botânico do cerrado brasileiro, onde aconteceram as minhas aulas de Yoga e as conversas que se transformaram em páginas deste livro.

A jornalista e escritora Sônia Hirsch sugeriu-me transformar cada palestra em uma conversa pessoal e mais tantas dicas inestimáveis de comunicação. O amigo e ilustrador Fernando Lopes criou o desenho da capa. A amiga e jornalista Madalena Rodrigues fez os textos de capa. O amigo e parceiro Ricardo Borges desenhou os grafismos de abertura e as vinhetas dos capítulos. Muita sorte! O pesquisador da cultura sânscrita, Carlos Eduardo Gonzales Barbosa, com quem eu prossigo a estudar a história e a literatura do Yoga tem me acrescentado conhecimentos que uma vida inteira não seria suficiente para eu adquirir. A revisão conceitual e as palestras que ampliaram esta segunda edição são fruto dos seus ensinamentos. Obrigado, amigo!

Thadeu Martins

Thadeu Martins segue a tradição do The Yoga Institute, o mais antigo centro organizado de Yoga do mundo, fundado em 1918, por Shri Yogendra, em Santa Cruz, Mumbay, na Índia, onde estudou e conviveu, em 1983, com o velho mestre e sua família.

O autor é Engenheiro, pela Universidade Estadual do Rio de Janeiro (1971) e mestre em Psicologia, pela Universidade de Brasília (1998) tendo trabalhado como Analista de Sistemas durante anos.

Thadeu mantem-se dedicado ao estudo, à prática e à transmissão do conhecimento de Yoga, desde sua iniciação, em 1968, e atualmente ministra aulas regulares no Jardim Botânico de Brasília.

thadeu.martins@gmail.com
http://www.yogaclassico.com

Made in the USA
Lexington, KY
21 December 2019